Justificação e crítica

FUNDAÇÃO EDITORA DA UNESP

Presidente do Conselho Curador
Mário Sérgio Vasconcelos

Diretor-Presidente
Jézio Hernani Bomfim Gutierre

Superintendente Administrativo e Financeiro
William de Souza Agostinho

Conselho Editorial Acadêmico
Danilo Rothberg
João Luís Cardoso Tápias Ceccantini
Luiz Fernando Ayerbe
Marcelo Takeshi Yamashita
Maria Cristina Pereira Lima
Milton Terumitsu Sogabe
Newton La Scala Júnior
Pedro Angelo Pagni
Renata Junqueira de Souza
Rosa Maria Feiteiro Cavalari

Editores-Adjuntos
Anderson Nobara
Leandro Rodrigues

RAINER FORST

Justificação e crítica
Perspectivas de uma teoria crítica da política

Tradução
Denilson Luis Werle

© Suhrkamp Verlag Berlin 2011
© 2018 Editora Unesp

Direitos de publicação reservados à:
Fundação Editora da Unesp (FEU)
Praça da Sé, 108
01001-900 – São Paulo – SP
Tel.: (0xx11) 3242-7171
Fax: (0xx11) 3242-7172
www.editoraunesp.com.br
www.livrariaunesp.com.br
feu@editora.unesp.br

Dados Internacionais de Catalogação na Publicação (CIP)
de acordo com ISBD
Elaborado por Vagner Rodolfo da Silva – CRB-8/9410

F733j

Forst, Rainer
  Justificação e crítica: perspectivas de uma teoria crítica da política / Rainer Forst; traduzido por Denilson Luis Werle. – São Paulo: Editora Unesp, 2018.

  Inclui bibliografia e índice.
  ISBN: 978-85-393-0757-9

  1. Direito.   2. Política.   3. Teoria crítica.   4. Justificação.   5. Crítica.   I. Werle, Denilson Luis.   II. Título.

2018-1239   CDD 341.201
                                   CDU 34:32

Editora afiliada:

Sumário

Prefácio . 9

Introdução: Sobre a ideia de uma crítica das relações
de justificação . 13

I – Justiça radical

1   Duas imagens da justiça . 35

2   A justificação dos direitos humanos e o direito
fundamental à justificação: uma argumentação
reflexiva . 69

3   A ordem normativa da justiça e da paz . 123

II – Justificação, reconhecimento e crítica

4   O fundamento da crítica: sobre o conceito de dignidade
humana nas ordens sociais de justificação . 157

5   O que é mais importante vem primeiro: distribuição,
reconhecimento e justificação . 177

6 "Tolerar significa ofender": tolerância, reconhecimento e emancipação . 205

III – Para além da justiça

7 A injustiça da justiça: dialética normativa segundo Ibsen, Cavell e Adorno . 241

8 O republicanismo do temor e da salvação: sobre a atualidade da teoria política de Hannah Arendt . 261

9 Utopia e ironia: sobre a normatividade da filosofia política do "lugar nenhum" . 279

Fontes dos capítulos . 299

Referências bibliográficas . 301

Índice onomástico . 321

Para Jürgen Habermas

Prefácio

Quem tanto fala sobre justificação deveria poder esclarecer brevemente o que pretende com o presente livro. Construído a partir de meus trabalhos mais recentes, ele representa uma tentativa de continuar a desenvolver a abordagem da teoria da justificação, mais precisamente tendo em vista, em primeiro lugar, explicar os conceitos fundamentais da filosofia política para, além disso, examinar quais suas implicações para uma teoria crítica da política e os possíveis limites de um pensamento que tem a justiça discursiva como seu cerne. O que orienta tudo é a ideia de que o conceito de justificação tem uma natureza reflexiva e a filosofia deve se certificar desse conceito praticamente para evitar os becos sem saída nos quais ela muitas vezes se enreda.

A redação desses textos surgidos nos últimos anos se deu em um período muito movimentado para mim na Universidade de Frankfurt. Particularmente, com o *cluster* de pesquisas "Die Herausbildung normativer Ordnungen" [A formação das ordens normativas], financiado no âmbito das iniciativas de excelência da República Federal e dos Estados Alemães, mas também por meio de novas instituições, como o Centro de Estudos Avança-

Rainer Forst

dos Justitia Amplificata (financiado pela Comunidade de Pesquisa Alemã) e o Instituto para Estudos Avançados em Ciências Humanas em Bad Homburg, onde pude atuar como corresponsável na sua construção, formou-se um contexto de pesquisa extremamente rico, tanto frankfurktiano quanto internacional, ao qual devo incontáveis estímulos e conhecimentos. Em especial, sou grato aos colegas com quem trabalhei na direção dessas instituições: Klaus Günther, no *cluster*; Stefan Gosepath, no Centro de Estudos Avançados; e Spiros Simitis, no Instituto de Estudos Avançados. Nesse contexto, cabe também mencionar o colóquio de pesquisa sobre teoria política (nesse ínterim, codirigido com Stefan Gosepath), cuja contribuição é inestimável para o desenvolvimento das minhas ideias. Agradeço afetuosamente a todos os membros e convidados desses colóquios.

Pude expor as contribuições deste volume (em diferentes versões) em tantas oportunidades e lugares, que tenho receio de mencioná-los em particular. Agradeço aqui àqueles que com seus comentários minuciosos me ajudaram a evitar certas falhas, sem que com isso pudessem sempre me convencer para melhor com suas opiniões: Amy Allen, Joel Anderson, Richard Anerson, Ayelet Banai, Mahmound Bassiouni, Ken Baynes, Seyla Benhabib, Richard Bernstein, Samantha Besson, Bert van den Brink, Allen Buchanan, Eva Buddeberg, Simon Caney, Jean Cohen, Ciaran Cronin, Julian Culp, Christoper Daase, Franziska Dübgen, Ronald Dworkin, Eva Erman, Raymond Geuss, Casiano Hacker-Cordón, Mattias Iser, Dorothea Gädeke, Rahel Jaeggi, Stefan Kadelbach, Anja Karnein, Andreas Kalyvas, Regina Kreide, Chandran Kukathas, Mattias Kumm, Tony Laden, Heike List, John McCormick, Christoph Menke, Darrel Moellendorf, Harald Müller, Sankar Muthu, Thomas Nagel, Peter Niesen, Dmitri Nikulin, David Owen, Philip

Justificação e crítica

Pettit, Thomas Pogge, Henry Richardson, Michel Rosenfeld, Stefan Rummens, Martin Saar, Andy Sabl, Rainer Schmalz--Bruns, Thomas Schmidt, Thomas M. Schmidt, Martin Seel, Ian Shapiro, Seana Shiffrin, Peter Siller, John Tasioulas, Laurent Thévenot, James Tully, Jeremy Waldron, Michael Walzer, Melissa Williams, Michael Zürn.

Sonja Sickert, Franziska Dübgen e Jonathan Klein prestaram uma grande ajuda na retradução para o alemão dos capítulos 5 e 6, pela qual sou muito grato. Além disso, agradeço a Sonja Sickert por sua minuciosa revisão de todo o manuscrito. A Eva Buddeberg sou extremamente grato pela sua leitura cuidadosa. Eva Gilmer, da editora Suhrkamp, foi como sempre a melhor leitora que um autor pode querer.

Ao lado dos colegas já mencionados, gostaria de destacar em particular alguns poucos, aos quais estou vinculado por longos anos de discussões, que tiveram uma influência duradoura sobre meu pensamento: Nancy Fraser, Axel Honneth e Charles Larmore. A composição desse grupo já mostra que a mim coube a tarefa de buscar um caminho próprio, mas sem eles eu não poderia trilhá-lo.

À minha família, Mechtild, Sophie e Jonathan, sou grato por tanto apoio afetuoso e por tantas inspirações que nem procurarei aqui encontrar as palavras adequadas.

No que se refere ao meu percurso intelectual, devo o maior agradecimento ao meu mestre acadêmico, Jürgen Habermas, com cuja opinião sempre posso contar e cujo pensamento influenciou fortemente o meu, mesmo onde vejo algo diferente. A ele quero dedicar este livro.

Frankfurt am Main, julho de 2011

Rainer Forst

Introdução:
Sobre a ideia de uma crítica das relações de justificação

Uma filosofia política reflexiva

Desde *A República*, de Platão, a filosofia política coloca a questão dos princípios para o exercício legítimo ou justo da dominação[1] [*Herrschaft*] política. Todavia, como sempre, continua a ser controverso do ponto de vista metodológico como se deve chegar a uma resposta a essa questão. Trata-se de descobrir ou inventar uma "teoria ideal", na forma de uma construção racional, e então perguntar como os princípios morais abstratos que resultam dela poderiam ser "aplicados" na prática? Ou deve-se começar com a realidade dos contextos políticos concretos, abdicar das utopias normativas construídas nas nuvens e limitar-se ao que é possível e aceitável, aqui e

---

1 O termo *dominação* será usado tanto para traduzir *Herrschaft*, que é uma forma de exercício de poder mais neutra e baseada em razões, como *Beherrschung*, que exprime um exercício do poder baseado em relações assimétricas não justificadas, geralmente arbitrárias, violentas e forçadas. Mais adiante, essa distinção é explicada pelo próprio autor. (N. T.)

Rainer Forst

agora, em vista dos conflitos de interesses mais profundos? Essa disputa sugere muitas questões filosóficas – acerca da possibilidade de princípios universalistas, a força da razão, a universalidade das normas, a relação entre a moral e a política, e, por fim, a função crítica da filosofia política. Muitas vezes, essa disputa fica presa em uma controvérsia insossa e improdutiva, e, com o tempo, o repertório de críticas se desgasta de ambos os lados.[2]

A abordagem que apresento aqui pretende evitar esses impasses. Com esse fim, começo com a questão central da justificação da dominação política, dando-lhe uma guinada reflexiva: quem propriamente coloca a questão e quem tem a autoridade para respondê-la? Está na hora de voltarmos a lembrar os elementos *políticos* da filosofia política e conceber a questão filosófica da fundamentação como uma questão prática, isto é, radicalizar e, ao mesmo tempo, contextualizar a ideia de justificação. Pois a questão da justificação não se coloca em abstrato, mas sim concretamente: é formulada por agentes históricos que não mais se dão por satisfeitos com a justificação da ordem normativa a que estão subordinados. A questão da filosofia política é a *sua* questão e, da perspectiva dos que a põem, a justificação de que se trata é aquela que podem aceitar, individualmente e em comum, como livres e iguais, e a aceitação ou a recusa dessa justificação estão elas próprias submetidas a determinadas normas. Do meu ponto de vista, trata-se de reconstruir as normas e os princípios que estão contidos nessa pretensão prática à justificação. Pois a dinâmica da justificação de que se trata aqui é tanto uma justificação situada concreta

---

2 Para uma visão abrangente disso, cf. Forst, *Contextos da justiça.*

14

Justificação e crítica

e historicamente, quanto uma justificação que apresenta uma estrutura universal que pode ser esclarecida em termos filosóficos – em primeiro lugar, em vista do próprio princípio de justificação que opera nessa dinâmica. A origem do princípio de justificação é o conflito social que surge no mundo com um "não" político.

A filosofia política começa com a questão da justificação, mas uma filosofia política crítica e reflexiva volta essa questão sobre si mesma: o que significa apresentar e responder uma questão de justificação, o que exatamente é reivindicado nela, e quais pressupostos estão implícitos na tese de que essa justificação precisa ser "racional", "aceitável" ou "justa"? Do meu ponto de vista, as respostas a essa questão se tornam visíveis quando se compreende a política como uma determinada práxis de justificação na qual as pessoas que estão submetidas a determinadas normas ou instituições – em suma, a uma "ordem normativa" como ordem de normas válidas concretamente e que, ao mesmo tempo, reivindicam validade[3] – examinam as razões para a validade dessa ordem, e, eventualmente, as rejeitam ou as redefinem – e, com isso, também modificam essa ordem. Os seres humanos – e esta é a tese que defendo aqui em termos de filosofia social – são sempre participantes de uma multiplicidade de práticas de justificação; o que pensamos ou fazemos sempre acontece em determinados espaços (sociais) de razões, e o que consideramos racional é a arte de se orientar dentro deles e entre eles.[4] No espaço político, que não está

---

3 Sobre isso, cf. Forst e Günther, Die Herausbildung normativer Ordnungen.
4 Sobre isso, cf. Forst, *Das Recht auf Rechtfertigung*, parte 1.

a priori separado de outras esferas sociais, e no qual se trata do exercício da dominação [*Herrschaft*] no interior de coletividades, a questão da justificação sempre se coloca de maneira tal que a questão que tem de ser respondida é quem pode – se é que pode – exercer a dominação sobre quem, a partir de quais razões e de que modo. Essa dominação só pode ser legítima se for justificada, o que implica que uma determinada práxis de justificação tem de ser institucionalizada, e esta é a primeira tarefa da justiça social e política. Pois a justiça, como diz Rawls,[5] é a primeira virtude da estrutura básica da sociedade, mas não no sentido de que os membros dessa estrutura encontram determinados princípios que precisam "aplicar", mas sim que primeiramente eles produzem esses princípios. Mas isso pressupõe um conceito de justiça fundamental como justiça discursiva, como mostro a seguir. Ele apresenta o fundamento ao mesmo tempo substantivo e procedimental de uma sociedade justa, sem pré-moldar suas instituições de modo abrangente.

Tudo depende, então, de definir adequadamente a práxis política de justificação – e ater-se ao princípio fundamental da autonomia, segundo o qual são os próprios subordinados que devem ser os sujeitos da justificação, e não apenas seus objetos. Incontáveis lutas históricas introduziram esse princípio fundamental como uma reivindicação central no mundo político.[6] Ao fazê-lo, elas responderam a questão sobre a razão prática de uma maneira que se deve considerar, como princípio de fundamentação racional, a exigência recursiva de que as normas só

---

5 Rawls, *Eine Theorie der Gerechtigkeit*, p.19
6 Reconstruí isso historicamente com o exemplo da reivindicação por tolerância e igualdade social, em Forst, *Toleranz im Konflikt*.

Justificação e crítica

podem erguer a pretensão de validade universal e recíproca se puderem cumprir recíproca e universalmente essa pretensão. Este é o princípio da razão prática no mundo político, e esse princípio é igualmente histórico e "apriorístico" (se se quiser assim), pois está fundado no princípio universal de justificação, que diz que as normas têm de ser continuamente fundamentadas segundo sua pretensão de validade. Só temos de entender que é ao mesmo tempo um imperativo *prático*, pois ser razoável não significa apenas saber como justificar algo, mas também saber *que* isto é exigido quando se trata da dominação sobre outros. Estes outros, por sua vez, têm um irredutível *direito à justificação* quando se trata de saber a quem devem obedecer e o que devem aceitar – e, do mesmo modo, têm um dever de justificação quando se trata de suas reivindicações.

A pretensão fundamental que uma pessoa pode erguer no mundo político – mas também no respectivo contexto da moral como um todo – é a de ser uma autoridade de justificação própria e de estar em uma posição igual à dos outros em relação àquilo que deve valer para ela. Com isso, a pessoa, na qualidade de uma pessoa autônoma, é insubstituível, mas é igualmente uma entre muitas. Não há nenhuma contradição nisso. Por isso, na filosofia política, trata-se de buscar de modo consequente a perspectiva dos participantes nas práticas de justificação e, com isso, novamente se mostra o caráter supérfluo de uma longa oposição, muito discutida, entre a perspectiva "imanente" e a "transcendente". Pois, se consideramos as pessoas sujeitos ao mesmo tempo sociais e autônomos, que podem (ou seja, deveriam ser capazes de) determinar ativamente as estruturas normativas que devem valer para elas, então este é um padrão ao mesmo tempo imanente e transcendente à práxis: ninguém esgota completamente a práxis de justificação na qual ele ou ela participou, pois sempre há a possibilidade de questioná-la e criticá-la de modo reflexivo. Uma crítica das relações de justificação deve poder analisar se isto é uma possibilidade real ou não.

Se considerarmos as pessoas sujeitos que se justificam, então, diferentemente de muitas teorias políticas, elas aparecem como sujeitos ativos, e não como sujeitos passivos ou assistidos, necessitados ou sofredores. Claro, elas são isso também, mas sua reivindicação principal, do ponto de vista da justiça, não é a de receber os bens para uma vida "humana" ou "boa". Sua reivindicação consiste em serem reconhecidos como sujeitos de justificação quando se trata da determinação política de uma estrutura básica de produção e distribuição de bens – no interior de uma sociedade e para além dela. Mesmo quando as pessoas não possuem as capacidades para isso, elas devem ser respeitadas como sujeitos autônomos que nunca são meros objetos, mas sim sujeitos da justificação.

Em geral, a filosofia política ainda vive muito em uma época pré-democrática. Ela distingue valores teleológicos que devem estar na base de uma ordem justa ou boa, sem que nela os destinatários se sintam como seus autores. Às vezes, a filosofia política remonta à práxis, mas não considera os concernidos como os sujeitos que determinam essa prática; antes, reconstrói a lógica própria ou os "elementos" dessa práxis como se estes possuíssem uma validade própria. Ela recorre a figuras de justificação que inventam consensos "sobrepostos" ou outros consensos reconciliadores, nos quais quase ninguém participou. Em contrapartida, às vezes ela privilegia a "realidade" e exige uma análise das relações de poder. Porém, ao fazê-lo,

Justificação e crítica

ela acredita, muitas vezes, que levar a sério as relações de poder, os conflitos e as motivações reais exclui princípios morais construtivos[7] – e, com isso, desconsidera a realidade normativa das exigências de justificações que, ao menos, são melhores do que as justificações dadas. Com isso, a dinâmica da justificação penetra na realidade da política e a teoria, se quiser ser crítica, não lhe pode ficar neutra. As justificações, boas ou ideológicas, são a matéria da política, e o direito de questioná-las é o primeiro direito político.

Assim, a abordagem que adoto não parte da construção abstrata de um ideal nem de uma concepção empírica, supostamente realista, da política como o lugar do choque de interesses normativos que excluem princípios superiores, o que acaba no decisionismo. Ela entende a questão fundamental da dominação legítima como uma questão da justiça – isto é, como dominação justificada, não dominadora e que exclui a arbitrariedade – e reconstrói recursivamente as normas – em parte de natureza procedimental, em parte substantiva – que possibilitam essa justificação. Com isso, a justiça não é apenas o que vale como justo em uma sociedade, mas sim aquilo que nela pode valer de modo recíproco e universal quando os destinatários das normas são os autores livres e iguais dessas normas. Que eles se tornem esses autores é a primeira exigência da justiça. A filosofia política acaba bloqueando seu acesso a esse conhecimento quando não observa de modo consequente a lógica da justificação como uma lógica prática reflexiva, e não somente filosófica. Cada filosofia política coloca a questão da justificação da dominação legítima, mas somente algumas

---

7 Geuss, *Philosophy and Real Politics*.

poucas se voltam para ela de modo reflexivo e fazem do próprio princípio de justificação, como princípio de uma práxis discursiva, seu fundamento teórico.

Com isso, eu argumento também a favor de uma determinada posição na filosofia social que compreende a sociedade como um conjunto de práticas de justificação.[8] Não lhe seria adequada uma filosofia social que se apoiasse em conceitos éticos de vida boa, sem expô-los mais uma vez à autoridade de justificação dos concernidos. Assim, apenas se perpetuaria a alienação social, tão corretamente criticada por Rousseau, Hegel e Marx, pois a alienação real existe onde os indivíduos não se veem como sujeitos de justificação que possuem um direito à justificação nos contextos sociais e políticos.

Teoria crítica

O princípio de justificação é, ao mesmo tempo, um princípio da autonomia e da crítica. Ele é o próprio fundamento da teoria, isto é, não constrói uma ordem normativa acima da cabeça dos indivíduos; antes, procura pensar essa ordem como sendo produzida construtivamente – e, com isso, defronta-se com os fenômenos que impedem isso. Ao fazê-lo, ela se torna uma teoria crítica que assume a velha questão de por que

---

8 Sobre isso, cf. a abordagem, elaborada de modo diferente, de Boltanski e Thévenot, *Über die Rechtfertigung*. Concordo com a delimitação de determinadas esferas sociais como contextos de justificação específicos, mas penso que a lógica de justificação, ao mesmo tempo, perpassa essas esferas, e que uma prática de crítica diferenciada precisa ser reconstruída no interior de cada esfera e para além delas.

Justificação e crítica

a sociedade moderna não está em condições de produzir formas racionais de ordem social. A teoria crítica é a tentativa de manter essa questão, mas no sentido de questionar criticamente o próprio uso do conceito de razão em vista de sua "desrazão" [*Unvernunft*] e de seus potenciais de dominação. Nas palavras de Horkheimer, "a teoria crítica da sociedade contemporânea, dominada pelo interesse em estados de coisas racionais", que defende como seu núcleo a ideia de uma "autodeterminação" social diante da necessidade "cega",[9] já emprega um conceito reflexivo de justiça: "este é o conteúdo universal do conceito de justiça, segundo o qual a desigualdade social dominante precisa de uma fundamentação racional. Ela deixa de ser válida como um bem e torna-se algo que deve ser superado".[10]

Mesmo quando posteriormente se começou a questionar se os padrões da razão que "predominavam" na teoria eram adequados à sua intenção crítica, a crítica da razão não se expande a ponto de confundir o absoluto falso com a ideia racional da "liberdade social completa" (Adorno), válida para sempre: "podemos não saber o que é o bem absoluto, o que é a norma absoluta, ou até mesmo o que é o ser humano ou a humanidade, mas o que é o desumano, isto sabemos muito bem".[11] A crítica das "patologias da razão", como são chamadas por Axel Honneth, recorre à ideia de um "universal racional", que se apoia em um processo social de "fundamentação racional", "pois, por mais que os conceitos de razão, usados de Horkheimer até

---

9 Horkheimer, Traditionelle und kritische Theorie, p.254, 281.
10 Id., Materialismus und Moral, p.187ss.
11 Adorno, *Probleme der Moralphilosophie*, p.262 e 261.

Habermas, possam ser muito diferentes, todos eles acabam, no final das contas, na concepção de que a orientação para uma prática de cooperação libertadora não deve ocorrer a partir do vínculo afetivo, do sentimento de pertença ou da concordância, mas sim do conhecimento racional".[12]

Concordo com a opinião de Honneth de que uma teoria crítica deve ser entendida como "a forma reflexiva de uma razão efetiva historicamente"[13] que apresenta uma força emancipatória. A teoria crítica precisa desenvolver um sensor adequado para as relações sociais injustificadas, assim como precisa poder conceitualizar de modo reflexivo (e de modo autocrítico) os padrões da crítica. Segundo Jürgen Habermas, diante da ausência de um conceito substantivo de razão e para evitar um conceito de razão instrumental, o "racional" só pode significar "o que é justificado discursivamente",[14] e isso significa que, em primeiro lugar, não se pode tratar de uma teoria "ideal" de justificação, mas sim de uma teoria que investiga como a justificação de normas pode ser uma práxis discursiva – e porque está ausente de muitos âmbitos sociais. Por fim, sem a cooperação com as ciências sociais críticas não é possível responder a essa última questão. Em relação à primeira, é necessário um ponto de vista diferenciado sobre o que transforma uma ordem normativa em uma "ordem de justificação". Pois a justificação é, ao mesmo tempo, um conceito normativo e descritivo – refere-se às justificações que são realmente fornecidas para as relações sociais em uma sociedade e refere-se

---

12 Honneth, *Eine soziale Pathologie der Vernunft*, p.39.
13 Ibid., p.56.
14 Habermas, *Theorie des kommunikativen Handelns* e *Faktizität und Geltung*.

Justificação e crítica

àquelas relações que podem ser vistas como relações justificadas. Entre as esferas normativa e descritiva introduz-se, por assim dizer, uma terceira, a da crítica, e ela exige, em primeiro lugar, que determinadas relações da própria justificação sejam vistas como relações de uma práxis discursiva. Assim, toda ordem normativa traz consigo um elemento de fechamento, o que significa que o espaço de justificação se restringe e somente admite certas pretensões como válidas, não importa se fundamentadas ou não; não obstante tenha também em si, ao mesmo tempo, um potencial de abertura, de questionamento, inclusive de questionamento radical.

Consequentemente, uma crítica das relações de justificação tem cinco tarefas essenciais. Em primeiro lugar, tem em vista uma análise crítica que não aponta apenas para as relações sociais e políticas justificadas, ou seja, não apenas para as relações políticas no sentido institucional estrito, mas também para as relações econômicas ou culturais. Refere-se a todas aquelas relações e estruturas sociais mais ou menos institucionalizadas que não correspondem ao padrão de justificação recíproca e universal e que são caracterizadas por formas de exclusão, por privilégios e pela dominação arbitrária [*Beherrschung*]. Aqui, portanto, os pontos de vista procedimentais e substantivos estão interligados.

Em segundo lugar, essa teoria implica uma crítica teórica discursiva – que, em parte, também é genealógica – das "falsas" justificações (eventualmente, ideológicas) de relações sociais assimétricas, ou seja, aquelas legitimações que não apresentam as relações e estruturas justificadas como relações e estruturas fundamentadas. Aqui, os critérios de reciprocidade e universa-

Rainer Forst

lidade servem como pontos de referência, mesmo quando muitas vezes não levam a respostas definitivas, pois estas precisam ser produzidas pelos concernidos.

Terceiro, essa teoria não somente implica a exigência por relações sociais e políticas justificadas, mas também, do ponto de vista reflexivo, a exigência por uma "estrutura básica da justificação" como primeiro imperativo da justiça. Claro, não como um *script* completo que seria "aplicado", mas como uma moldura para uma práxis discursiva autônoma dos próprios concernidos – inclusive a questão sobre o que significa "ser concernido" e "estar submetido", pois o direito à justificação não acaba nos limites dos contextos de justificação estatais.[15]

Quarto, uma crítica abrangente das relações de justificação exige uma explicação para o fracasso ou a ausência de estruturas de justificação efetivas em termos políticos e sociais, que seriam propícias para descobrir ou modificar as relações injustificadas. Aqui, os pontos de vista da análise histórica e da análise sociológica são essenciais.

Por fim, quinto, essa teoria precisa poder comprovar os padrões de sua atividade crítica de tal modo que também se volte de modo crítico sobre si mesma e seus próprios pontos cegos e suas exclusões.[16] Ela não produz nenhuma norma ou ideal "absolutos", mas sim vincula de forma coerente cada pretensão de validade à possibilidade de anuência dos submetidos à norma. Esse princípio é indispensável como princípio de crítica, e também como crítica da crítica.

---

15 Sobre isso, cf. Forst, *Das Recht auf Rechtfertigung*, parte III.
16 Cf. Tully, *Politische Philosophie als kritische Práxis*; Young, *Justice and Politics of Difference*.

Justificação e crítica

Poder inteligível

Contudo, do ponto de vista cético, poder-se-ia objetar: essa teoria, que parece mover-se muito mais no espaço inteligível do que no espaço social, consegue apreender adequadamente as relações de poder social e político, isto é, as relações de dominação? Isso levanta a questão sobre como exatamente deve ser entendido esse misterioso fenômeno do poder, que, na teoria da sociedade, tem sido apreendido de formas tão diferentes – podemos pensar em teorias muito opostas, como as de Weber, Habermas, Arendt, Foucault ou Luhmann. Sobre isso, lanço apenas algumas observações parciais.[17] Proponho uma concepção cognitivista do poder, que inicialmente é neutra do ponto de vista normativo – o poder não é nem algo ruim nem algo bom. Mas seu espaço de existência específico é o espaço das razões, isto é, das justificações. Se entendermos o poder social intersubjetivo como a capacidade de A fazer B pensar ou fazer algo que B não havia pensado ou feito, inicialmente fica em aberto se isso aconteceu em virtude de um discurso bom e convincente, de uma recomendação, de uma mentira, de uma sedução, de uma ordem ou de uma ameaça. Em todos esses casos, o efeito do poder, sua efetividade, depende do reconhecimento de uma razão por parte de B para orientar seu comportamento conforme a intenção de A. O poder existe entre as pessoas na medida em que estas atuam umas sobre as outras como agentes, enquanto puderem, a partir de todos aqueles diferentes modos, mover os outros a algo. O poder desaparece quando, no lugar do poder [*Macht*], se impõe a mera violência [*Gewalt*] física.

---

17 Para mais detalhes, cf. Forst, Noumenal Power.

Rainer Forst

O sequestrador apenas tem poder sobre o sequestrado e sobre aqueles que devem pagar o resgate enquanto sua ameaça for levada a sério. Quando isso não acontece, ainda pode exercer a mera violência, porém não tem mais o poder para alcançar seu objetivo. Um exemplo político disso é o destino dos déspotas que, a partir de determinado ponto – difícil de definir –, deixam de ter poder. Mesmo quando os déspotas ainda têm o controle sobre os tanques (incluindo sobre aqueles que os dirigem), estes podem se tornar instrumentos de poder caducos quando não são mais temidos. Pode surgir assim uma espiral de violência, mas também uma espiral da revolução.

O fenômeno específico do poder é, portanto, um fenômeno inteligível, de natureza cognitiva: ter poder significa – e aqui os graus são importantes – usar, influenciar, determinar, ocupar ou inclusive bloquear o espaço de razões e de justificações dos outros sujeitos. Isso pode acontecer em um único caso – por meio de um bom discurso ou uma ilusão –, mas também pode acontecer em uma estrutura social que se apoia em determinadas justificações ou em narrativas de justificação densas. Uma ordem de justificação é, portanto, uma ordem de poder, o que ainda não diz nada sobre as justificações nem sobre a própria constelação de poder. As justificações podem ser impositivas ou compartilhadas de modo voluntário, e entre essas duas modalidades há muitas outras. Com isso, o poder sempre ocorre em um espaço comunicativo, mas isso não significa que esteja bem fundamentado. O poder é sempre de natureza discursiva, e a luta pelo poder é a luta pela possibilidade de estruturar ou dominar o repertório de justificações do outro. Seu *modus operandi* é cognitivo, mas não é incondicionalmente de natureza reflexiva. Por conseguinte, não existe um reino da "razão" para além do "poder", mas há justificações melhores e piores, racionais e irracionais, ao lado das efetivas e menos efetivas. Uma crítica das relações de justificação ocupa-se de todos esses fenômenos no espaço de razões, que é um espaço social. Ela está interessada em todos os lugares onde as justificações são produzidas, consolidadas, articuladas, questionadas ou recusadas – com razões melhores ou piores. Isso pressupõe uma análise das posições de poder discursivo no espaço social (posições, cargos públicos, autoridades, meios de comunicação etc.), bem como no espaço discursivo (narrativas de justificação hegemônicas, contranarrativas etc.).

Se, de modo geral, denominamos *poder* a capacidade de A influenciar o espaço de razões de B de tal forma que B pense ou aja de modo que remonte à influência de A, o poder precisa ter uma natureza intencional, senão estaríamos falando da eficácia e não do poder. A *dominação* [*Herrschaft*] significa, então, uma forma específica de exercício do poder na qual as relações políticas e sociais são estruturadas em uma ordem que se apoia em determinadas justificações que sustentam essa ordem. Falamos de *dominação arbitrária* [*Beherrschung*] quando essa ordem é formada por relações assimétricas que se baseiam no fechamento do espaço de justificações a favor de determinadas legitimações não fundamentadas que apresentam essa ordem como se fosse justa, como a expressão da vontade de Deus ou como algo inalterável. Nesse caso, provavelmente o espaço das fundamentações seja ocupado por ameaças efetivas ou chanceladas ideologicamente. Ou seja, predomina a *coerção* [*Zwang*]. Por fim, encontramos a pura *violência* [*Gewalt*] onde uma relação de justificação, que também desenvolve a força inteligível como uma força assimétrica, é substituída pela eficácia física. Nesse caso,

Rainer Forst

o poder é apreendido em seu ocaso, o que, porém, não significa que a liberdade esteja aparecendo; pelo contrário, ela desaparece. Pois a liberdade pertence ao poder enquanto este atuar sobre sujeitos movidos cognitivamente. O poder é a arte de vincular os outros por meio de razões; é um fenômeno que está no cerne da normatividade. Nesse sentido, no espectro de relações de poder encontramos, por um lado, as relações fundadas em razões recíprocas e universais, livremente compartilhadas; e, por outro, as relações que estão na região fronteiriça da substituição do poder pela violência. Se for bem entendido, o poder também está presente onde a eficácia cognitiva é criada por meio de mentira ou de ilusões.[18]

Portanto, quem está interessado em uma análise do poder precisa usar um método diferenciado. Precisa explorar o espaço discursivo como um espaço de justificações melhores ou piores, analisar sua genealogia e os modos complexos de sua eficácia, e levar em conta as posições e as estruturas discursivas decisivas em uma sociedade. Por mais incompleta que possa ser a análise de um fenômeno inteligível, o espaço discursivo deve ser entendido como um espaço de poder — e devem ser analisados os processos reais que determinam esse espaço. Portanto, não se trata aqui apenas da justificação do poder, mas, prioritariamente, do poder das justificações.

O percurso da argumentação

Os capítulos deste volume devem falar por si mesmos, mas vou dar uma breve descrição do percurso. O primeiro texto da

---

18 Nisto há uma diferença decisiva em relação a Arendt, *Macht und Gewalt*.

parte sobre "justiça radical" define, a meu ver, uma diferença decisiva entre dois modos de pensar sobre a justiça na discussão contemporânea. Um que está orientado aos bens e aos destinatários e, desse modo, está interessado em quem deve receber quais bens e por quais razões para compensar a arbitrariedade natural e social. O outro interpreta a proibição da arbitrariedade em termos políticos e está concentrado nas relações e na dominação. Ele pergunta primeiramente quem decide sobre as estruturas nas quais se define quem deve obter o que a partir de quais razões. Uma vez que se esclareça a questão da dominação justa, a questão da produção e da distribuição dos bens também pode ser resolvida – de maneira justificada em termos discursivos. A questão política central da justiça refere-se às relações e às estruturas, e não aos estados subjetivos ou objetivos. A primeira questão da justiça é a distribuição do "poder de justificação" em uma sociedade – ciente de que não é um "bem" que possa ser facilmente distribuído.

O segundo capítulo propõe uma classificação crítica de abordagens completamente diferentes para poder entender o que são os direitos humanos e como são fundamentados. Mais uma vez se aplica um argumento reflexivo: se os direitos humanos são aqueles que nenhum ser humano pode recusar ao outro com boas razões, então na sua base está o princípio da justificação recíproca e universal, não somente do ponto de vista teórico, mas também prático. Portanto, os direitos humanos se fundamentam no direito à justificação e expressam todos os direitos que os seres humanos podem reivindicar a partir dessa base, e não apenas no sentido procedimental. Eles têm sua origem no respeito aos outros como livres e iguais, mas também o expressam do ponto de vista político-jurídico.

O terceiro capítulo apresenta a questão da "ordem normativa" da justiça e da paz – em um duplo sentido: como ordem social e como ordem de prioridades. Com isso, a justiça não aparece como rival da paz, mas sim como o princípio que fundamenta e qualifica o valor da paz. A paz deve servir à justiça, mas isso de um modo justificado, que leve em conta as diferentes dimensões da justiça e examine criticamente a própria justiça.

Os textos da segunda parte estão voltados para o complexo "justificação, reconhecimento e crítica". O primeiro texto reconstrói o significado crítico e emancipatório do conceito de "dignidade humana" como exigência política e moral do direito à justificação. O conceito de dignidade humana expressa a reivindicação do *status* de ser uma autoridade com igualdade de direitos no espaço social das razões, e não a reivindicação por determinada provisão de bens para uma "existência humana digna".

No texto "O que é mais importante vem primeiro", situo-me na controvérsia entre Nancy Fraser e Axel Honneth em torno da determinação correta de uma teoria crítica da justiça e defendo uma terceira proposta que se fundamenta no princípio da justificação, combinado com o desenvolvimento de um pluralismo avaliativo e de diagnóstico. Com isso, pretende-se evitar certas dificuldades com a fundamentação normativa e com a perspectiva de uma teoria crítica para nosso tipo de sociedades (e além delas).

No Capítulo 6, a partir da referência às dimensões complexas do conceito de tolerância, pretendo mostrar quais dinâmicas de reconhecimento e de desrespeito se tornam visíveis quando entendemos o princípio da justificação como um

Justificação e crítica

princípio emancipatório. Ele permite um novo olhar sobre o que significa ter de respeitar a identidade dos outros e considerá-los iguais e também diferentes. Isso está em tensão com certas concepções de eticidade que seguem Hegel.

Os capítulos da terceira parte colocam a questão sobre os limites ou sobre o "para além" da justiça, visto que um pensamento orientado pela justiça precisa desde sempre (e de modo mais acentuado nos debates atuais) se defender da objeção de arrogância moral, e em duplo sentido. Por um lado, a acusação diz respeito a uma compreensão rígida da ordem de justificação que se fecha a novas vozes críticas; mas, por outro, também se refere à questão de saber se a ordem justa é a única que cabe ao modo de vida humano – e onde ela é (corretamente) desafiada. Isso será mostrado no diálogo entre Ibsen, Cavell e Adorno.

No Capítulo 8, sob o título "O republicanismo do temor e da salvação", examino os motivos centrais da filosofia política de Hannah Arendt, que giram essencialmente em torno da questão sobre como conseguir evitar a perda da autonomia e da liberdade políticas, ameaçadas na sociedade moderna. Mesmo nos pontos em que Arendt é criticada, permanece atual sua questão sobre os momentos efêmeros de autodeterminação política.

Por fim, dedico-me ao tema da utopia política, que tem sido injustamente deixado de lado na filosofia contemporânea. Isso porque se subestima a reflexividade dessa tradição. Pois ela não apenas pinta uma imagem ideal de um mundo feliz que somente podemos alcançar de modo aproximado; pelo contrário, ela nos lança de volta ao desconfortável espaço intermediário que está para além da realidade ruim e para aquém do próprio ideal, cuja pureza é problemática, e que, por isso, acaba destruindo o ideal. O resultado é uma reflexão sobre dois mundos invertidos, e somente assim se revela a radicalidade do pensar de "lugar nenhum". Desse modo, a ironia vale igualmente tanto para aquele que considera o mundo existente como o único mundo possível quanto para aquele que sonha com um mundo perfeito, cuja realização aparece, então, como primordialmente um problema técnico. Portanto, pensar criticamente não depende nem do real nem do ideal; pelo contrário, começa com a ideia da autonomia como uma tarefa do conflito e da criatividade.

I
Justiça radical

1
Duas imagens da justiça

1. Em diferentes épocas, as pessoas têm formado imagens da justiça. Ela aparece como a deusa Dike ou Justitia, na maioria das vezes com a venda nos olhos, mas muitas vezes também sem ela, e via de regra com a espada e sempre com o símbolo de equilíbrio e de imparcialidade. Poder-se-ia pensar, por exemplo, na *Alegoria do bom governo*, de Lorenzetti, no Palazzo Publico em Siena. Muitas vezes a personificação da justiça é bela e sublime, mas às vezes também é cruel e dura – como nas famosas pinturas de Klimt para a Universidade de Viena, destruídas na guerra.

Investigar tais representações é um *topos* fascinante,[1] porém o significado de "imagem" que está na base das minhas observações é outro, é linguístico. Em suas *Investigações filosóficas*, Ludwig Wittgenstein escreve: "Uma *imagem* nos mantinha presos. E não pudemos sair dela, pois residia em nossa linguagem, que

---

1 Cf. Kissel, *Die Justitia: Reflexionen über ein Symbol und seine Darstellung in der bildenden Kunst*; Curtis e Resnik, Images of Justice.

parecia repeti-la para nós inexoravelmente".[2] Uma imagem desse tipo influencia nossa linguagem sobre um assunto, vincula os modos de usar uma palavra e, assim, constitui sua "gramática": como nós a entendemos e a usamos. Mas tais imagens também podem encaminhar nossa compreensão de um tema em uma falsa direção, por exemplo, ao observar o famoso quadro enigmático do pato e da lebre, talvez seja possível ver sempre apenas um aspecto.[3] Ou, quando nosso pensamento é determinado por exemplos particulares que nos levam a fazer falsas generalizações.[4]

Assim, no que se segue, trata-se de discutir duas maneiras de entender o conceito de justiça, cuja existência pode ser explicada histórica e sistematicamente. Porém, uma delas é redutora e unilateral. Proponho considerar essas duas noções concorrentes de justiça como "imagens" no sentido de Wittgenstein, pois nelas se combina uma riqueza de imagens e representações concretas, e mais precisamente não só da justiça, como também e principalmente da injustiça. Esta parece ser o fenômeno mais ilustrativo e mais imediato, associado a imagens de subjugação, de sofrimento e de degradação. Um conceito como o da justiça não pode ser pensado sem o da injustiça

---

2 Wittgenstein, *Philosophische Untersuchungen*, 300 (§115). Sobre isso, cf. Pitkin, *Wittgenstein and Justice*, p.91ss., 287ss. Uma aplicação interessante da ideia de "estar capturado por um aspecto" encontra-se em Owen, Criticism and Captivity: on Genealogy and Critical Theory.

3 Ibid., 520.

4 "Uma causa principal da doença filosófica – a dieta unilateral: o pensamento só se alimenta com uma espécie de exemplo", ibid., 459 (nota 593).

Justificação e crítica

que deve ser extirpada do mundo – e a injustiça, por sua vez, está entranhada no que chamo de "imagens práticas": imagens de situações sociais na maioria das vezes constituídas em termos históricos e estéticos que expressam os temas em questão em um sentido abrangente e também valorativo. Mas não pretendo apenas enfatizar o caráter figurativo e a "densidade" da descrição. Também é importante ver que uma "imagem" da justiça, por um lado, está na base de determinadas concepções filosóficas da justiça, mas, por outro, ela tem essencialmente um caráter mais universal.

2. Em minhas observações, vou me restringir ao tema da justiça política e social, ou seja, à qualidade da "estrutura básica" de um sistema de cooperação social, como Rawls a define.[5] Por ora, vou me abstrair da "justiça da aplicação do direito", a jurisprudência. E com a expressão "estrutura básica" também não se deve prejulgar um dos grandes temas no debate contemporâneo sobre a justiça, a saber, a questão sobre qual deve ser considerado o contexto mais relevante para a justiça: as relações no interior de um Estado nacional, aquelas entre os Estados ou aquelas no plano transnacional, isto é, a sociedade mundial. Sobre isso, a discussão a seguir se mantém em grande parte neutra.[6]

O que pretendo dizer sobre as duas imagens da justiça é o seguinte. A meu ver, o pensamento sobre a justiça social ou distributiva está "preso" a uma imagem que o impede de ir ao fundamento da questão. Isso se deve a uma determinada in-

---

5 Rawls, *Uma teoria da justiça*, parte 2.
6 Sobre o tema da justiça transnacional, cf. Forst, *Das Recht auf Rechtfertigung*, cap. 12.

terpretação do antigo princípio do "a cada um o seu" (*suum cuique*), que, desde Platão, é central à compreensão da justiça, o qual é interpretado de tal maneira que importa saber, em primeiro lugar, quais bens cabem aos indivíduos em termos de justiça – quem "recebe" o quê. A busca de respostas a essa questão leva ou à comparação da dotação de bens entre as pessoas e se sugerem certas conclusões relativas, ou procura-se saber se os indivíduos possuem "o suficiente" dos bens considerados vitais para uma vida boa ou humanamente digna, sem levar em conta as considerações comparativas. É certo que esses pontos de vistas *orientados ao receptor*, focados nos bens e na distribuição, estão justificados, pois é evidente que a justiça distributiva trata da atribuição de bens. No entanto, essa imagem acaba encobrindo aspectos essenciais da justiça, como, em primeiro lugar, a questão de como os bens a serem distribuídos surgem "no mundo", ou seja, a dimensão da produção e da organização justa desses bens. No entanto, mais do que isso, a questão *política* sobre quem decide (e como) sobre as estruturas de produção e de distribuição, ou seja, em segundo lugar, com isso ignora-se a questão do poder, como se pudesse existir uma grande máquina distributiva que só precisaríamos programar corretamente.[7] Mas uma tal máquina não apenas não pode existir, visto que assim a justiça não mais poderia ser entendida como uma realização dos próprios sujeitos, como também os transformaria em beneficiários passivos. Além disso, em ter-

---

7 Os dois mencionados pontos críticos encontram-se na crítica que Iris Young faz ao "paradigma distributivo" em *Justice and the Politics of Difference*, cap. 1. Sobre isso, cf. Forst, Radical Justice: on Iris Young's Critique of the Distributive Paradigm.

Justificação e crítica

ceiro lugar, essa ideia desconsidera que as reivindicações justas por "bens" não simplesmente "existem", mas elas próprias só podem ser produzidas discursivamente nos respectivos procedimentos de justificação em que todos *participam* como livres e iguais – e esta é a *exigência fundamental da justiça*.

Por fim, em quarto lugar, o ponto de vista focado nos bens também ofusca, em grande parte, a questão da injustiça, pois, ao se concentrar na superação da falta de bens, aquele que sofre da falta de bens e de recursos em decorrência de uma catástrofe natural é equiparado àquele que sofre da mesma falta em decorrência da exploração econômica ou política. É certo que, observados do ponto de vista da correção, em ambos os casos a ajuda é recomendada. No entanto, segundo a minha compreensão da gramática da justiça, em um caso trata-se de um ato de solidariedade moral e no outro, de um ato de justiça, diferenciados conforme o respectivo envolvimento nas relações de exploração e de injustiça[8] e em virtude do tipo de mal em questão. Ignorar essa diferença pode levar a uma situação – mais ou menos a uma dialética da moral[9] – na qual o que seria propriamente uma exigência da justiça passa a ser considerado um ato de "ajuda" generosa.

A partir das razões mencionadas é também necessário – principalmente quando se trata de questões de justiça distribu-

---

8 Aqui teríamos de distinguir uma série de casos, mais especificamente: a participação direta na injustiça ou ser (co)autor da injustiça; participação indireta como beneficiário da injustiça sem propriamente cooperar ativamente nas relações de exploração; o dever de acabar com relações injustas inclusive quando não se é beneficiado por elas, mas se dispõe dos meios para dar um fim a elas.

9 Forst, *Das Recht auf Rechtfertigung*, cap. II.

tiva – considerar os elementos *políticos* centrais da justiça, e se libertar da falsa imagem que observa unicamente a quantidade de bens (por mais importantes que sejam). Em contrapartida, a justiça deve se orientar por uma segunda imagem mais apropriada que visa *às estruturas e relações intersubjetivas*, e não aos *estados subjetivos ou supostamente objetivos* de provisão de bens. Uma representação crítica radical da justiça – que interfira nas raízes das relações injustas – somente é possível ao se considerar a *questão primeira da justiça* – a justificabilidade das relações sociais e a respectiva distribuição do "poder de justificação" em um contexto político.

3. Essas teses adiantadas de forma uma pouco embrulhada serão esclarecidas a seguir. Em primeiro lugar, cabe perguntar – talvez não mais inteiramente no sentido de Wittgenstein, para quem se tratava de uma pluralidade de perspectivas ou aspectos – o que justifica falar de uma "falsa" imagem da justiça em comparação com uma imagem "mais apropriada" da justiça, visto que a compreensão focada nos bens e no beneficiário também pode se reportar ao antigo e venerável princípio do *suum cuique*. Em relação a isso, há um significado mais originário e mais profundo da justiça? A meu ver, esse é o caso. O conceito de justiça possui um significado central que tem a arbitrariedade[10] como seu conceito oposto: seja a dominação arbitrária de indivíduos ou de uma parte da comunidade (por exemplo, uma classe), seja a aceitação de contingências sociais que leva a posições e relações assimétricas de dominação que

---

10 Cf. também a definição conceitual em Rawls, *Eine Theorie der Gerechtigkeit*, p.21.

Justificação e crítica

são aceitas como fatais e inexoráveis. A dominação da arbitrariedade é a dominação de seres humanos sobre seres humanos sem razão legítima, e, onde a luta contra a injustiça é retomada, ela se orienta contra essas formas de dominação. O impulso fundamental contra a injustiça não é prioritariamente o querer algo ou o querer-algo mais; antes, é não mais querer ser dominado, oprimido e ignorado em sua pretensão e *direito fundamental à justificação*. Essa pretensão contém a exigência de que não pode haver relações políticas ou sociais que não possam ser adequadamente justificadas perante os concernidos. Nisso consiste a essência *política* mais profunda da justiça, que não é captada pelo princípio do *suum cuique*; pelo contrário, ele acaba recalcando-a, pois a justiça trata da questão sobre quem determina o que cada um recebe – isto é, a dimensão que em Platão é ocupada pela ideia do Bem ou pelo rei-filósofo.[11] Segundo a minha imagem, a reivindicação por justiça é emancipatória e é descrita com conceitos tais como equidade, reciprocidade, simetria, igualdade e equilíbrio. Do ponto de vista reflexivo, em sua base está a pretensão individual de ser respeitado como um sujeito de justificação autônomo, isto é, na dignidade como sujeito que pode oferecer e exigir justificações. Não se trata de considerar prioritariamente, como vítima da injustiça, a pessoa a quem *faltam* bens, mas sim a pessoa que não *é levada em conta*[12] na produção e na distribuição de bens.

---

11 Sobre isso, cf. a crítica de Pitkin a Platão, *Wittgenstein and Justice*, p.306.

12 Cabe aqui uma observação sobre Arendt para evitar mal-entendidos. Em sua análise das duas revoluções, em *Über die Revolution*, Arendt apresentou uma diferença, levada ao extremo, entre o "social" e o "político", e do ponto de vista da teoria da ação sugeriu uma alter-

41

Rainer Forst

4. Podem-se abrir diferentes atalhos nas discussões contemporâneas sobre a justiça. No entanto, aquele que se abre quando questionamos a justiça segundo as duas imagens é especialmente instrutivo, pois dessa perspectiva alguns adversários se reencontram inesperadamente do mesmo lado. Um exemplo é o debate recente sobre a igualdade. No fundo, essa discussão refere-se a dois pontos; a saber, por um lado, a questão "igualdade de quê?" – bens, recursos, bem-estar ou capacidades[13] – e, por outro, a questão "por que mesmo a igualdade?". Contudo, a partir da perspectiva da diferença das duas imagens da justiça resulta que tanto os defensores quanto os oponentes da igualdade partem da mesma compreensão, e inclusive frequentemente a expressam em uma imagem específica: a da deusa Justitia como mãe que tem de dividir um bolo

---

nativa entre a compaixão social com os miseráveis e a solidariedade política como os sem liberdade [*Unfreien*] para além da "questão social". Mas com isso se perde completamente o tema da justiça, pois esta não pode ser abordada exclusivamente por um ou por outro lado. A minha ênfase na dimensão política da justiça não deve ser entendida dessa maneira, como se fosse uma tomada de posição a favor da liberdade política diante da igualdade social. Pois é precisamente a promoção da igualdade social que tem de colocar no centro a questão do poder político e social. Os conceitos de liberdade e igualdade devem estar relacionados ao conceito de justiça de tal modo que a justiça seja o princípio supremo a partir do qual se deve medir qual liberdade e qual igualdade podem ser legitimadas e exigidas entre os sujeitos de justificação [*Rechtfertigungswesen*] livres e iguais – e nesse sentido a posição que o indivíduo tem como sujeito de justificação político é o alfa e o ômega da justiça política e social. Sobre Arendt, cf. Forst, O republicanismo do temor e da salvação, neste volume.

13 Cf. Cohen, Equality of What? On Welfare, Goods, and Capabilities.

Justificação e crítica

entre seus filhos e se pergunta como isso deve ser feito.[14] Então, ou se argumenta (como em Isaiah Berlin, Ernst Tugendhat, Stefan Gosepath e Wilfried Hinsch) a favor da primazia da distribuição igual de bens e, depois, em virtude dela, outros argumentos a favor de distribuições desiguais legítimas – por exemplo, necessidades, desempenho, reivindicações, direitos previamente adquiridos – são ponderados como casos particulares. Ou se propõe um cálculo igualitário de satisfação de necessidades – *o bem-estar* – que serve como finalidade da distribuição.[15] Porém, a questão de como o bolo foi produzido e – o que é mais importante – quem pode ser a mãe permanece não tematizada ou é explicada a partir da distribuição de um "bem" do "poder".[16] Mas não existe esse "bem" para ser distribuído, visto que pressupõe, outra vez, uma autoridade distribuidora e também uma noção reificada do poder. Porém, o poder, pelo contrário, é constituído de outro modo, em um processo de reconhecimento recíproco, e, portanto, é propriamente uma condição para que se produza um contexto político no interior do qual as questões distributivas podem emergir.[17] Essa produ-

---

14 Tugendhat, *Vorlesungen über Ethik*, p.373ss. Hinsch, *Gerechtfertigte Ungleichheiten*, p.169ss.; Gosepath, *Gleiche Gerechtigkeit*, p.250ss. O exemplo do bolo já pode ser encontrado em Berlin, Equality, p.84, contudo ainda sem a mãe.

15 É assim principalmente no chamado "luck egalitarianism", cujo exemplo paradigmático é Arneson, Luck Egalitarianism: An Interpretation and Defense; e Luck and Equality. Para uma crítica disso, cf. Anderson, What Is the Point of Equality?.

16 Tugendhat, *Vorlesungen über Ethik*, p.379; Gosepath, *Gleiche Gerechtigkeit*, p.90.

17 Young, *Justice and the Politics of Difference*, cap. 1; além disso, Habermas, *Faktizität und Geltung*, p.502ss.; Forst, *Kontexte der Gerechtigkeit*. O signi-

ção é a primeira questão da justiça – em outras palavras, para ficar em uma imagem prática, a questão sobre como a mãe e o bolo aparecem no mundo.

5. Do lado dos críticos da igualdade, encontramos problemas semelhantes. Na visão de Harry Frankfurt, por exemplo, os defensores de concepções igualitárias da justiça nem ao menos tratam do valor da igualdade, pois, se perguntamos a eles o que está errado ou o que há de ruim na desigualdade, eles respondem apontando para as consequências negativas das condições de vida em uma sociedade em que reina a desigualdade: que para alguns seres humanos faltam os bens que são importantes para uma vida satisfatória.[18] O que pode haver de ruim em tal vida consiste no fato de que faltam os bens essenciais para as pessoas, e não o fato de que as outras pessoas estão em uma situação melhor.[19] Assim, uma necessidade contínua por igualdade aparece ou como um equívoco ou como a expressão de um complexo de inveja.

Angelika Krebs adotou esses argumentos do assim chamado *suficientarianismo* e afirmou que "pelo menos os padrões elementares da justiça, especialmente os mais importantes, são do tipo não relacional",[20] e que a tarefa da justiça é produzir "condições de vida humanamente dignas", as quais podem ser

---

ficado do poder político organizado democraticamente no contexto da justiça distributiva é também enfatizado por Shapiro, *Democratic Justice*.

18 Frankfurt, Equality as a Moral Ideal; e Equality and Respect.

19 Cf. também Raz, Strenger und rhetorischer Egalitarismus.

20 Krebs, Einleitung: Die neue Egalitarismuskritik im Überblick, p.17ss. Cf. também Schramme, *Gerechtigkeit und soziale Praxis*, parte 2.

medidas de acordo com "valores que devem ser satisfeitos de modo absoluto" – e não segundo o que os outros possuem.

Krebs chama essa abordagem – novamente, temos como pano de fundo a imagem de um agente distribuidor amigável, só que dessa vez operando com outros critérios – de "humanismo não igualitarista", e reivindica que ela está fundamentada em uma concepção de dignidade humana capaz de ser universalmente aceita. Recorre-se a determinadas listas de bens com as quais deve ser elaborado um conceito de bem "necessário para uma vida boa", que seja o mais universal possível. Essa abordagem também está sujeita a sérias objeções. Desse modo, a afirmação de Frankfurt de que, no sentido da justiça, não importa o quanto os outros tenham, mas apenas se eu tenho "o suficiente", é válida *somente quando* existirem as condições de um pano de fundo justo, isto é, quando os outros não obtiveram previamente vantagem sobre mim. Caso contrário, isso não seria conciliável com a minha dignidade como sujeito que deve ser, em princípio, respeitado como moralmente igual (um padrão que o próprio Frankfurt enfatiza). Mas isso também significa que temos de procurar em outro lugar as razões para esse pano de fundo justo e para isso a argumentação de Frankfurt não contribui em nada.

Porém, mais do que isso, a ideia de "ter o suficiente" ou de "conseguir o suficiente" não apreende a essência do que é próprio da justiça – a questão de evitar a dominação arbitrária. A justiça é sempre uma grandeza "relacional", na qual não se pergunta primeiramente por *estados de coisas* subjetivas ou objetivas (de carência ou de abundância), mas sim pelas *relações justas entre seres humanos* e o que estes devem *uns aos outros* e por quais razões. Portanto, ela tem de ser sempre *relacional*, por mais que fique em aberto em quais sentidos a justiça tem de ser *comparativa*. Não é segundo o padrão da ajuda oferecida moralmente a determinadas situações de carência e de necessidade que se explica a exigência da justiça; esta entra em jogo principalmente quando se trata de relações que, em princípio, precisam ser justificadas entre seres humanos que estão associados no contexto de cooperação social de produção e de distribuição de bens – ou, como muitas vezes é o caso, em um contexto de "cooperação negativa", isto é, um contexto de coerção ou de dominação (seja por meios jurídicos, econômicos ou políticos). Há uma diferença enorme entre alguém estar *privado* injustamente ou de modo injustificado de certos bens ou oportunidades e alguém ter *carência* de determinados bens, não importa por qual razão (por exemplo, se em decorrência de uma catástrofe natural, como mencionei na introdução). Se o primeiro contexto desaparece de nossas vistas, perde-se ou se encobre o problema da justiça, e também o da injustiça. Os deveres da justiça não devem ser reduzidos aos deveres "humanistas" ou até mesmo "humanitários" de assistência moral solidária. No contexto da justiça, todas as distribuições de bens precisam, em princípio, ser justificadas, visto que esses bens são componentes de um contexto real de cooperação e as razões para determinadas distribuições devem ser encontradas no interior desse contexto – que, por conseguinte, são *ab initio* razões de natureza "relacional", e mais precisamente em relação ao fundamento da justiça e sua medida ou sua verificação de quem deve o que para quem.[21] A justiça exige que os

---

21 Sobre isso, cf. também a crítica de Gosepath, Verteidigung egalitärer Gerechtigkeit, ao "não igualitarismo humanitário". Gose-

Justificação e crítica

participantes de um contexto de cooperação sejam respeitados como iguais, e isto quer dizer: que eles sejam participantes em igualdade de direitos de uma *ordem de justificação* social e política na qual sejam determinadas, com sua participação, as condições de produção e de distribuição dos bens. Nesse sentido, por exemplo, a distribuição de bens ordenada pelo Estado segundo padrões absolutos, que fazem abstração do contexto real da justiça ou da injustiça, de modo algum faz jus à "dignidade" daquele que procura a justiça.

6. Mas o que exatamente há de errado em fundamentar uma teoria da justiça em uma teoria suficientemente refletida das capacidades humanas fundamentais (*basic capabilities*), que poderia pôr um fim nas discussões sobre bens, recursos, bem--estar etc.? Afinal de contas, em uma sociedade justa, não se trata de satisfazer a pretensão básica de poder levar adiante uma vida boa autônoma, com os respectivos meios e capacidades? Uma teoria que não olha para os respectivos resultados da distribuição não acaba ficando cega, mais cega do que toda representação da Justitia? Esse é o argumento de Marta Nussbaum, em seu estudo *As fronteiras da justiça*, contra Rawls e em favor de um "nível mínimo de justiça" segundo uma lista de capacidades e habilidades que têm de ser garantidas – e que também incluem o direito à participação política.[22] Um ponto de vista da justiça orientado para o resultado conhece os resultados

---

path destaca corretamente a primazia do princípio de justificação, contudo relaciona-o exclusivamente à questão da medida das pretensões justificadas e não presta atenção à diferença entre deveres de justiça e deveres de ajuda moral em casos de necessidade.

22 Nussbaum, *Die Grenzen der Gerechtigkeit*, p.110.

Rainer Forst

corretos e só então busca o procedimento necessário que leve a ele da melhor maneira possível (nos termos de Rawls, trata-se da "justiça procedimental imperfeita").[23] Os próprios procedimentos são secundários. Contra a ideia de Rawls de uma "justiça procedimental pura", em que a aceitabilidade do resultado depende da qualidade do procedimento, Nussbaum argumenta o seguinte:

[Os partidários de abordagens orientadas para o resultado] frequentemente são da opinião de que as abordagens procedimentais colocam a carroça na frente dos bois: está claro que para nós o mais importante na justiça é a qualidade de vida dos seres humanos e, afinal, rejeitamos qualquer procedimento, por mais elegante que possa ser, que não nos leve a um resultado que concorde com nossas intuições sobre a dignidade e a equidade. [...] Ao teórico orientado ao resultado, é como se [nas teorias procedimentais] um cozinheiro, possuindo uma máquina sofisticadíssima para fazer massa, garantisse aos seus convidados que a massa produzida por essa máquina será boa *per definitionem*, visto que é a melhor máquina disponível no mercado".[24]

Também aqui a imagem é reveladora, mesmo quando usada em si mesma com propósito crítico. A máquina expressa a pura orientação para o resultado: "a abordagem das capacidades volta-se diretamente ao conteúdo do resultado e pergunta se ele é compatível com uma vida de acordo com a dignidade

---

23 Rawls, *Eine Theorie der Gerechtigkeit*, p.107.
24 Nussbaum, *Die Grenzen der Gerechtigkeit*, p.121 (tradução alemã modificada por R. F.).

do ser humano".[25] Por conseguinte, a justiça é uma máquina que produz algo, e unicamente importa o que é produzido e não a vida interna da máquina. Com isso, porém, se perdem os elementos essenciais da justiça social e política, segundo a qual se trata da configuração de um contexto de cooperação política e social, e a primeira questão aqui é como os indivíduos estão *envolvidos* na produção dos bens materiais e imateriais, de modo que um resultado só pode ser justo quando é produzido sob condições capazes de serem consideradas justas por todos. Seria uma coisa muito boa se existisse um grande Leviatã que distribuísse o maná, mas isso teria pouco a ver com a justiça política e social. E se uma ditadura do bem-estar social cuidasse para que uma grande parte das *basic capabilites* fosse assegurada, certamente a vida nela seria muito melhor, segundo determinados padrões, do que em uma democracia social com escassez de recursos; porém não seria justa. A justiça não é um critério para um nível universal de bens ou, falando negativamente, para as tentativas de superação das carências, mas com certeza é um critério para aqueles que querem eliminar a dominação arbitrária e as respectivas assimetrias sociais. A justiça não exige prioritariamente que os seres humanos recebam determinados bens, mas que sejam atores em igualdade de direitos no interior de uma estrutura social básica – e, depois, possam erguer determinadas reivindicações por bens. A justiça diz respeito a quem "são" os indivíduos em um contexto social, isto é, qual o papel que desempenham nele, e não primeiramente àquilo que podem receber.

---

25 Id., p.127.

Rainer Forst

7. As abordagens aristotélicas, como a de Nussbaum, compartilham com as abordagens consequencialistas, como a de Peter Singer, a desconsideração desses elementos essenciais da justiça. Mesmo quando esclarece que, nas questões de responsabilidade global pela distribuição, não se trata de caridade, mas sim de deveres morais individuais imediatos, Singer não se dá conta, em sua ampla argumentação, da dimensão das relações globais relevantes para a justiça, mais precisamente, por um lado, a dimensão causal e, por outro, aquela que diz respeito ao fundamento do dever.[26] Pois, por mais que esteja correto dizer que é um escândalo moral a divergência entre a riqueza e a abundância, de um lado, e a pobreza e a miséria, de outro, quando se trata da justiça é necessário tematizar as causas estruturais dessas relações. Montar uma grande rede de "ajuda" é um passo importante para mitigar a carência, mas não é suficiente para lidar com as múltiplas relações globais de dependência e exploração e, portanto, não permite que surja a questão da injustiça e da iniquidade – por exemplo, como questão de subjugação estrutural –, pois formula o estado de coisas em termos de deveres individuais de ajuda em vista da miséria, cujas causas – e condicionantes – permanecem no escuro. Uma perspectiva moral que se refere aos indivíduos como ofertantes e beneficiários é cega em relação à injustiça estrutural, e também em relação à justiça.

8. Nesse contexto, vamos nos ater aos elementos centrais com um propósito construtivo. Defini a justiça como força e

---

26 Singer, *Famine, Affluence, and Morality*; e *One World: the Ethics of Globalization*.

grandeza humanas de se opor às relações de dominação arbitrária – às "relações" entre indivíduos, classes ou grupos (que falsamente aparecem como inexoráveis). A arbitrariedade foi definida como uma dominação "sem razão", como uma dominação[27] insuficientemente justificada, assumindo que uma ordem justa é uma ordem entre livres e iguais, capaz de receber o consentimento – mais precisamente, não apenas capaz de consentimento no modo subjuntivo, mas capaz de receber o consentimento com base em procedimentos de justificação institucionalizados. Isso se segue *recursivamente* do fato de que na justiça política e social se trata das normas de uma estrutura básica institucional que reivindicam validade recíproca e universal. Portanto, no interior desse espaço vigora *um princípio superior*: o *princípio de justificação recíproca e universal* segundo o qual toda reivindicação de bens, direitos ou liberdades tem de ser fundamentada de modo recíproco e universal, e nenhum lado pode simplesmente projetar suas razões sobre o outro; antes, deve se justificar discursivamente.[28]

De acordo com esse princípio, todo membro de um contexto de justificação – como já mencionado – tem um *direito fundamental à justificação*, isto é, um direito a razões adequadas para as normas da justiça que devem valer universalmente. O respeito a essas normas é exigido em termos morais, e nisso se fundamenta a igualdade moral básica que constitui o fundamento para ulteriores reivindicações por justiça social e polí-

---

27 Tanto *Hersschaft* como *Beherrschung*. (N. T.)

28 Cf. mais detalhadamente Forst, *Das Recht auf Rechtfertigung*, parte I. Também se encontra ali a argumentação de que o direito à justificação é um direito moral fundamental que tem determinadas funções na moral como um todo, e não apenas em relação à justiça.

tica. Nesse sentido, toda norma de justiça posterior tem um caráter "relacional", no sentido de que deve poder nascer de um procedimento de justificação recíproca e universal. Portanto, a justiça não demanda nenhuma assistência moral, mas sim práticas estritamente devidas no interior de um sistema de cooperação social que representa, do ponto de vista da legitimidade, uma ordem de justificação. Portanto, com toda a multiplicidade de bens e pontos de vista normativos – relativos à distribuição de possibilidades de formação, de bens de saúde etc. –, os critérios de justiça básicos e decisivos são os da reciprocidade e da universalidade. Esses critérios servem como filtros para reivindicações por privilégios inaceitáveis, pois a questão da justiça visa sempre saber, em primeiro lugar, a partir de uma dinâmica social interna a ela, quais posições e privilégios preferidos não são justificados perante aqueles que não desfrutam dessas vantagens, mas que devem reconhecê-las.

Com isso alcançamos a ideia central do problema da justiça política e social: que *a questão primeira da justiça é a questão do poder.* Pois não se trata somente de saber a quem devem ser legitimamente distribuídos certos bens, em que proporção e por quais razões, mas também se trata de saber sobretudo *como* esses bens surgem no mundo, *quem* decide sobre sua distribuição e *como* ela será feita. As teorias que são primordialmente de natureza alocativo-distributiva acabam "esquecendo o poder" [*machtvergessen*], visto que pensam a justiça somente do "lado do beneficiário" e, quando é o caso, exigem "*redistribuições*", sem colocar de modo radical a questão política da determinação das estruturas de produção e de distribuição de bens. Que a questão do poder é a primeira questão da justiça significa

Justificação e crítica

que os lugares da justiça devem ser procurados onde precisam ser produzidas as justificações centrais para a estrutura social básica e onde são concebidos os traçados institucionais que determinam radicalmente a vida social. Tudo depende, digamos assim, das relações de justificação em uma sociedade. O poder, entendido como um efetivo "poder de justificação", é o bem superior da justiça: o poder "discursivo" de exigir e de produzir justificações, e de questionar falsas legitimações. Com isso, argumento a favor de uma "guinada política" no debate sobre a justiça e por uma *teoria crítica da justiça como crítica das relações de justificação*.

Com o mencionado argumento torna-se possível uma teoria *autônoma* da justiça, fundamentada de modo reflexivo, que não se apoia em quaisquer outros valores ou verdades a não ser no próprio princípio de justificação. No entanto, este não é meramente um princípio da razão discursiva, mas é ele próprio um princípio moral. Nisso reside o caráter kantiano da abordagem, que coloca no centro a autonomia daqueles para quem devem valer determinadas normas de justiça – a autonomia e a "dignidade" de não estar subordinado a normas ou estruturas a não ser àquelas que podem ser justificadas perante os indivíduos.[29] Essa dignidade é também violada quando os indivíduos são considerados simplesmente beneficiários das distribuições, e não como atores independentes da justiça.

9. Uma teoria abrangente da justiça política e social deve ser construída com base nesse princípio, o que, aqui, apenas pos-

---

29 Sobre isso, cf. Forst, "O fundamento da crítica: sobre o conceito de dignidade humana nas ordens sociais de justificação", neste volume.

so indicar.[30] Em primeiro lugar, temos de fazer uma distinção conceitual entre a *justiça fundamental (mínima)* e a *justiça máxima*. A tarefa de uma justiça fundamental é produzir uma *estrutura básica de justificação*; a tarefa de uma justiça máxima é produzir uma *estrutura básica justificada*. Para poder alcançar a última, é necessária a primeira, isto é, "colocar em prática" a justificação pelos procedimentos democráticos discursivos e construtivos, nos quais o "poder de justificação" esteja distribuído o mais igualitariamente possível entre os cidadãos. Para isso são necessários certos direitos e instituições e uma multiplicidade de meios, desde certas capacidades[31] e informações até possibilidades reais de intervenções e de controle no interior da estrutura básica – ou seja, não uma estrutura "minimalista", contudo materialmente justificada exclusivamente a partir do princípio de justificação. O que deve ser incluído nesse mínimo tem de ser medido e justificado segundo os critérios de reciprocidade e de universalidade. O resultado é uma versão discursiva, em um nível mais elevado, do "princípio da diferença" de Rawls, que, segundo ele, atribui àqueles que estão em pior posição um "direito de veto": "aqueles que obtiveram mais devem poder se justificar perante aqueles que obtiveram menos".[32] Porém, com isso, o próprio princípio não se torna um princípio de distribuição específico (como em Rawls), mas um princípio

---

30 Para uma visão mais detalhada, cf. Forst, *Kontexte der Gerechtigkeit* e *Das Recht auf Rechtfertigung*.

31 Aqui a abordagem das capacidades encontra uma justificação, mas vinculada à tarefa de produzir a justiça fundamental. Em um sentido semelhante, se bem que não por meio da distinção mencionada, ver Anderson, What Is the Point of Equality?.

32 Rawls, *Eine Theorie der Gerechtigkeit*, p.175ss.

Justificação e crítica

superior para justificar possíveis distribuições. Além disso, não existe somente um dever de justificação diante daqueles que estão em pior posição (que possuem direitos de justificação especiais), mas sim um dever universal, também diante daqueles em pior posição.[33]

Colocando em termos aparentemente paradoxais, a justiça fundamental é, portanto, uma diretriz substantiva da justiça procedimental: baseado em um direito moral à justificação, argumenta-se a favor de uma estrutura básica na qual os indivíduos tenham possibilidades reais de definir suas instituições, por eles próprios e de modo recíproco e universal. A justiça fundamental garante a todos os cidadãos um *status* efetivo "como iguais", como cidadãos com possibilidades reais de participação e de influência. Uma violação da justiça mínima ocorre quando o mencionado direito primordial à justificação está distribuído de forma desigual nas instituições mais importantes.

A partir dessa base é possível aspirar a uma estrutura básica justificada de modo diferenciado – a justiça máxima. Quais bens devem ser distribuídos, por quem e para quem, por quais razões e em que medida, tudo isso tem de ser decidido segundo os procedimentos democráticos apropriados. Quando definimos a justiça fundamental de modo recursivo e discursivo,

---

33 Aqui se deve observar que, dependendo de qual bem deve ser distribuído, o grupo "daqueles em pior posição" pode variar: primeiramente podem ser os desempregados, mãe ou pai solteiros, velhos, doentes, minorias étnicas, para mencionar alguns. Porém, combinações específicas dessas características (especialmente do ponto de vista das relações de gênero) agravam a situação e as respectivas ordens de justificação.

Rainer Forst

tomando como referência as condições necessárias para oportunidades equitativas de justificação, precisamos introduzir em nossas considerações sobre a justiça máxima outras considerações substantivas – mais precisamente, aquelas relativas ao social, no sentido dado por Michael Walzer.[34] Por exemplo, como devem ser distribuídos os bens como a saúde, o trabalho, o tempo livre etc. é algo que sempre deve ser definido com o olhar voltado, em primeiro lugar, às exigências funcionais da justiça fundamental e, depois, para além disso, em vista dos respectivos bens e das razões em favor de um ou de outro esquema de distribuição (que também podem se modificar). Enquanto houver a justiça fundamental, tais discursos não correm o risco de se tornar vítimas de distribuições desiguais de poder ilegítimas. Mais uma vez mostra-se por que a primeira questão da justiça é a questão do poder.

10. A teoria da justiça de John Rawls foi anteriormente mencionada repetidas vezes, e de fato continua a ser o ponto de referência mais importante na discussão contemporânea sobre a justiça. Se a olharmos à luz das duas diferentes imagens da justiça, coloca-se a pergunta sobre qual melhor lhe corresponde.

Desde a influente crítica de Robert Nozick, a teoria de Rawls é geralmente interpretada como pertencente à primeira imagem, a da concepção alocativo-distributiva da justiça

---

34 Walzer, *Sphären der Gerechtigkeit*. Em escritos posteriores, Walzer modificou sua abordagem de modo que o princípio da "cidadania democrática" como um todo é o princípio condutor em todas as esferas. Cf. Walzer, Response, p.286ss.

Justificação e crítica

orientada para o beneficiário. Diante do pano de fundo de uma teoria histórica (aos olhos de Nozick) da justiça baseada em "direitos",[35] que olha para o modo como são adquiridos os títulos de propriedade, Nozick critica os princípios da justiça de Rawls por serem "princípios de resultado final" que correspondem a padrões (*patterns*) pré-dados que restringem ilegitimamente a liberdade dos participantes do mercado.[36] Porém, também por uma perspectiva completamente diferente, como a de Thomas Pogge, muito distante das abordagens libertarianas, a teoria de Rawls é igualmente considerada uma "abordagem exclusivamente orientada para o beneficiário", visto que se concentra na comparação entre resultados distributivos tendo como referência os bens primários, que evidentemente correspondem aos interesses mais elevados das pessoas por tais bens.[37] Se nos basearmos no significado dos *primary goods* na teoria de Rawls, essa avaliação teria uma certa justificação – contudo, do meu ponto de vista, Rawls não faz parte da primeira imagem, mas sim da segunda imagem da justiça, aquela que põe em primeiro plano as estruturas e as relações sociais e a posição social dos indivíduos. Explicarei isso resumidamente.

Em primeiro lugar, o caráter kantiano da teoria de Rawls significa que a autonomia das pessoas livres e iguais, que constitui

---

35 *Entitlement* é o termo usado por Nozick, no inglês. (N. T.)
36 Nozick, *Anarchy, State and Utopia*, p.149ss. Young, *Justice and the Politics of Difference*, p.28, concorda com Nozick no que tange à crítica às teorias de resultados finais (às quais pertence, aos olhos dela, a teoria de Rawls).
37 Pogge, The Incoherence Between Rawls's Theories of Justice.

o cerne normativo da abordagem, não é a autonomia dos indivíduos que são prioritariamente representados como beneficiários de bens necessários para sua "vida boa". Pelo contrário, é a autonomia construtiva de sujeitos de justificação livres e iguais, que se expressa no fato de que os indivíduos são capazes de considerar os princípios de justiça como autolegislados [*Selbstgegeben*]. Por conseguinte, os cidadãos e cidadãs consideram a estrutura básica da sociedade, fundamentada naqueles princípios, como a expressão social de sua autodeterminação.[38] A concepção essencial de autonomia é a de uma autonomia que determina ativamente a estrutura básica, e não aquela que desfruta de seus bens (embora isso também seja importante). A ênfase no uso público da razão nas obras posteriores ressalta isso, visto que é no *medium* de uma justificação discursiva que uma concepção autônoma da justiça precisa ser justificada para que todos possam aceitá-la como livres e iguais. "Ao afirmar, como cidadãos, a concepção política como um todo, somos autônomos politicamente falando".[39]

Um aspecto importante do pano de fundo kantiano da teoria consiste no fato de que sua preocupação central é excluir do mundo social "o que aparece como moralmente arbitrário",[40] tanto na fundamentação dos princípios de justiça quanto nas instituições da estrutura básica. Visto que Rawls define o cerne da justiça de tal modo que "não podem ser feitas distinções arbitrárias entre os seres humanos" no que diz respeito aos direitos e deveres fundamentais, decorre que as contingências

---

38 Rawls, *Eine Theorie der Gerechtigkeit*, § 40.
39 Id., *Politische Liberalismus*, p.180.
40 Id., *Eine Theorie der Gerechtigkeit*, p.32.

Justificação e crítica

das diferentes dotações naturais e das relações sociais desiguais não devem levar a vantagens que não possam ser legitimadas universalmente. Este é um critério para as relações sociais entre cidadãos e cidadãs em uma "sociedade bem ordenada", e não primeiramente para definir a quantidade de bens aos quais alguém tem direito. Que aqui se trata da ausência de relações de dominação social ilegítima – ou seja, expresso em outra linguagem, trata-se de *nondomination*[41] – é, na minha opinião, a melhor interpretação da ideia de evitar a arbitrariedade social.

Isso nos leva ao conceito mais importante a esse respeito, que marca mais nitidamente a diferença em relação ao *libertarianismo* de Nozick, a saber, o conceito de cooperação social. A concepção de "justiça procedimental" de Rawls (criticada por Martha Nussbaum, como vimos) está de tal modo relacionada às estruturas e relações sociais que dela resulta um sistema de cooperação social que expressa a "orientação comunitária dos seres humanos" [*Gemeinschafsorientierheit der Menschen*] de um modo que eles se complementam um ao outro de forma produtiva e participam de um contexto de cooperação que inclui a todos como membros autônomos em termos políticos e sociais – pode-se pensar na imagem da orquestra, usada por Rawls.[42] Aqui, é particularmente significativo como Rawls afasta sua concepção da justiça como equidade de uma concepção de "justiça alocativa":

---

41 Sobre uma teoria da não dominação, principalmente no âmbito político, cf. Pettit, *Republicanism: A Theory of Freedom and Government*, e minha discussão em Forst, A Kantian Republican Conception of Justice as Nondomination.

42 Rawls, *Eine Theorie der Gerechtigkeit*, p.567ss.

Rainer Forst

o problema da justiça distributiva na justiça como equidade é sempre este: como ordenar as instituições da estrutura básica em um esquema unificado de instituições de modo que um sistema de cooperação social equitativo, eficiente e produtivo possa se manter no transcurso do tempo, de uma geração para a outra? Comparem isso com o problema muito diferente de como distribuir ou alocar um determinado conjunto de produtos entre diferentes indivíduos cujas necessidades, desejos e preferências particulares são conhecidos, e que não cooperam de forma alguma para produzir esses produtos. Esse segundo problema é o da justiça alocativa [...] Rejeitamos a ideia de justiça alocativa por considerarmos que é incompatível com a ideia fundamental que organiza a justiça como equidade [...] Os cidadãos cooperam para produzir os recursos sociais aos quais dirigem suas reivindicações. Numa sociedade bem ordenada [...] a distribuição de renda e riqueza ilustra o que podemos chamar de justiça procedimental pura de fundo. A estrutura básica está organizada de tal modo que quando todos seguem as normas de cooperação publicamente reconhecidas, e honram as exigências que as normas especificam, as distribuições específicas de bens daí resultantes são consideradas justas e aceitáveis [...] – quaisquer que sejam as formas que estas distribuições venham a ter.[43]

A questão proeminente no interior desse contexto de produção e distribuição é saber quem "são" os indivíduos, e menos o que recebem de modo absoluto. O ponto decisivo é que as instituições funcionem segundo princípios justificados, como o princípio da diferença, e não abriguem quaisquer privilégios

---

43 Rawls, *Gerechtigkeit als Fairneß: Ein Neuentwurf*, p.88ss.

sociais – sem levar à criação e à consolidação de grupos que estão amplamente excluídos do sistema de cooperação e são permanentemente dependentes de transferências alocativas de bens. Por isso, Rawls critica explicitamente o modelo do Estado de bem-estar capitalista, que, diferentemente da "democracia dos cidadãos-proprietários", não assegura uma dispersão suficiente da propriedade da riqueza e do capital e, por isso, não consegue evitar "que uma pequena parcela da sociedade controle a economia e, indiretamente, também a política".[44]

Aqui, não posso explorar mais a questão sobre se a teoria de Rawls se ocupa suficientemente do princípio de que as assimetrias sociais precisam ser justificadas e se prevê as respectivas práticas institucionais de justificação. Em minha opinião, a primazia da questão do poder teria uma série de consequências para uma teoria discursiva da justiça fundamental e máxima (indicada anteriormente), que em muitos aspectos se diferencia da teoria de Rawls. O que essas observações visam demonstrar é que a abordagem de Rawls, em suas intenções e argumentos centrais, pertence à segunda imagem – mas também se mostra ambivalente, como muitas outras teorias.

11. Uma outra teoria, que não pode ser facilmente encaixada na alternativa das duas imagens, é a de Axel Honneth.[45] Com sua concepção de "eticidade" pós-tradicional, apoiada no modelo

---

44 Ibid., p.216.
45 Para maiores detalhes sobre o que vem a seguir, cf. Forst, *Kontexte der Gerechtigkeit*, cap. 5, seç. 3, e também "O que é mais importante vem primeiro: distribuição, reconhecimento e justificação", neste volume.

Rainer Forst

hegeliano da luta por reconhecimento, Honneth diferenciou três dimensões do reconhecimento interpessoal que, tomadas em conjunto, são entendidas como condições de autorrealização ou de autonomia em um sentido qualitativo: as formas de reconhecimento do amor, do direito e da solidariedade produzem respectivamente as formas da autoconfiança, do autorrespeito e da autoestima que, em conjunto, são indispensáveis para uma vida boa sob as condições das sociedades modernas. Elas formam as "condições normativas universais para uma vida bem-sucedida".[46] Baseado nisso, Honneth desenvolveu a tese de que um conceito abrangente de justiça precisa estar ancorado nessas diferentes formas sociais e as respectivas autorrelações: "a justiça ou o bem de uma sociedade mede-se por sua capacidade de proporcionar as condições de reconhecimento recíproco sob as quais podem se dar a formação bem-sucedida da identidade pessoal e a autorrealização individual".[47] Isso exige uma forma de sociedade na qual o *telos* da formação da identidade possa ser buscado nas esferas relevantes do amor, da igualdade de direitos e da estima social. Consequentemente, uma teoria da justiça tem de abarcar "três princípios equivalentes": "para poder usar efetivamente sua autonomia individual, cabe igualmente aos sujeitos individuais serem reconhecidos em sua necessidade, em sua igualdade de direitos ou em suas contribuições sociais, segundo o tipo de relação social".[48] Assim, em virtude do tipo de esfera social, deve vigorar o princípio da necessidade, o prin-

---

46 Honneth, *Kampf um Anerkennung: zur moralischen Grammatik sozialer Konflikte*, p.285.

47 Id., Umverteilung als Anerkennung: Eene Erwiderung auf Nancy Fraser, p.206.

48 Ibid., p.214.

cípio da igualdade ou o princípio do merecimento. Os fundamentos desses princípios residem nas formas historicamente desenvolvidas da família, do direito e da ordem econômica; contudo, podem ser testadas criticamente em virtude de seu "excesso de validade" que se tornou visível nessas formas nas sociedades modernas. A orientação fundamental manifestada pelas lutas sociais por reconhecimento nessas esferas segue o ponto de vista superior da "individualização e do aumento da inclusão".[49]

Essa abordagem complexa, aqui apenas esboçada em alguns de seus traços, comporta-se de forma ambivalente em relação às duas imagens da justiça. Por um lado, apresenta traços evidentes da segunda imagem, a da compreensão da justiça orientada para as relações e as estruturas. Pois a característica de uma teoria do reconhecimento é interpretar as relações sociais e políticas – por exemplo, do direito e da economia, mas também aquelas da família etc. – como relações dinâmicas produzidas intersubjetivamente. Elas resultam das lutas por reconhecimento social e expressam o próprio reconhecimento recíproco (sem que esse processo possa ser visto como algo concluído). Portanto, o conteúdo central da justiça é o *status* dos indivíduos ou grupos no interior de uma "ordem de reconhecimento" – e não os "bens" a serem distribuídos aos indivíduos a partir de alguma instância central.[50] O que também é essencial é que uma perspectiva do conflito desencadeie a dinâmica sociopsicológica das lutas contra a injustiça e, com isso, ajude a evitar decisões

---

49 Ibid., p.221.
50 Sobre isso, cf. a crítica ao paradigma da distribuição em Honneth, *Das Gewebe der Gerechtigkeit*.

teóricas reducionistas, especialmente aquelas que levam à incapacidade de revelar e criticar as formas arraigadas de uma ordem de justificação – por exemplo, pelas narrativas de justificação preformadas que selecionam determinadas pretensões e protegem certos privilégios – ou de uma ordem de reconhecimento – por exemplo, pelas determinações hierárquicas daquilo que vale como trabalho socialmente útil.

No entanto, Honneth não acredita que essa dinâmica de questionamento de ordens de justificação e de reconhecimento dadas possa ser realizada adequadamente através da crítica segundo os pontos de vista da justificação recíproca e universal. Segundo sua concepção, uma teoria do reconhecimento tem acesso a um *telos* da vida boa,[51] que, do ponto de vista teórico, não apenas é anterior às abordagens procedimentalistas, como também pode não ser adequadamente expresso nos discursos de justificação, nos quais os indivíduos têm de transformar suas experiências de desrespeito em reivindicações capazes de serem legitimadas reciprocamente, e pode acontecer de determinadas experiências de sofrimento e de injustiça permanecerem ampla e publicamente "não tematizadas".[52] Não obstante, sobre esse último ponto, parece que é muito mais um problema de heurística crítica do que de um problema conceitual de uma teoria da justiça, pois também Honneth sustenta que uma crítica social adequada aplica-se unicamente às "relações de reconhecimento injustificadas"[53] e que nem toda reivindicação por reconhecimento se torna uma exigência no sentido da

---

51 Honneth, Umverteilung als Anerkennung, p.213.
52 Ibid., p.135.
53 Ibid.

Justificação e crítica

justiça, mas somente aquelas capazes de serem fundamentadas reciprocamente e que – como no exemplo do reconhecimento cultural – conseguem passar pelo "olho da agulha do princípio da igualdade".[54] A meu ver, isso também se reflete no ponto de vista mais elevado da justiça que considera os indivíduos em relação com sua inclusão igualitária.

Todavia, a ênfase na realização da autonomia definida qualitativamente ou da autorrealização individual nas respectivas relações sociais como o *telos* e a "finalidade" da justiça tem implicações que situam a teoria do reconhecimento no âmbito da primeira imagem da justiça.[55] Pois se o que importa na sociedade justa – ou na sociedade "boa" como um todo – é realizar esse objetivo, então esse *telos* da vida boa, precisamente em vista da tese de que ele é anterior e não está disponível à justificação democrática,[56] poderia se transformar em um bem ético sobre o qual os sujeitos têm um direito e que deve ser realizado independentemente das formas de produção justificadas autonomamente. Quando as respectivas formas das relações sociais são identificáveis, o "bem da formação da identidade pessoal"[57] é transformado, em um sentido liberal perfeccionista, no *telos* da produção e da conservação da autonomia individual.[58]

---

54 Ibid., p.195.

55 Ibid., p.209. Deixarei de lado aqui a espinhosa questão se esse *telos* em Honneth é fundamentado de modo antropológico "quase transcendental" ou primeiramente em termos históricos e genéticos. Encontramos ambas as ideias no referido texto, por exemplo, nas p.206 e 214.

56 Cf. também Honneth, Das Gewebe der Gerechtigkeit, p.72-7.

57 Honneth, Umverteilung als Anerkennung, p.209.

58 Por exemplo, cf. Raz, *The Morality of Freedom*.

Assim, o peso se desloca de uma concepção política e social da geração e do estabelecimento comunicativo de relações de reconhecimento justificadas de modo independente para uma concepção de justiça cuja tarefa central é garantir institucionalmente as condições objetivamente necessárias para a autonomia ética individual. Abstraindo o fato de que estamos diante de uma compreensão bem ampla da justiça, em que se trata, em geral, das condições de uma vida boa e na qual teríamos de fazer a distinção entre a sociedade "justa" e a sociedade "boa", a interpretação perfeccionista e aristotélica fica evidente quando o objetivo da vida é reificado de certo modo em relações sociais adequadas. Quando se entende o desenvolvimento da "autonomia plena" como o resultado final do bem, para o qual a garantia e a proteção de determinadas relações sociais são os meios necessários — como na abordagem das *capabilities* de Martha Nussbaum —, os indivíduos aparecem primeiramente como beneficiários carentes desses meios, mesmo quando se trata, na verdade, de sua autonomia pessoal.[59]

Essa consequência se contrapõe, evidentemente, ao mencionado traço fundamental de uma teoria do reconhecimento que procura entender as relações e as condições sociais e

---

59 Sobre isso, cf. Anderson e Honneth, Autonomy, Vulnerability, Recognition, and Justice, p.173. "A autonomia plena — a capacidade real e efetiva de desenvolver e perseguir sua própria concepção de vida digna — é facilitada pelas relações consigo mesmo (autorrespeito, autoconfiança e autoestima) que estão elas próprias vinculadas a redes de reconhecimento social. Mas a autoconfiança, o autorrespeito e a autoestima permanecem sendo realizações mais ou menos frágeis, e sua vulnerabilidade a vários tipos de ofensas, violações e degradações fazem que seja uma questão central da justiça proteger os contextos sociais em que aquelas relações surgem."

Justificação e crítica

políticas como produzidas autônoma e reciprocamente – em processos que incluem tanto as dinâmicas de reconhecimento quanto as de justificação, nas quais as ordens produzidas são questionadas. Porém, da perspectiva da justiça não resta outro caminho a não ser a primazia do critério da justificação recíproca e universal. Em tais processos, as pretensões de justiça só podem ser geradas de modo fundamentado se passarem por esse "olho da agulha".

12. Por fim, em que se fundamenta a diferença entre as duas imagens da justiça? Talvez sejam duas "imagens de ser humano" e concepções de dignidade humana diferentes. Por um lado, os seres humanos são entendidos como sujeitos para os quais não devem faltar certos bens que são indispensáveis para uma vida "humana digna" ou "boa", e, por outro, como sujeitos livres e iguais cuja dignidade consiste em não estarem submetidos a determinadas normas sem um fundamento apropriado, ou seja, não serem dominados [*Beherrscht*]. Ambas as ideias têm seu valor; mas, aos meus olhos, a última é central para a gramática da justiça. Mas quem pode descartar o fato de estar aprisionado em uma imagem unilateral?

2
A justificação dos direitos humanos e o direito fundamental à justificação: uma argumentação reflexiva

There is a crack in everything – that's how the
light gets in.

Leonard Cohen, Anthem

1. Os direitos humanos são um fenômeno complexo que abrange diferentes aspectos. Eles possuem uma dimensão *moral*, já que representam pretensões humanas fundamentais que não podem ser violadas ou ignoradas em nenhum lugar no mundo; uma dimensão *jurídica*, pois são elementos das constituições dos Estados, em que expressam direitos fundamentais e, além disso, estão inscritos nas declarações, nos acordos e nos contratos internacionais; por fim, possuem uma dimensão *política* e são considerados padrões fundamentais de legitimidade política. Desse modo, são objetos constantes de controvérsias políticas, nacionais e internacionais, especialmente no que diz respeito à questão de saber se foram ou não violados – e como a sua violação pode ou não ser evitada. Para além disso, os direitos humanos possuem naturalmente uma importante

dimensão *histórica*, embora seja controverso definir quando sua ideia surgiu pela primeira vez e qual a importância disso para compreendê-los.

Todos esses aspectos são essenciais em uma teoria filosófica abrangente dos direitos humanos e devem ser integrados de modo correto. Mas, do mesmo modo, não se pode negligenciar o aspecto *social* central dos direitos humanos – a saber, que os direitos humanos, quando e onde foram reivindicados, também estavam vinculados a uma situação de opressão ou de exploração de indivíduos ou de grupos, que viram sua dignidade como seres humanos ser violada e se revoltaram contra isso. Essa violação da dignidade foi considerada uma questão que dizia respeito a todos os seres humanos, visto que se tratava de ações e instituições que colocavam em xeque o respeito fundamental que os seres humanos devem uns aos outros de modo absoluto. Os direitos humanos eram (e, deve-se acrescentar, ainda são) em primeiro lugar instrumentos em uma luta contra determinado mal que os seres humanos infligem uns aos outros. Os direitos humanos expressam a linguagem do protesto e da oposição e exigem uma medida de tratamento recíproco da qual nenhum ser humano pode legitimamente privar o outro e que, portanto, deve ser garantida em uma ordem social legítima.

Considerando que os direitos humanos devem assegurar institucionalmente que nenhum ser humano seja tratado de um modo que não possa ser justificado para ele ou ela como sujeito moralmente igual, isso significa que, do ponto de vista reflexivo, existe uma pretensão fundamental que está pressuposta como base de todos os direitos humanos, a saber, a pretensão de que – no sentido de ser respeitado como um sujeito

Justificação e crítica

autônomo – temos o direito de não estarmos subordinados a determinadas ações ou instituições que não possam ser adequadamente justificadas perante nós. Essa argumentação reflexiva tem três dimensões, que procurarei desenvolver a seguir. Em primeiro lugar, os direitos humanos têm um fundamento comum em *um* direito moral básico, o *direito à justificação*. Em segundo lugar, a função jurídica e política dos direitos humanos consiste em garantir esse direito fundamental em termos socialmente efetivos, tanto do ponto de vista substantivo como procedimental. O aspecto substantivo consiste na tarefa de formular direitos que expressem formas adequadas de respeito mútuo e cuja violação não é justificável entre pessoas livres e iguais. O aspecto procedimental enfatiza as condições essenciais para isso, segundo as quais ninguém deve estar submetido a um sistema de direitos e deveres – ou, se quisermos, a um regime político jurídico – em cuja definição ela ou ele não pode participar como sujeito de justificação autônomo. Assim, os direitos humanos não somente protegem a autonomia das pessoas: eles também a expressam. Em terceiro lugar, a argumentação reflexiva mostra que essa forma de fundamentar os direitos humanos não está sujeita à objeção do etnocentrismo, que persegue tantas teorias alternativas – pois essa crítica se apoia ela mesma na exigência de um direito a uma justificação adequada e legitimável diante dos concernidos. Por conseguinte, a abordagem reflexiva interpreta o próprio conceito de justificação de modo normativo, como um conceito fundamental da razão prática, e como uma práxis da autonomia moral e política – como práxis que implica o direito moral à justificação, que constitui o fundamento dos direitos humanos.

2. Nas discussões da filosofia contemporânea sobre os direitos humanos encontramos uma série de abordagens que, cada uma a sua maneira, destaca um dos aspectos mencionados antes. Vou apresentá-las aqui resumidamente, para voltar mais detalhadamente a elas no final.

(a) Uma justificação preponderantemente *ética* dos direitos humanos refere-se à importância dos interesses humanos que eles devem proteger. Autores como James Griffin estão convencidos de que os valores centrais, como os da autonomia e da liberdade, são essenciais para nosso "funcionamento" como pessoas que agem, e que determinados direitos podem ser derivados dos interesses fundamentais que os seres humanos possuem em querer realizar aqueles valores.[1] Outros, por sua vez, como James Nickel e John Tasiolas, defendem uma concepção pluralista mais forte desses interesses humanos essenciais.[2] Todavia, o que é comum às justificações éticas dos direitos humanos é o fato de colocarem em primeiro plano as concepções substantivas de bem-estar ou de "vida boa", e considerarem os direitos humanos como meios para garantir as condições mínimas necessárias para as respectivas formas de vida. O "ser humano" que aqui está no centro é aquele interessado em realizar uma vida boa, e que tem direito a ela – e os direitos humanos devem tornar isso possível para cada pessoa.

Existem inúmeras discussões sobre essas teorias – por exemplo, se sua concepção de vida boa está necessariamente vinculada ao contexto de tal modo que não possa ser univer-

---

1 Griffin, *On Human Rights*, p.35.
2 Nickel, *Making Sense of Human Rights*; cf. também Tasioulas, The Moral Reality of Human Rights; e Taking Rights out of Human Rights.

Justificação e crítica

salizada, ou se, pelo contrário, é muito mais "tênue" do que "densa" e, por isso, tem muito pouca substância. Além disso, colocam-se questões sobre a derivação de pretensões normativas de direitos a partir de interesses fundamentais. Pois existem muitos desses interesses – pensemos no interesse em querer ser amado – e como, então, poderíamos identificar aqueles interesses que poderiam fundamentar os direitos humanos? Mais ainda, como uma reivindicação de importância e urgência subjetivas pode ser transformada em uma reivindicação por direitos universalmente vinculante? Quais os elementos mediadores que geram esse tipo especial de normatividade?

(b) Uma perspectiva completamente diferente é assumida por aqueles que enfatizam, em um sentido bem definido, a função ou o aspecto *político-jurídico* dos direitos humanos. Nessa perspectiva, a tarefa essencial dos direitos humanos situa-se no âmbito do direito ou da política internacionais, nos quais os direitos humanos são entendidos, por um lado, segundo os padrões de uma concepção filosófica do direito dos povos, como em John Rawls, e, por outro, em relação a uma prática internacional do direito e da política, como em Joseph Raz ou Charles Beitz. Segundo Rawls, a função principal dos direitos humanos é "delimitar e fornecer uma definição adequada da soberania interna do Estado" ou "restringir as razões que justificam a guerra e o modo de conduzi-la" e "limitam a autonomia interna de um regime".[3] Rawls estabelece um vínculo estreito entre a questão da paz internacional e os padrões internos para a "vida decente

---

3 Rawls, *Das Recht der Völker*, p.30 e 97 (tradução para o alemão modificada por R. F.)

nas instituições políticas e sociais domésticas",[4] de tal modo que uma concepção dos direitos humanos só pode ser justificada na qualidade de componente "intrínseco"[5] da concepção de direito dos povos, partilhável entre os povos liberais e os "povos hierarquicamente decentes". Rawls chega a essa conclusão ao considerar o "pluralismo razoável" no plano dos povos e dos Estados no âmbito internacional. Assim, Rawls não define um único fundamento normativo comum para uma concepção de direitos humanos, mas sim fundamentos liberais para concepções liberais e outros fundamentos para outras concepções. E visto que a função dos direitos humanos é questionar as reivindicações por soberania e, eventualmente, justificar as intervenções, dessa construção resulta uma lista mínima de direitos humanos como parte de uma concepção, por assim dizer, "ecumênica" do direito dos povos para uma ordem internacional pacífica.

Outros seguiram essa abordagem e a radicalizaram, o que, como explicarei a seguir, levou a uma mudança radical de perspectiva na filosofia política. Charles Beitz defende uma "concepção prática" que considera fundamental "a doutrina e os discursos dos direitos humanos, tal como os encontramos na prática política internacional",[6] que é contrária a uma concepção — aos seus olhos — "ortodoxa", que toma os direitos humanos como parte de uma ordem moral que seria independente de sua expressão no *medium* do direito internacional.[7] Enquan-

---

4 Ibid., p.97.
5 Ibid., p.98 (tradução para o alemão modificada por R. F.).
6 Ibid., p.197.
7 Beitz, Human Rights and the Law of People, p.196. Para uma definição mais específica da ideia de "concepção prática", também cf. Beitz, *The Idea of Human Rights*, p.7-12; 102-6.

Justificação e crítica

to Rawls assume como fundamento uma concepção "política" filosófica do direito dos povos, Beitz considera legítimas as atuais doutrina e prática do direito. No entanto, ele segue Rawls em um ponto decisivo ao interpretar a função dos direitos humanos "como razões que justificam a intervenção da comunidade internacional em assuntos internos dos Estados".[8] Embora Beitz considere uma série de possíveis atores e de formas de exercer essa influência ou intervenções,[9] ele concorda com Rawls que o conteúdo dos direitos humanos é determinado pelo seu papel como possíveis razões para intervenções externas. Em um sentido semelhante, Joseph Raz argumenta a favor de uma abordagem "política" dos direitos humanos "sem fundamentos", segundo a qual os direitos humanos fornecem uma "razão suficientemente contestável para ações contra aqueles que violam direitos humanos no âmbito internacional".[10] As considerações políticas a respeito da possibilidade e desejabilidade de intervenções externas desempenham um papel importante nas avaliações sobre as violações de direitos humanos, e a consequência disso é que os direitos humanos, "uma vez que prescindem de um fundamento, pois não se fundamentam

---

8 Ibid., p.202ss.; cf. também Beitz, *The Idea of Human Rights*, p.41ss., p.65 e 143.

9 Cf. Beitz, *The Idea of Human Rights*, p.33-40.

10 Raz, Human Rights without Foundations, p.328. Do mesmo modo, Cohen defende que a função dos direitos humanos consiste em "sobrepor-se ou delimitar a jurisprudência interna dos Estados". Desse modo, ela argumenta a favor de "um subconjunto" estreitamente delimitado "de direitos humanos institucionalizados juridicamente e internacionalmente coercitivos". Jean Cohen, Rethinking Human Rights, Democracy, and Sovereignty in the Age of Globalization, p.582 e 599.

Rainer Forst

em pretensões morais básicas, dependem das contingências do atual sistema de relações internacionais".[11]

(c) Se, por sua vez, Raz está disposto a pagar o preço do "não fundacionismo", outros o consideram muito alto e buscam fundamentações normativas para os direitos humanos, que, não obstante, evitam as suposições éticas das primeiras abordagens mencionadas antes. Novamente, tendo as considerações rawlsianas como ponto de partida, mas dessa vez procurando superar as ressalvas de um particularismo liberal e, com isso, intensificando a busca por justificações *políticas e morais* que poderiam estar no cerne de um "consenso sobreposto", desenvolveu-se uma competição em torno da modéstia, por assim dizer, sobre se é possível encontrar uma fundamentação "mínima", porém ainda suficiente, para os direitos humanos. Algumas abordagens, como a de Michael Ignatieff, enfatizam os direitos à integridade do corpo e à liberdade pessoal como o cerne mínimo dos direito humanos e os fundamentam em uma "antropologia mínima" que exige que se evite o mal maior.[12] Outros temem que a busca por tais "mínimos denominadores comuns"[13] corre o risco de colocar em curto-circuito o "minimalismo da justificação" com o "minimalismo em termos de conteúdo", como diz Joshua Cohen.[14] Enquanto o primeiro é considerado legítimo, como "reconhecimento do pluralismo e atitude de tolerância" no âmbito internacional, o último deve ser evitado, pois, segundo Cohen, "as normas dos direitos humanos são mais bem entendidas como normas que expressam

---

11 Raz, Human Rights without Foundations, p.336.
12 Ignatieff, *Human Rights as Politics and Idolatry*.
13 Vincent, *Human Rights and International Relations*, p.48ss.
14 Cohen, Minimalism about Human Rights, p.192.

Justificação e crítica

a ideia de *pertencimento* ou de *inclusão* em uma sociedade política organizada".[15] E isso pressupõe, por sua vez, que se tenha o direito de ser tratado "como membro", isto é, em um sentido político, que "os interesses próprios têm de ser respeitados de modo apropriado".[16] As reivindicações por direitos humanos possuem, portanto, uma importância essencial para garantir o pertencimento político e social, uma vez que o agnosticismo moral de Cohen – chamado de "não fundacionismo"[17] – deixa em aberto as razões normativas para tais reivindicações. Sua esperança é que essa concepção de direitos humanos possa ser sustentada por "uma série de pontos de vista éticos e religiosos" – no âmbito de uma "razão pública global".[18] Diante desse pano de fundo, Cohen não vê uma razão suficiente para, por exemplo, um direito humano à democracia, pois, se é certo que uma "sociedade política aceitável" tem de respeitar certos direitos de pertencimento, não se segue que tenha de respeitar um direito à democracia.[19]

3. Ora, como é possível encontrar uma via praticável entre essas abordagens que enfatizam aspectos completamente diferentes dos direitos humanos – seu cerne normativo como proteção de interesses humanos básicos, sua função no direito e na política internacionais, sua pretensão de serem válidos para além das diferentes culturas e formas de vida éticas? Não resta dúvida de que os direitos humanos têm determinadas substân-

---

15 Ibid., p.197 (itálicos de R. F.).
16 Ibid.
17 Ibid., p.199.
18 Ibid., p.210.
19 Cohen, Is There a Human Right to Democracy?.

Rainer Forst

cia, função e justificação – mas elas estão corretamente definidas pelos três pontos de vista mencionados? Acredito que não. Para preparar minha argumentação reflexiva a favor de uma quarta via e salientar a gramática normativa profunda dos direitos humanos, é útil lançar um breve (íssimo) olhar sobre a sua dimensão histórica.[20] Esses direitos surgiram primeiramente como direitos individuais "naturais" ou "dados por Deus" nas controvérsias sociais da primeira modernidade, e não raras vezes levaram a rupturas revolucionárias, como na Inglaterra do século XVII. Ali, os *levellers* [os niveladores] reivindicavam um "direito inato" a uma forma de governo que só seria legítima se recebesse a autorização para exercer a dominação política expressamente dos que lhe estivessem submetidos.[21] Sem essa justificação, as pessoas "naturalmente" livres estariam submetidas a uma "servidão horrível, deplorável, lastimável e não aceitável",[22] contra a qual poderiam legitimamente resistir. A linguagem desses direitos era uma linguagem emancipatória

---

20 Concordo com Buchanan que a desconsideração da dimensão histórica dos direitos humanos possa ser a razão para a falta de atenção do discurso dos direitos humanos em relação ao igualitarismo de *status* que os direitos humanos exprimem. Sobre isso, cf. Buchanan, The Egalitarianism of Human Rights, p.688.
21 É importante salientar que esse direito estava, na maioria das vezes, relacionado aos *well-affected*, de modo que a reivindicação por igualdade política estava limitada a pessoas com determinado nível de independência econômica. Sobre isso, cf. o famoso debate Putney em 1647, documentado por Woodhouse, *Puritanism and Liberty*. Aponto aqui para uma determinada lógica desse argumento histórico a favor dos direitos humanos que também pode ser aproveitado para criticar suas formas históricas concretas.
22 Lilburne, *Englands Birth-Right Justified*, p.303. Cf. também Forst, *Toleranz im Konflikt*, cap. 5 e 6.

Justificação e crítica

do ponto de vista político e social, que se orientava contra uma ordem social feudal e uma monarquia absoluta que reivindicava para si uma prerrogativa "divina". Estes são quase lugares-comuns, mas que são importantes, pois até mesmo as abordagens mencionadas, que se entendem como abordagens "políticas", tendem a desconsiderar a mensagem essencialmente política e social dos direitos humanos: a reivindicação de ser não apenas um membro plenamente integrado na sociedade, mas também de ser um sujeito social e político que, falando em termos negativos, está livre da dominação política e social arbitrária, e que, formulando em termos positivos, é alguém que "conta", ou seja, que é considerado como pessoa – alguém com um efetivo direito à justificação. Esse direito afirma que não pode haver nenhuma ordem social ou política legítima que não possa ser adequadamente justificada perante seus sujeitos, e, portanto, o sentido originário dos direitos humanos é mais um sentido *republicano* do que um *liberal* clássico. Os direitos humanos são direitos a não poder ser forçado a viver em uma ordem social que não possa ser justificada perante os indivíduos. Mesmo ali onde os direitos humanos são direitos de recusa [*Abwerrecht*], eles devem ser entendidos politicamente como direito de recusa da tirania (bem entendido: a tirania compreendida em sentido social e político, como tirania da ordem social e da ordem monárquica). Onde os *levellers* exigiam direitos pessoais à "property, liberty and freedom" (Richard Overton), tinham em vista os meios que os tornariam atores políticos e sociais independentes, livres da dominação feudal e do domínio tirânico.[23] Falando em termos reflexivos, nesses direitos tratava-se de reivindicar uma

---

23 Cf. Saage, *Herschaft, Toleranz, Widerstand*.

participação nas estruturas políticas que determinam os direitos e deveres dos cidadãos.

Essa concepção dos direitos humanos encontrou sua clássica expressão na *Declaration des droits de l'homme et du citoyen* de 1789. Não é por acaso que ali *homme* e *citoyen* estavam vinculados, pois a declaração confere um significado político central aos direitos individuais no que diz respeito à fundamentação de uma sociedade livre e de um Estado soberano. O artigo primeiro declara a liberdade e a igualdade naturais de todos os seres humanos; o artigo segundo define a conservação dos direitos humanos à liberdade, à propriedade, à segurança e – o que é importante – à resistência como a finalidade de toda associação política; e o artigo terceiro situa a origem da soberania no povo como um todo, entendido como "Nação". Os direitos humanos são, portanto, direitos que devem impedir a sujeição à dominação tirânica e a perda de liberdade e de independência social, e são, ao mesmo tempo, direitos construtivos: direitos de participar nos processos de justificação política – ou, como o artigo sexto o expressa (em uma linguagem rousseauista), de cooperar na formação do "bem comum". Em outras palavras, reivindica-se o direito fundamental de participar da construção política – ou da "constituição" em um sentido ativista – através dos procedimentos de justificação pública de uma estrutura básica legítima e aceitável universalmente. Em sua defesa da declaração contra a crítica de Burke, Thomas Paine não deixa dúvidas de que sua ideia principal é a da autonomia política de cidadãos livres e iguais: os direitos humanos são direitos contra as relações de dominação sociais e políticas não justificadas (o que Paine chamou de "despotismo"). Portanto, eles são, sempre em um sentido específico, direitos para codeterminar as leis sob as quais devemos nos vincular.[24] Aqui poderíamos introduzir mais exemplos históricos, mas me abstenho disso. Se dermos um grande salto histórico, também na Declaração Universal dos Direitos Humanos de 1948 se mostra a ênfase no significado político desses direitos, embora essa declaração tenha surgido em um contexto completamente diferente, profundamente marcado pelas experiências das formas extremas e horríveis de tirania (mencionadas no Preâmbulo). A declaração destaca claramente a relação entre a participação política e a segurança da pessoa diante da dominação injusta e arbitrária. "A ordem social e internacional na qual os direitos e as liberdades expressos nesta declaração podem ser plenamente realizados", o que consta como um direito universal na letra do artigo 28, não deve ser entendida como uma ordem na qual esses direitos e liberdades seriam bens a serem distribuídos por uma autoridade. Pelo contrário, trata-se de uma ordem na qual nenhum sistema de direitos positivos pode ser estabelecido sem que esse sistema possa ser configurado pelos próprios sujeitos a ele submetidos.[25] Os direitos humanos são conquistados em comum e assegurados reciprocamente; eles possuem uma estrutura horizontal.

---

24 Paine, *Rights of Man, Common Sense, and Other Political Writings*. O aspecto democrático dos direitos humanos é também destacado pela interpretação que Lefort faz da Declaração. Cf. Lefort, Politics and Human Rights. Cf. também Gauchet, *Die Erklärung der Menschenrechte*.

25 Menke e Pollman, em *Philosophie der Menschenrechte*, também enfatizam o caráter político da Declaração Universal como uma reação aos regimes totalitários. Todavia, consideram-na uma ruptura histórica, e não um desenvolvimento progressivo contínuo.

O que essa breve reflexão histórica significa para a questão acerca da substância normativa, a função jurídica e a fundamentação moral dos direitos humanos? Isso será discutido em maiores detalhes na próxima seção, mas, para antecipar algo em relação ao primeiro ponto, pode-se dizer que se deve atribuir à concepção dos direitos humanos uma justificação e uma *substância moral* independentes e suficientes; porém não pode ser uma substância *ética* fundada em uma concepção do bem (com o que introduzo a distinção entre ética e moral, usada por Habermas e Dworkin).[26] Uma justificação ética recorre a uma concepção da vida boa, ainda que de natureza bem geral, e uma justificação moral, por sua vez, permanece neutra e agnóstica no que diz respeito a essa questão. O fundamento moral dos direitos humanos, tal como o reconstruo, é o respeito à pessoa moral como agente autônomo com um direito à justificação, isto é, um direito a ser reconhecido como alguém que está moralmente justificado a reivindicar qualquer ação e que pode exigir razões adequadas para toda estrutura política ou social ou para toda lei que pretenda vinculá-lo. Os direitos humanos asseguram o *status* das pessoas como iguais no mundo político e social nesse sentido fundamental: com base na pretensão moral incondicional do respeito recíproco.[27] Essa exigência não depende do fato de saber se sua realização favorece ou não a vida boa da pessoa

---

26 Habermas, Diskursethik: Notizen zu einem Begründungsprogramm. Dworkin, Foundations of Liberal Equality, p.9. Recorro a essa distinção em Forst, *Kontexte der Gerechtigkeit*.

27 Larmore, *The Autonomy of Morality*, cap. 6, também argumenta a favor de uma norma de respeito moral como a base de uma estrutura básica capaz de ser justificada publicamente. Todavia, acaba reduzindo-a ao âmbito político da justificação.

Justificação e crítica

respeitada – pelo contrário, deve-se o respeito recíproco independentemente disso.

Isso significa que a *função* essencial dos direitos humanos consiste em garantir, proteger e expressar o *status* das pessoas como iguais no que se refere ao seu direito à justificação. Segundo as características republicanas dos direitos humanos, seu papel jurídico e político reside nessa tarefa de garantir e possibilitar, isto é, em fundar, a autonomia política – ou a "soberania", para usar uma palavra mais antiga que, contudo, teria de ser qualificada, visto que no âmbito político não existe uma soberania absoluta.

Uma fundamentação moral dos direitos humanos tem de erguer uma pretensão legítima de validade universal e, segundo minha tese, precisa ser de natureza reflexiva. "Reflexivo" significa que a própria ideia de *justificação* é recursiva no que se refere às suas implicações normativas e práticas. Visto que toda justificação moral dos direitos humanos deve poder resgatar discursivamente a sua pretensão de validade recíproca e universal, a justificação moral pressupõe ao mesmo tempo o direito prioritário à justificação da parte daqueles aos quais os direitos se destinam e que devem aceitar essa justificação. Eles possuem um direito de veto qualificado em relação a toda justificação que não corresponda aos critérios de reciprocidade e de universalidade e que, portanto, se for o caso, pode ser criticada por ser unilateral, estreita ou paternalista. Aqui, a reciprocidade quer dizer que ninguém pode erguer uma pretensão (nesse caso, a certos direitos) que ela ou ele negue ao outro (reciprocidade de conteúdo), e que ninguém pode simplesmente impor ao outro suas próprias perspectivas, valorações, interesses ou necessidades, ou pretender falar em nome dos interesses "ver-

Rainer Forst

dadeiros" do outro, ou em nome de uma verdade que esteja para além da justificação por razões compartilháveis (reciprocidade de razões). A universalidade significa que as razões que devem sustentar a validade normativa das normas e dos direitos humanos precisam ser compartilháveis entre todos os concernidos, levando em conta seus interesses e reivindicações legítimos (de modo recíproco).

Por conseguinte, a abordagem reflexiva pretende também incorporar a lógica da argumentação contra as "falsas" (por exemplo, etnocêntricas) universalizações – bem como a falsa lógica de exposição de tais objeções, por exemplo, como encobrimento de relações de dominação autoritária internas. O fundamento para a primeira crítica – que afirma que as definições etnocêntricas de direitos humanos violam os direitos daqueles que têm a pretensão de viver em um sistema de direitos (e deveres) que eles possam considerar legítimo –, bem como a base para poder refutar essa crítica, visto que provavelmente define os direitos dos concernidos mais uma vez de modo paternalista e quer determinar o que vale e o que não vale em um contexto cultural e social, residem igualmente em um direito à justificação. Voltarei a isso na subsequente discussão das diferentes abordagens.

4. Começo com uma discussão da teoria de James Griffin, pois seu livro *On Human Rights* representa um dos exemplos mais claros e mais detalhadamente elaborados de fundamentação ética dos direitos humanos no interior de uma estrutura teleológica. Chamo-a de uma teoria "ética" porque ela interpreta os direitos humanos em geral como "proteções para

Justificação e crítica

nossa capacidade normativa de agir"[28] (*protections of our normative agency*), e entende essa capacidade de agir como a condição para a "reflexão, ponderação, escolha e ação em relação àquilo que consideramos, para nós mesmos, como a vida boa".[29] Essa perspectiva está fundamentada em uma concepção substantiva do bem que, segundo Griffin, pode ser desagregada em três componentes: "autonomia" (poder escolher o próprio caminho de vida), "dotação mínima" (ter recursos suficientes para escolher o bem e poder agir de acordo com ele) e "liberdade" (poder perseguir o bem escolhido).[30] Os direitos humanos são fundamentados no ou "derivados do"[31] "alto valor" que atribuímos à nossa personalidade individual como sujeitos que possuem o interesse prioritário mais elevado de escolher o bem para si e poder buscá-lo – em serem "self-deciders".[32] Por fim, Griffin acrescenta o conceito de considerações "de caráter prático" [*practicalities*] sobre a natureza humana e a sociedade que ajudam a definir o que é necessário para garantir o mencionado bem e saber em que medida este obriga os outros. Griffin vê nessas considerações um segundo fundamento para os direitos humanos. Porém, melhor seria considerá-lo antes como um outro componente da teoria da fundamentação, pois ele dificilmente pode ser um fundamento independente.

Sem poder ser completamente justo com a rica teoria de Griffin, desenvolvida a partir desse pano de fundo, vou esboçar

---

28 Griffin, *On Human Rights*, p.4 (todas as traduções dessa obra para alemão foram feitas por R. F.).

29 Ibid., p.32.

30 Ibid., p.33 e 51.

31 Ibid., p.35.

32 Ibid., p.46 e 49.

Rainer Forst

a seguir as principais diferenças entre a sua e a minha abordagem. Elas se referem principalmente às diferenças entre uma compreensão teleológica e uma deontológica da capacidade normativa de agir (*normative agency*) como fundamento de uma concepção dos direitos humanos. Uma primeira diferença diz respeito à compreensão da gênese histórica desses direitos. Griffin enfatiza, com razão, a importância da perspectiva histórica e destaca que a ideia de direitos "naturais", próprios ao ser humano por excelência, foi desenvolvida no âmbito da doutrina do direito natural fundamentada em termos religiosos. Assim, na época moderna, surgiu a necessidade de buscar uma justificação alternativa – uma tarefa até hoje não cumprida, como enfatiza Griffin.[33] Concordo com ele que a concepção que o Esclarecimento tem dos direitos humanos necessita de uma fundamentação filosófica explícita; contudo, acredito que, do fato de que a ideia de direito natural estava polemicamente orientada contra as doutrinas políticas religiosas de legitimidade da ordem social feudal e da monarquia legítima, decorre uma outra mensagem histórica, diferente daquela destacada por Griffin. Já no século XVI (principalmente na revolução das províncias holandesas contra a dominação espanhola), o discurso dos direitos humanos estava associado à questão política da resistência contra a tirania, mais precisamente contra as formas de dominação política que não consideravam pessoas aqueles que a elas estavam submetidos e diante das quais o exercício do poder político devia estar adequadamente justificado.[34] As questões *políticas* da justiça e da liberdade foram

---

33 Ibid., p.18.
34 Cf. Forst, *Toleranz im Konflikt*, cap. 4-6.

nossa capacidade normativa de agir"[28] (*protections of our normative agency*), e entende essa capacidade de agir como a condição para a "reflexão, ponderação, escolha e ação em relação àquilo que consideramos, para nós mesmos, como a vida boa".[29] Essa perspectiva está fundamentada em uma concepção substantiva do bem que, segundo Griffin, pode ser desagregada em três componentes: "autonomia" (poder escolher o próprio caminho de vida), "dotação mínima" (ter recursos suficientes para escolher o bem e poder agir de acordo com ele) e "liberdade" (poder perseguir o bem escolhido).[30] Os direitos humanos são fundamentados no ou "derivados do"[31] "alto valor" que atribuímos à nossa personalidade individual como sujeitos que possuem o interesse prioritário mais elevado de escolher o bem para si e poder buscá-lo – em serem "self-deciders".[32] Por fim, Griffin acrescenta o conceito de considerações "de caráter prático" [*practicalities*] sobre a natureza humana e a sociedade que ajudam a definir o que é necessário para garantir o mencionado bem e saber em que medida este obriga os outros. Griffin vê nessas considerações um segundo fundamento para os direitos humanos. Porém, melhor seria considerá-lo antes como um outro componente da teoria da fundamentação, pois ele dificilmente pode ser um fundamento independente.

Sem poder ser completamente justo com a rica teoria de Griffin, desenvolvida a partir desse pano de fundo, vou esboçar

---

28 Griffin, *On Human Rights*, p.4 (todas as traduções dessa obra para alemão foram feitas por R. F.).

29 Ibid., p.32.

30 Ibid., p.33 e 51.

31 Ibid., p.35.

32 Ibid., p.46 e 49.

a seguir as principais diferenças entre a sua e a minha abordagem. Elas se referem principalmente às diferenças entre uma compreensão teleológica e uma deontológica da capacidade normativa de agir (*normative agency*) como fundamento de uma concepção dos direitos humanos. Uma primeira diferença diz respeito à compreensão da gênese histórica desses direitos. Griffin enfatiza, com razão, a importância da perspectiva histórica e destaca que a ideia de direitos "naturais", próprios ao ser humano por excelência, foi desenvolvida no âmbito da doutrina do direito natural fundamentada em termos religiosos. Assim, na época moderna, surgiu a necessidade de buscar uma justificação alternativa – uma tarefa até hoje não cumprida, como enfatiza Griffin.[33] Concordo com ele que a concepção que o Esclarecimento tem dos direitos humanos necessita de uma fundamentação filosófica explícita; contudo, acredito que, do fato de que a ideia de direito natural estava polemicamente orientada contra as doutrinas políticas religiosas de legitimidade da ordem social feudal e da monarquia legítima, decorre uma outra mensagem histórica, diferente daquela destacada por Griffin. Já no século XVI (principalmente na revolução das províncias holandesas contra a dominação espanhola), o discurso dos direitos humanos estava associado à questão política da resistência contra a tirania, mais precisamente contra as formas de dominação política que não consideravam pessoas aqueles que a elas estavam submetidos e diante das quais o exercício do poder político devia estar adequadamente justificado.[34] As questões *políticas* da justiça e da liberdade foram

---

33 Ibid., p.18.
34 Cf. Forst, *Toleranz im Konflikt*, cap. 4-6.

decisivas para o discurso dos direitos humanos: a *dignidade*, cujo respeito era exigido, estava relacionada ao *status* de pessoas que não mais poderiam ser consideradas servos ou cidadãos de segunda classe – não mais sujeitos cuja capacidade normativa de agir era negada e que, portanto, não eram reconhecidas como pessoas a quem se deviam razões. Como prova, pode servir o que Pufendorf diz – a quem também Griffin se refere[35] – sobre o tema dos direitos humanos:

> O ser humano não é um ser vivo que só pensa em sua autoconservação. Também lhe foi dado um fino senso de autorrespeito, cuja violação não o atinge menos profundamente do que um dano ao seu corpo ou à sua riqueza. Inclusive na própria expressão "ser humano" parece se exprimir uma certa dignidade, de modo que o argumento último e mais efetivo para rebater a insolência de quem nos insulta é dizer-lhe: no fundo, não sou um cachorro, mas sim um ser humano igual a você.[36]

Aqui se trata de um conceito político de dignidade entendida em um sentido relacional, a saber, ligada à posição social e política dos seres humanos como sujeitos de justificação que são iguais uns aos outros. Portanto, a história das lutas políticas contém uma doutrina política moral peculiar, que Griffin menciona, em parte, ao definir os direitos humanos como "força política popular".[37] Porém, a meu ver, essa doutrina coloca

---

35 Griffin, *The Human Rights*, p.10ss.

36 Von Pufendorf, *Über die Pflicht des Menschen und des Bürgers nach dem Gesetz der Natur*, p.78.

37 Griffin, *On Human Rights*, p.13.

no cerne da ideia de direitos humanos uma outra concepção normativa de capacidade de agir e de pessoa, diferente daquela que Griffin tem em vista. Na minha opinião, trata-se da concepção de um agente como um sujeito que pode fornecer razões e também exigi-las, ou seja, um sujeito "carente" de razões em um duplo sentido – um sujeito que não somente pode fornecer e receber razões, mas também tem o *direito* à justificação. Esse é o modo pelo qual reconstruo o conteúdo substantivo da concepção de direitos humanos do Esclarecimento.

Portanto, concordo com Griffin em que certas concepções de dignidade humana e de capacidade normativa de agir – ou de ser pessoa – estão no centro dos discursos sobre os direitos humanos. Porém, discordo de sua visão de como elas devem ser entendidas. Na verdade, a diferença decisiva – e este é meu segundo ponto – é menos uma diferença em termos históricos do que uma diferença sistemática e universal no que diz respeito à gramática normativa desses direitos e sobre a questão em que precisamente está lançada a "âncora" de uma concepção de direitos humanos. Um ponto de vista teleológico, como o de Griffin, identifica interesses básicos a partir do bem procurado pelas pessoas e, considerando seu valor ou importância, transforma-os em reivindicações por direitos, enquanto outros interesses (por exemplo, o de querer ser amado, para retomar outra vez esse exemplo) não estão qualificados para desempenhar esse papel. Assim, certos interesses considerados fundamentais são transformados em *pretensões a serem justificadas intersubjetivamente*. Porém, para poderem se prestar a isso, parece que é necessário uma forma ou um procedimento de justificação intersubjetiva como principal gerador de normatividade. Pois só podem fundamentar direitos humanos aqueles interes-

Justificação e crítica

ses cuja negação não pode ser justificada de modo recíproco e universal entre pessoas livres e iguais. Não somente os interesses na autonomia e na liberdade precisam ser *compartilháveis* e capazes de serem transformados em reivindicações a serem justificadas de modo recíproco, mas também as interpretações do que significa, em termos de direitos vinculantes, "ter conteúdo suficiente para possuir uma pretensão efetiva, socialmente aplicável sobre os demais".[38] Neste ponto, enquanto Griffin recorre, por sua vez, a "pormenores práticos" (*practicalities*) como segundo fundamento dos direitos humanos – isto é, apela a considerações sobre a natureza humana e sobre a sociedade, as quais seriam suficientemente específicas para produzir obrigações recíprocas –, na minha concepção é antes a *justificabilidade recíproca do início ao fim* (conforme o critério da reciprocidade e da universalidade) que confere uma importância normativa às reivindicações fundamentais por direitos – e não concepções de valores independentes ou considerações sociais específicas. E a ideia ou práxis de justificação recíproca só gera um vínculo moral quando a reivindicação for vista pelo sujeito – ativo e passivo – da justificação como tendo uma validade prioritária e moralmente independente. De acordo com meu ponto de vista, isso não decorre de uma "derivação" de determinados interesses a partir de interesses básicos na busca do bem. Pelo contrário, os direitos humanos são entendidos como o resultado de uma construção intersubjetiva e discursiva de reivindicações de direitos, que não são recusáveis de modo recíproco e universal entre pessoas que respeitam seus respectivos direitos à justificação. Esse direito é um dever no sentido deontológi-

---

38 Ibid., p.38.

co, de modo que pode sustentar o peso daquilo que queremos dizer com os direitos humanos.

Nesse contexto, é importante reter a ideia de que as concepções do bem – e os respectivos interesses – devem ser vistas como algo que pode ser discutido de modo razoável, mesmo quando são tão formais e universais como as que Griffin apresenta. Certamente, ele procurou não vincular os direitos humanos a uma compreensão particular da vida boa ou próspera, mas sim à ideia universal de um "agente humano que funciona".[39] Porém, a função principal a ser realizada é a "capacidade de poder escolher e buscar nossa concepção de uma vida valiosa".[40] Assim, valorizamos a autonomia em virtude da realização do bem – em virtude de nossa qualidade de "self-deciders" sobre nossa vida boa: nosso *status* de sujeitos humanos "gira em torno do fato de que somos agentes – refletimos, avaliamos, escolhemos e agimos conforme aquilo que vemos como vida boa para nós".[41] Isso remonta à concepção de que a vida somente merece ser chamada de vida boa quando é escolhida e realizada autonomamente por nós – o que é uma concepção razoável; no entanto, é também uma concepção que pode ser razoavelmente questionada por alguém que parte da ideia de que o bem consiste em seguir uma vocação mais elevada (por exemplo, religiosa) ou em cumprir seus deveres herdados, em um sentido quase tradicional, na qualidade de membro de determinada comunidade. Especificamente em um contexto intercultural – e é disso que se trata nos direitos humanos –, a concepção do bem

---

39 Ibid., p.35.
40 Ibid., p.45.
41 Ibid., p.32.

e os respectivos interesses fundamentais de Griffin parecem ser parciais e não universalizáveis. Essa concepção não pode sustentar o peso normativo dos direitos humanos.

Porém, mesmo quando alguém está convencido de que a autonomia é uma condição essencial para a busca do bem, a conclusão moral do dever universal de ter de respeitar o outro como agente autônomo não pode ser derivada disso sem uma reflexão moral adicional: por que o juízo prudencial sobre o valor da autonomia na minha concepção do bem deveria levar ao reconhecimento moral de que se deve igualmente respeitar a autonomia de todas as demais pessoas? Griffin percebe esse problema e argumenta que o valor da autonomia tem uma força independente, capaz de gerar razões normativas: "A tentativa de retirar da 'autonomia' seu *status* de razão para agir quando não for ligada à 'minha' autonomia significa renunciar à nossa compreensão de como a 'autonomia' funciona como razão para agir".[42] Todavia, a meu ver, esse argumento não somente pressupõe uma concepção de autonomia realmente universalizável e, portanto, livre de concepções do bem que podem ser razoavelmente contestadas, como também se apoia na ideia de que no reino da moral – e particularmente no domínio dos direitos humanos – as razões para agir precisam ser compartilháveis e justificáveis de modo recíproco e universal. E, do ponto de vista reflexivo, isso implica, por sua vez, respeitar cada pessoa como autoridade igual no espaço das razões morais, no qual devem ser encontradas as razões reciprocamente válidas. As pessoas que possuem esse *status* da capacidade normativa para agir têm um direito humano originário a determinadas formas de res-

---

42 Ibid., p.135.

peito, das quais os demais não podem privá-las sem, ao mesmo tempo, negar esse *status*. Por isso, da perspectiva de uma primeira pessoa, o respeito aos direitos humanos dos outros não pode depender do fato de que eles afirmam minha vida boa, nem do fato de que eles servem à vida boa dos outros. Pois eu também poderia pensar de modo racional que meus próprios interesses seriam mais bem realizados de outra maneira, e também poderia estar convencido – por exemplo, a partir de minha perspectiva religiosa – de que o respeito à liberdade religiosa dos outros não os aproximaria do bem, mas da danação eterna pelo fato de viverem uma vida falsa. E mesmo assim tenho de respeitar esse direito, e aos demais direitos humanos, em um sentido moral incondicionado. Portanto, eles têm de estar apoiados em outro fundamento que ninguém poderia razoavelmente rejeitar com boas razões; segundo esse fundamento, alguém pode ver a si mesmo e ao outro como dotados com as faculdades da razão prática e reconhecer o dever de justificação, que é inerente ao princípio de justificação, que afirma que toda pretensão normativa erguida perante o outro deve ser justificada segundo determinados critérios, conforme a pretensão levantada.[43]

A consequência disso é que, quando se trata da fundamentação de direitos fundamentais dos seres humanos, o ponto de

---

43 Em Forst, *Das Recht auf Rechtfertigung*, cap. 1 e 2, discuto as bases morais dessa posição. Ao contrário da interpretação que Menke e Polmann, *Philosophie der Menschenrechte*, p.57-68, fazem da minha abordagem, considero o dever de justificação *tanto* como dever da razão prática *quanto* como dever moral. O fundamento dos direitos humanos é o reconhecimento moral do outro como alguém com um direito à justificação, mas essa forma de reconhecimento é um imperativo da razão prático-moral.

Justificação e crítica

partida consiste em uma pretensão fundamental ao respeito da "capacidade normativa de agir" do sujeito que pode exigir e fornecer razões. Essa concepção de respeito da autonomia do outro não depende de uma concepção do bem contestável do ponto de vista racional nem necessita de uma tradução questionável de um valor ético prudencial "para mim" em uma razão moralmente válida "para todos". A pretensão principal sustenta-se no *status* igual de sujeitos de justificação ativos, e não nos interesses éticos e sua importância na realização do bem. Para melhor vincular a argumentação histórica e a argumentação moral, a diferença entre a minha concepção de *normative agency* e a de Griffin pode ser formulada de outro modo: o elemento central dos direitos humanos não consiste somente em *proteger* a capacidade normativa de agir e a autonomia, mas também em lhes *dar uma expressão*, em um sentido prático, como "fornecedoras de normas" [*Normgeber*].

Vinculado a isso, em terceiro lugar, minha abordagem se diferencia da de Griffin quando se trata da questão acerca da existência de um direito humano à participação política democrática. Dado que sua compreensão da autonomia como "a decisão sobre a própria concepção de vida valiosa" está, como observa Griffin, a alguma distância da ideia de autolegislação política, não existe "nenhuma via inferencial dos direitos humanos para a democracia, a não ser que sejam acrescentadas algumas premissas empíricas não universais" que vinculem os direitos humanos e a democracia de um modo prioritariamente instrumental – por exemplo, em relação às circunstâncias dadas das sociedades modernas.[44] Diferentemente dessa concepção,

---

44 Griffin, *On Human Rights*, p.247.

parto do fato de que a gramática normativa dos direitos humanos exige o direito à codeterminação democrática do ponto de vista histórico e sistemático. Não somente da perspectiva interna daqueles que lutaram ou ainda lutam por esses direitos, mas também da perspectiva de um princípio baseado no direito à justificação, os direitos humanos não deveriam ser vistos como direitos a bens que são necessários para a "vida boa". Antes, eles deveriam ser vistos como direitos que põem um fim à opressão política e à imposição de um *status* social que priva as pessoas de suas liberdades e também do acesso às oportunidades sociais de serem pessoas em igualdade de posição social em relação às outras. A fundamentação dos direitos humanos mediante o direito à justificação recupera o sentido político e social dos direitos humanos como voltados contra as formas antigas e atuais de exclusão social. O que está prioritariamente em jogo na inclusão é o respeito ao sujeito que age, que merece uma justificação política efetiva – como participante de uma prática de dar e receber razões no espaço político.

Por fim, é importante para a abordagem de Griffin que, junto com uma concepção normativa do que é ser pessoa, ele tenha de considerar determinados "pormenores práticos", sem os quais uma lista substantiva de direitos humanos não seria possível. No que tange à questão sobre quando existe uma reivindicação por direitos humanos e quando ter algo é bom e importante, Griffin enfatiza que não se pode introduzir nenhuma definição arbitrária. Segundo ele, existem estados de coisas que estão aquém do limiar da capacidade básica de agir e outros que estão "vão além";[45] contudo, a questão é como essa

---

45 Ibid., p.45.

diferença pode ser assinalada. Aqui, outra vez se torna clara a diferença entre o ponto de vista teleológico de Griffin e a teoria da justificação intersubjetiva. Enquanto Griffin opera com uma concepção dos meios necessários a uma vida boa para tornar concreta sua concepção dos direitos, defendo a visão de que só podem ser qualificadas como reivindicações justificadas aquelas reivindicações por direitos humanos que conseguem passar pelo limiar da reciprocidade e da universalidade. Os critérios de validade servem, ao mesmo tempo, como critérios de justificação e como critérios que determinam os conteúdos. Assim, para mencionar um exemplo usado por Griffin, o principal argumento para o direito ao casamento de pessoas do mesmo sexo não seria o de que uma determinada forma de convivência e de criação dos filhos no interior do casamento é um fim humano substantivo e uma característica geral de uma "vida digna de ser vivida",[46] como diz Griffin, mas sim o de que uma sociedade fere a exigência da reciprocidade quando a instituição do casamento é reservada para alguns casais e outros são excluídos, sem que isso possa ser justificado de modo recíproco. O teste de reciprocidade e universalidade – que primeiro deve ser institucionalizado política e juridicamente – mostraria que as razões para reservar esse direito aos casais heterossexuais referem-se ou a considerações éticas (a natureza humana, a vontade de Deus) ou a teses empíricas (por exemplo, sobre as melhores condições para educar os filhos), que, observadas do ponto de vista crítico, não podem servir como fundamento para regulamentações jurídicas universalmente vinculantes.[47]

---

46 Ibid., p.163.

47 Discuto isso detalhadamente em Forst, *Toleranz im Konflikt*, p.736-42.

Uma reivindicação jurídica normativa não é definida pelo juízo ético sobre a importância ou o valor de uma prática, mas sim por uma pretensão à posição social e jurídica que os cidadãos e as cidadãs, que se reconhecem entre si em igualdade social de direitos, não podem razoavelmente recusar.[48]

5. A abordagem sugerida não acaba contradizendo a doutrina atual dos direitos humanos ou a prática internacional, como poderiam aqui objetar os representantes das teorias políticas jurídicas ou "funcionalistas" que mencionei no início? Em relação a essas abordagens, concordo com a crítica de Griffin a Rawls e Raz.[49] O foco na função que os direitos humanos devem desempenhar no âmbito internacional como restrições à soberania desconsidera a sua função primordialmente *interna aos Estados* e leva a conclusões circulares.

É equivocado afirmar, em primeiro plano, que a função política e jurídica dos direitos humanos no interior do direito internacional é fornecer razões para uma política de intervenções legítimas, pois isso leva a uma consideração das coisas a partir de um falso propósito. Pelo contrário, em primeiro lugar, é muito mais importante construir (ou encontrar) uma concepção justificada e suficientemente concreta dos direitos humanos que uma autoridade política precisa respeitar e as-

---

48 Isso não deve significar que as reflexões éticas sejam irrelevantes para a justificação de pretensões de direitos. Mas elas são insuficientes para fundamentar, como vinculante em termos recíprocos e universais, o caráter normativo de tais pretensões.

49 Griffin, *On Human Rights*, p 24. Cf. também sua crítica a Raz em *Human Rights and the Autonomy of International Law*.

Justificação e crítica

segurar, e depois cabe perguntar quais estruturas políticas são necessárias e legítimas no plano internacional para garantir que a autoridade política seja exercida desse modo. Somente em um passo seguinte é conveniente sugerir e estabelecer (como *ultima ratio*) as instituições – e procedimentos – legítimas para possíveis intervenções. A primeira questão dos direitos humanos não é a restrição da soberania interna a partir de fora, mas sim aquela que se refere às condições essenciais para construir uma autoridade política legítima "a partir de dentro", por assim dizer. O direito internacional e a política de intervenção devem seguir uma lógica dos direitos humanos, e não o contrário. E deve-se acrescentar que essa lógica não é simples, pois se deve levar em conta uma série de fatores adicionais quando se trata da questão das intervenções legítimas.[50]

Os direitos humanos não servem primordialmente para delimitar a "autonomia" ou a "soberania" internas (Rawls usa ambos os conceitos), mas sim para fundamentar a legitimidade interna. A reivindicação por respeito externo se apoia no respeito interno com base na aceitação justificada – o que evidentemente não significa, para enfatizar isso mais uma vez, que a legitimidade de uma intervenção (ou a ausência de "legitimidade externa"[51] ou a "legitimidade do reconhecimento"[52] internacional) possa ser decidida diretamente a partir do fato

---

50 Para uma análise abrangente dessa questão, cf. Buchanan, *Justice, Legitimacy, and Self-Determination*. Cohen defende uma visão mais cética em Whose Sovereignty? Empire versus International Law.

51 Cohen, Rethinking Human Rights, Democracy and Sovereignty in the Age of Globalization, p.591. Nisso ela segue Walzer, The Moral Standing of States, p.214.

52 Buchanan, *Justice, Legitimacy, and Self-Determination*, cap. 6.

de não haver uma aceitação interna. As violações dos direitos humanos colocam em xeque a legitimidade interna de uma estrutura social e política, mas não dissolvem automaticamente a posição independente de um Estado na arena internacional. Sem dúvida, as violações dos direitos humanos podem produzir fortes razões para uma ação externa, e Beitz aponta, com razão, para as muitas formas que essa ação pode assumir.[53] Mas isso não quer dizer que o aspecto central dos direitos humanos possa ser definido pelo fato de gerarem esse tipo de razão para intervir, como argumentam Beitz e Raz. Em primeiro lugar, os direitos humanos produzem razões que dizem como uma estrutura política e social básica deve ser arranjada de modo correto – a perspectiva prioritária dos direitos humanos é interna, e não externa. Se fosse diferente, sua virtude em não apenas proteger, mas também de expressar a autonomia de pessoas livres e iguais, não seria valorizada de modo adequado. O ponto de vista central não é o do observador que olha de fora a comunidade política e se pergunta se existem razões para intervir. Quando se reflete sobre a fundamentação dos direitos humanos é preciso se precaver de assumir o papel de um juiz ou especialista em direito internacional que tem de julgar os casos de violações de direitos humanos e que imediatamente dispõe do poder executivo global.

É uma preocupação importante e legítima, que está na base das concepções "político-jurídicas" dos direitos humanos, evitar que uma lista abrangente de direitos humanos possa abrir portas e portões para uma expansiva política intervencionista.

---

53 Beitz, Human Rigths and the Law of People, p.203. Também cf. Id., *The Idea of Human Rights*, p.33-40.

Porém, é incorreto deduzir daí a consequência de uma concepção reduzida de "direitos essenciais".[54] Seria mais apropriado planejar as instituições internacionais legítimas para que tenham procedimentos adequados para testar, justificar e decidir os casos nos quais uma intervenção externa seria necessária.

6. Os representantes de fundamentações "minimalistas" dos direitos humanos cometem o mesmo equívoco de uma perspectiva normativa circular. As abordagens do "mínimo denominador comum" correm o risco de "serem políticas no sentido equivocado", para usar uma expressão rawlsiana, certamente formulada para um outro contexto.[55] Ao buscar um possível consenso universal sobre os direitos humanos, muitos não apenas escolhem uma justificação "mínima", mas também uma concepção minimalista de direitos humanos. Embora o próprio Rawls, em *The Law of Peoples*, não tenha procurado situar a justificação dos direitos humanos em um suposto consenso sobreposto existente ou possível, ele estava disposto a reduzir de tal modo a lista de direitos humanos que certos direitos importantes, como o da igual liberdade religiosa ou os direitos de igual participação política, acabaram ficando de fora.[56] Uma razão para isso está na suposição de um vínculo entre direitos humanos e intervencionismo que critiquei an-

---

54 Embora Beitz critique as abordagens minimalistas dos direitos humanos (cf. Beitz, *The Idea of Human Rights*, p.106 e 142), sua própria crítica a um direito às instituições democráticas (ibid., p.185) é exemplar para a tendência reducionista das abordagens "práticas".

55 Rawls, The Domain of the Political and Overlapping Consensus, p.491.

56 Id., *Das Recht der Völker*, p.80 e 88.

teriormente; outra está na tentativa de também considerar os povos não liberais, mas "decentes" (*decent*), como parceiros de justificação em igualdade de direitos quando se trata de um direito dos povos comum (e com isso evitar o etnocentrismo ocidental). Mas a questão de se podemos esperar que "povos hierarquicamente decentes" possam ou queiram se adaptar a uma concepção "liberal" dos direitos humanos, que é estranha a sua autocompreensão cultural, está mal direcionada se ela for formulada da perspectiva dos "princípios de política exterior de um povo liberal razoavelmente justo".[57] Pelo contrário, formulada corretamente de uma perspectiva dos direitos humanos, a questão é se tais povos – ou seus governos – teriam razões legítimas para, *em relação aos seus membros*, privá-los de uma parte de suas liberdades iguais ou de seus direitos de co-determinação política democrática. É isso que significa levar a sério as "suas" perspectivas, e não generalizar a "nossa", se se quiser falar assim.

Rawls pressupõe que uma sociedade "decente" é definida por uma "concepção comum da justiça" e por uma "hierarquia consultiva decente";[58] e assume que nessa sociedade não são feitas reivindicações adicionais por direitos humanos, pois nesse tipo de sociedade predomina um alto índice de aceitação interna. Mas quando emergem os conflitos nessa sociedade e ela se rompe e mostra suas fissuras, e quando, com isso, alguns de seus membros reivindicam direitos mais ambiciosos de posição social igual como direitos humanos que poderiam justificar através da denúncia de certos privilégios tradicionais – as

---

57 Ibid., p.8.
58 Ibid., p.74 e 73.

Justificação e crítica

autoridades existentes teriam boas razões para recusar essas reivindicações e os estrangeiros teriam o direito de dizer que essas reivindicações não são realmente reivindicações por direitos humanos? Penso que não. Talvez não existam essas "fissuras" ou *cracks* em todo tipo de cultura, mas o discurso dos direitos humanos sempre surgiu e surge naquelas situações em que as sociedades vivenciam uma crise e alguns de seus membros se encontram em perigo extremo. E eles então buscam alguma "luz" que deve ser introduzida, para recordar as palavras de Leonard Cohen, que mencionei como epígrafe das minhas considerações, na forma de melhorias sociais e políticas, que podem ser reduzidas à igualdade jurídica, social ou política. E não vejo nenhuma razão para obscurecer essa luz quando se trata de sociedades "não liberais". Temos de perceber que, visto em uma perspectiva histórica, foi precisamente nesses contextos que a ideia de direitos humanos surgiu nas sociedades feudais e absolutistas – e é nisso que consiste ainda o seu significado original e principal. Mas com isso não se precisa necessariamente assumir que aqueles que estão nessa luta, situados fora das sociedades ocidentais, querem transformar suas sociedades conforme o padrão "ocidental". Os direitos humanos não prescrevem nenhum tipo de arranjo específico de sociedade. Pelo contrário, colocam à disposição uma linguagem da crítica, que é entendida em muitas línguas, e ela é uma linguagem da emancipação. Quando refletimos sobre os direitos humanos e procuramos pela perspectiva correta, então essa perspectiva é aquela que está de acordo ou próxima da dos participantes em tais lutas.

Visto dessa maneira, Joshua Cohen defende uma concepção bem interessante dos direitos humanos. Como já foi mencionado, ele considera como normas dos direitos humanos aquelas que asseguram o pertencimento individual ou a inclusão em uma sociedade política, "e a característica central do conceito normativo de pertencimento é a de que os interesses da pessoa são considerados pelas instituições fundamentais de uma sociedade política: ser tratado como membro significa que os interesses próprios são devidamente respeitados, tanto no processo de tomada de decisões obrigatórias como também em relação ao conteúdo dessas decisões".[59] Cohen aponta para a diferença existente entre essa concepção básica e universalizável de direitos de pertencimento e uma concepção completamente liberal de justiça política e social.[60] Assim, no que se refere à questão de se há um direito humano à democracia, Cohen defende a visão de que uma concepção de democracia apoiada em uma versão estrita de igualdade política é muito exigente para uma concepção de direitos humanos. Antes, uma tal concepção deveria abranger formas de autodeterminação coletiva que não deveriam ser denominadas democráticas em um sentido igualitário.[61] Do ponto de vista de uma "razão pública global" seria razoável insistir nos direitos humanos ao pertencimento e à inclusão, mesmo quando isso não implica uma igualdade política plena. Em contrapartida, não seria razoável persistir na ideia liberal de pessoas livres e iguais.[62]

---

59 Cohen, Minimalism about Human Rights, p.197 (traduções para o alemão de R. F.).

60 Ibid., p.210-3.

61 Cohen, Is There a Human Right to Democracy?, especialmente p.233.

62 Ibid., p.244.

Justificação e crítica

A argumentação de Cohen a favor da tolerância em relação às sociedades não democráticas no âmbito internacional na medida em que preservem um determinado nível de autodeterminação política, o qual, porém, permite um tratamento privilegiado a "alguns grupos sociais",[63] procura fazer jus ao problema do pluralismo razoável em uma sociedade global e evitar padrões demasiado estritos para "acusações externas"que possam levar a sanções e intervenções.[64] Contudo, essa argumentação partilha alguns dos problemas da teoria de Rawls. Cohen enfatiza, com razão, que o respeito à autodeterminação coletiva de uma sociedade é o primeiro fundamento para votar contra um modo "liberal" míope de considerar a legitimidade da estrutura básica de uma sociedade que poderia levar a inferir uma permissão expansiva para intervenções externas. Porém, parece ser contraditório e equivocado expressar esse direito estreitando o direito humano à autodeterminação política (como está formulado na Declaração Universal de 1948) de tal modo que, no caso de um grupo politicamente marginalizado em uma tal sociedade reivindicar o direito humano à igual representação contra determinados privilégios, "nós" – e não apenas aqueles que nela possuem o poder – teríamos de responder que eles não possuem esse direito. É correto "resistir à ideia de que uma sociedade política seja avaliada segundo um padrão de justiça que seus próprios membros rejeitam",[65] contanto que essa rejeição não resulte em opressão política ou em doutrinamento. Porém, não há nenhuma razão para, a partir disso, concluir que

---

63 Ibid., p.233.
64 Ibid., p.234.
65 Cohen, Minimalism about Human Rights, p.211.

os membros não têm o *direito* de denunciar as formas desiguais e não democráticas de organização de seu governo. Como cada indivíduo ou cada coletividade, uma comunidade política pode se decidir por uma forma de organização política diferente de uma formalmente igualitária. Porém, o aspecto essencial dos direitos humanos consiste em fortalecer aqueles que discordam dessas "decisões" que privilegiam representações desiguais que não são e não podem ser justificadas reciprocamente. O direito à democracia não pode ser limitado apelando ao princípio da autodeterminação coletiva, pois este é um princípio recursivo, que tem implícita uma dinâmica de justificação que beneficia aqueles que criticam as exclusões e as assimetrias. Por isso, defendo que o direito à democracia é um direito incontestável ao pertencimento igual em uma sociedade, que, contudo, não precisa ser entendido em um sentido "liberal", quando por "liberal" se entende: em conformidade com as atuais ordens sociais ocidentais.[66] Fica ao encargo dos membros da sociedade decidirem se interpretam e usam esse direito para realizar uma forma de democracia liberal ou igualitária (desde que essas decisões não sejam tomadas por pressão ou influência ilegítima). Porém, diante da tarefa dos direitos humanos, que é a de proteger e expressar o direito das pessoas de participarem da autodeterminação de sua própria estrutura política, não há razão para desconfiar de um direito humano à democracia.

7. A argumentação a favor de uma fundamentação dos direitos humanos com base em um direito individual à justificação

---

66 Sobre esse ponto, também cf. a argumentação de Benhabib, baseada na ideia de "ter um direito a ter direitos", em: Is There a Human Right to Democracy? Beyond Interventionism and Indifference.

de pessoas livres e iguais é compatível com a pretensão à imparcialidade ética diante da pluralidade de concepções culturais do bem? Cohen defende, com razão, a concepção de que as normas dos direitos humanos não deveriam depender de "uma visão profunda da vida boa ou virtuosa",[67] e que uma concepção dos direitos humanos deveria ser "autônoma", isto é, independente de doutrinas filosóficas ou religiosas abrangentes.[68] Essas exigências são conciliáveis com a fundamentação por mim defendida, pois não se apoiam na suposição de uma vida boa, mas sim em uma concepção do que devemos uns aos outros no âmbito do respeito igual. Como expliquei, o imperativo do respeito igual é diferente daquilo que é exigido por aquelas considerações sobre o que é necessário para a minha vida boa ou a dos outros. Pois mesmo quando se está profundamente convencido pela religião de que a "vida conduzida" de acordo com a vontade de Deus é o caminho correto a ser seguido na obscura vida terrena, persiste o dever moral de respeitar os outros como sujeitos que oferecem e recebem razões, conforme o princípio da justificação recíproca e universal. O conceito de autonomia moral não está vinculado internamente à concepção liberal do bem.[69]

Por isso, a argumentação autônoma a favor do cerne dos direitos humanos deve ser um argumento moral, capaz de reivindicar, de modo justificado, uma validade universal em relação às diferentes concepções do bem, para não "ser política no sentido equivocado". Qual seria a outra maneira de entender a norma básica, formulada por Cohen, de que "ser tratado como

---

67 Cohen, Is There a Human Right to Democracy?, p.237.

68 Id., Minimalism about Human Rights, p.193.

69 Cf. Forst, *Das Recht auf Rechtfertigung*, cap. 5.

membro significa que os interesses próprios são devidamente considerados", ou de que nenhuma pessoa pode ser um *no--count*?[70] E que outra fundamentação poderia haver para este e para os direitos humanos em geral – do ponto de vista reflexivo – a não ser a exigência de que toda definição de direitos e deveres que as pessoas têm como membros de uma estrutura social e política básica deveria poder ser adequadamente justificada perante aquelas pessoas concernidas? O significado de "adequadamente justificada" não pode, por sua vez, ser definido sem a possibilidade de uma participação efetiva de todos na práxis da justificação. Não existe nenhuma boa razão para recusar essa participação.

Portanto, é correto ter como objetivo um "minimalismo na justificação" quando se pretende evitar o apelo a doutrinas éticas do bem. Todavia, não é coerente defender uma justificação moral autônoma e afirmar, ao mesmo tempo, que essa fundamentação é "não fundacional" (*unfoundational*)[71] e ter uma posição agnóstica sobre a sua base normativa. Pois, desse modo, o cerne dos direitos humanos não estaria apoiado em razões compartilháveis e universalmente vinculantes, mas sim em uma multiplicidade de razões diferentes que dependeriam do "apoio de uma série de concepções éticas e religiosas"[72] – e consequentemente também haveria diferentes interpretações sobre por que e para que os seres humanos têm direitos. Cer-

---

70 Cohen, Minimalism about Human Rights, p.197-8.

71 Ibid., p.199.

72 Ibid., p.210. Também cf. minha crítica a Rawls em Forst, *Kontexte der Gerechtigkeit*, cap. 3.1 e 4.2, e também *Das Recht auf Rechtfertigung*, cap. 4.

Justificação e crítica

tamente, Cohen não procura fundamentar sua concepção em um "consenso de fato", que surgiria da pura contingência, mas sim busca um argumento "independente" para um conceito normativo de pertencimento – no entanto, na falta de uma normatividade moral "autônoma", essa independência corre o risco de ser perdida. Nesse debate, não há como evitar uma posição substantiva acerca do respeito devido em termos absolutos às pessoas como sujeitos de justificação – como pessoas a quem é necessário dar determinadas razões para as reivindicações que devem vinculá-las. Dada a dinâmica social de surgimento das exigências por direitos humanos, não vejo nenhuma razão para a suposição de que tais pretensões de justificação não possam ser desenvolvidas em linguagens completamente diferentes e a partir de tradições muito diversas nas quais teriam surgido certos tipos de conflitos sociais.[73]

Vamos assumir que nos confrontamos com uma posição – por exemplo, tomemos o debate em torno dos assim chamados "valores asiáticos"[74] – que considera a concepção de justifica-

---

73 Não questiono que um conceito autônomo de respeito pode ser integrado em diferentes "justificações de fundo" de tipo religioso ou cultural, para usar uma expressão de Taylor em *Conditions of an Unforced Consensus on Human Rights*. Todavia, essas "razões de fundo" não podem levar a interpretações sobre que tipo de respeito é devido a quem, sobre quais são as desigualdades e as assimetrias que os direitos humanos deveriam corrigir. Considerando a gramática moral e a função social dos direitos humanos, estes devem ter um peso moral próprio que se oponha às "tradicionais" perspectivas normativas hierárquicas ou patriarcais.

74 Sobre isso, cf., por exemplo, a discussão em Bauer e Bell, *The East Asian Challenge for Human Rights*, e Bell, *East Meets West: Human Rights and Democracy in East Asian*.

ção e de autonomia, aqui sugerida, como estranha em relação ao contexto social e à tradição cultural específica. Assim, seria exigido um certo tipo de respeito por essa ordem normativa que não é medido segundo o padrão dos direitos humanos. Bom, vamos observar essa exigência de modo mais preciso e perguntar: qual é o fundamento para essa reivindicação de respeito?[75] Do meu ponto de vista, a posição esboçada tem como ponto de partida a integridade de uma determinada ordem de justificação como uma ordem normativa, isto é, como unidade social integrada. Por conseguinte, o todo social constitui, de modo harmônico, a identidade dos seus membros, e vice-versa. Se, portanto, a integridade do todo é violada, também a integridade dos membros da sociedade é violada – e o imperativo do respeito dos diretos humanos é visto como um exemplo de tal violação. Todavia, em um olhar mais preciso, isso parece ser infundado, pois a reivindicação de integridade implica que a defesa da integridade comunal não pode ser feita à custa da integridade dos membros, sejam os de uma minoria ou da maioria, pois ambas – a integridade coletiva e a individual – mantêm um vínculo constitutivo. A posição, tal como ela foi esboçada, não é uma posição majoritária que somente se refere aos interesses dos grupos sociais dominantes ou a uma verdade superior para além da justificação. Pois existe um critério interno de legitimidade implícito no argumento original, a saber, o critério da aceitação interna e não coercitiva da ordem normativa, pois toda aceitação coercitiva das normas vigentes seria incompatível com a pretensão de integridade comunal.

---

75 No restante dessa seção, condenso um argumento que apresentei mais detalhadamente em Forst, *Das Recht auf Rechtfertigung*, cap. 9.

Justificação e crítica

Consequentemente, essa pretensão ficaria suspensa, ou colocada entre parênteses, caso surgissem dúvidas ou oposições internas em relação à aceitabilidade das ideias da ordem social dominante ou de sua realização que recorrem ao princípio da justificação. Nesse caso, quando uma sociedade sufoca a crítica às justificações dominantes ou ao modo pelo qual são formadas e testadas, sua integridade social é questionada – vale notar, *a partir de dentro*. Em uma sociedade que pretende ser legítima, a crítica interna não pode ser combatida por meio da violência ou da opressão. E quaisquer que sejam as exigências substantivas que os críticos levantem, elas exigem, em primeiro lugar, que seu dissenso seja ouvido, levado a sério e tratado de tal modo que surja um discurso de justificação que possa levar a reformas. Os direitos humanos desempenham um duplo papel nesse processo: por um lado, representam a reivindicação básica por determinada posição social na qualidade de membro pleno e, por outro lado, servem para denunciar os defeitos específicos de uma sociedade, por exemplo, a ausência de liberdades religiosas ou ausência de recursos para a educação ou para uma renda apropriada. Essas reivindicações substantivas devem entrar na estrutura de justificação de uma sociedade, uma vez que a estrutura política básica comum é o primeiro destinatário dessas exigências. Os direitos humanos não representam reivindicações imediatas por determinados "bens"; antes, dizem respeito, em primeiro lugar, às posições sociais e políticas das pessoas como pessoas "que produzem normas".

A ideia básica que quero destacar foi expressa nas reflexões de Uma Narayan, que tematizou as dificuldades que as feministas tiveram, em sociedades não ocidentais, para encontrar uma linguagem que não pudesse ser acusada de ser "marginal" e de estar usando o idioma "estranho" dos direitos humanos, visto como uma traição às tradições locais: "nós todos temos de reconhecer que as atitudes críticas não necessariamente transformam aquele que critica em alguém 'marginal' em relação ao que é criticado, e isto porque, muitas vezes, o que motiva e torna urgente a própria crítica é justamente o *status* de alguém 'no interior' da cultura criticada – e que é profundamente perturbado por ela".[76] A crítica social de estruturas patriarcais, e de determinadas formas de brutalidade e violência nelas implícitas, é sempre específica e vinculada ao contexto. Não obstante, é possível identificar padrões básicos de respeito e consideração que são comuns a essas críticas e que implicam, em primeiro lugar, não estar subordinado a ações, normas ou instituições que não possam ser adequadamente justificadas para os indivíduos. Narayan aponta para o fato de que a afirmação de que os direitos humanos expressam "valores ocidentais" representa uma forma altamente problemática de essencialismo cultural e de etnocentrismo ocidental, que nega um lugar para esses direitos em outros contextos socioculturais e conflitos sociais.[77] Aqueles que usam a linguagem desses direitos não são e não devem ser transformados em "estranhos" em sua sociedade.

8. Aqui, acho necessário esboçar, pelo ao menos de modo rudimentar, que forma poderia ter uma teoria abrangente dos

---

76 Narayan, Contesting Cultures: "Westernization, Respect" for Cultures, and Third-World Feminist, p.412.

77 Id., Essence of Culture and a Sense of History: a Feminist Critique of Cultural Essentialism, p.91.

direitos humanos, se considerarmos suas muitas dimensões (moral, jurídica, social e política) mencionadas no início.

O fundamento normativo para uma concepção dos direitos humanos é o direito de toda pessoa de ser respeitada como alguém que possui um direito moral à justificação, segundo o qual toda ação ou norma que pretende ser legítima deve poder ser adequadamente justificada. Por conseguinte, as ações ou normas morais devem poder ser justificadas em discursos morais por razões morais livres da coação ou do engano, e as leis ou estruturas sociais e políticas devem estar apoiadas em normas morais, ou pelo menos serem compatíveis com elas, e devem ser legitimáveis nas respectivas práticas de justificação jurídicas e políticas. Os critérios de justificação para normas morais são os da reciprocidade e da universalidade em sentido estrito, pois essas normas, em termos reflexivos, erguem uma pretensão de serem válidas de modo recíproco e universal. Os critérios para as normas jurídicas são os da reciprocidade e da universalidade no interior de estruturas políticas de justificação que pressupõem a possibilidade de participação livre e igual e o cumprimento dos respectivos procedimentos de deliberação e de decisão.[78]

O conceito de "dignidade", que está no centro da ideia de direitos humanos, não é, portanto, um conceito fundamentado de modo metafísico, nem de modo ético, vinculado a uma concepção de vida boa. Pelo contrário, respeitar a dignidade de uma pessoa significa reconhecê-la como alguém a quem se devem razões apropriadas em relação às ações ou às normas

---

78 Sobre o conceito de democracia aqui implicado, cf. Forst, *Das Recht auf Rechtfertigung*, cap. 7.

que a atingem de modo relevante. E essa espécie de respeito exige que consideremos os outros como fontes autônomas de pretensões normativas no interior de uma práxis de justificação. Cada pessoa é uma "autoridade" no espaço de razões.[79] Esse conceito de dignidade é de natureza relacional. Suas implicações concretas somente podem ser definidas pela via da justificação discursiva.

No que diz respeito aos direitos humanos, é necessário fazer a distinção entre o "construtivismo moral" e o "construtivismo político", usando a terminologia de Rawls em um outro sentido.[80] Ambos são formas de construtivismo discursivo, em contraste com a ideia de uma "dedução" dos direitos. Todo e qualquer conteúdo dos direitos humanos deve ser determinado discursivamente, mas sempre é preciso levar em conta a dupla natureza dos direitos humanos: como direitos *morais* universais e como direitos *positivos* concretos. No plano da moral, a construção leva a uma lista de direitos fundamentais que as pessoas, quando se respeitam mutuamente como iguais em relação aos seus direitos de justificação, não podem rejeitar com boas razões. Essa lista de direitos é, até certo ponto, geral e espera por determinações posteriores. Mas ela formula padrões de respeito básicos que devem ser garantidos na forma de direitos fundamentais, que foi a forma que historicamente se mostrou mais apropriada para isso. É importante enfatizar

---

79 Isso se refere inclusive às pessoas que não podem usar seu direito à justificação, como (em um certo nível) as crianças e as pessoas mentalmente perturbadas. O *status* passivo de ter esse direito não depende de seu exercício ativo.

80 Explico a diferença em relação a Rawls em Forst, *Das Recht auf Rechtfertigung*, p.310ss.

Justificação e crítica

que o direito fundamental à justificação não somente leva a direitos que garantem a posição política das pessoas como cidadãos no sentido estrito; ele também é o fundamento para os direitos à integridade do corpo, às liberdades pessoais e ao *status* igual socialmente assegurado.[81] Expresso de modo negativo, os direitos humanos são aqueles direitos que não podem ser rejeitados com razões recíprocas e universais,[82] e essa definição abre o espaço normativo para reivindicações que manifestam o *status* de uma pessoa com igual posição social. Isso inclui os direitos contra a violação da integridade física e psíquica, bem como os direitos contra a discriminação social. O direito à justificação não é somente um direito à justificação política, mas principalmente um direito de ser considerado uma pessoa independente, capaz de agir socialmente e ao mesmo tempo capaz de codeterminar a estrutura social a que pertence.[83]

O uso do direito à justificação como fundamento normativo não restringe o foco dos direitos humanos, como muitos parecem temer,[84] pois, com base nesse pano de fundo, exis-

---

81 Esse aspecto é enfatizado por Buchanan, The Egalitarianism of Human Rights.

82 Alterei aqui a formulação "que não podem ser razoavelmente rejeitados" da teoria contratualista da justificação de Scanlon. Cf. Scanlon, *What We Owe to Each Other*, esp. cap. 5. Discuto a diferença entre o contratualismo de Scanlon e o construtivismo discursivo, em Forst, *Das Recht auf Rechtfertigung*, cap. 1 e 2.

83 Isso também inclui o significado histórico desses direitos. Na minha breve referência à luta social dos *levellers*, apontei que ela se orientava tanto contra o feudalismo como ordem *social* quanto contra a monarquia como ordem *política*.

84 Essas dúvidas foram expressas de diferentes maneiras por Buchanan, Griffin e Tasioulas, aos quais sou muito grato.

tem *dois caminhos* para determinar substantivamente os direitos humanos. O primeiro consiste em detalhar as condições e os recursos que importam para o *status* de um sujeito de justificação que deve ser reconhecido em termos sociais e políticos; o segundo consiste em estabelecer os aspectos da vida humana que os direitos fundamentais devem proteger e tornar possíveis, os quais as pessoas não devem privar uma à outra em um sentido moral. Aqui, entram em jogo considerações sobre a importância de determinados bens e de interesses sociais básicos, porém não como interesses ou valores éticos a partir dos quais as pretensões por direitos podem ser derivadas, mas sim como pretensões de respeito mútuo *a serem justificadas discursivamente* entre as pessoas que reconhecem umas às outras como sujeitos autônomos e, ao mesmo tempo, como sujeitos sociais vulneráveis e carentes. Os direitos humanos materializam e protegem esse *status* e, mediadas por procedimentos de justificação recíproca e universal, as pretensões baseadas em interesses podem ser transformadas em direitos.

Assim, o aspecto político do direito de justificação é particularmente importante, pois remete a determinadas implicações institucionais da argumentação moral a favor dos direitos humanos. Estes são direitos morais de um tipo bem específico, já que estão relacionados a uma autoridade política jurídica e precisam ser assegurados de uma forma *juridicamente* vinculante. Por isso são um componente importante do que chamo de "justiça fundamental". Uma estrutura política jurídica básica e justa é uma "estrutura básica de justificação" na qual os membros têm a possibilidade de deliberar e de decidir em comum sobre as instituições sociais que lhes dizem respeito – e, com isso, também têm a possibilidade de deliberar e de decidir sobre a interpretação e realização concreta de seus direitos. Nesse sentido, os próprios direitos humanos têm uma natureza reflexiva: são direitos básicos de participar nos procedimentos pelos quais os direitos fundamentais de cidadãos e cidadãs adquirem uma forma concreta e juridicamente vinculante. Vistos dessa forma, são direitos de ordem superior, isto é, direitos de não estar submetido a instituições sociais ou a normas jurídicas que não possam ser adequadamente justificadas para os concernidos — e, portanto, são direitos de participação igual nos respectivos procedimentos de justificação. Nesse sentido, o construtivismo político da determinação prática desses direitos tem o construtivismo moral como seu cerne, pois não pode haver uma interpretação e institucionalização dos direitos humanos que viole esse conteúdo moral básico. Porém, o construtivismo político também é, ao mesmo tempo, uma práxis discursiva autônoma dos cidadãos e cidadãs que constroem e consolidam uma ordem social e política legítima. Essa construção política pressupõe alguns direitos nucleares na forma de uma "estrutura básica de justificação" conforme a uma ideia de justiça fundamental. Mas um ponto essencial da construção é o estabelecimento de uma estrutura de direitos e de deveres contextualizada, digna de ser aceita pela comunidade política. Em termos ideais, o objetivo continua sendo a "justiça máxima", isto é, uma "estrutura básica plenamente justificada".

Em termos conceituais, é preciso acrescentar que os direitos humanos estão mais estreitamente ligados à justiça fundamental do que à justiça máxima, pois a tarefa de construir e manter uma estrutura básica como um todo é mais abrangente e mais complexa do que a de estabelecer uma estrutura aceitável e legítima de direitos humanos fundamentais. Esses direitos formam uma parte essencial da imagem geral da justiça social e política, porém só uma parte. Assim como o âmbito dos direitos morais em seu conjunto é maior do que os direitos humanos morais, do mesmo modo o âmbito da justiça social e política é comparativamente maior do que os direitos humanos institucionalizados juridicamente.[85] Nisso é importante perceber que o construtivismo político não é meramente uma "realização" de direitos humanos morais já estabelecidos; antes, é uma práxis discursiva no interior de procedimentos de justificação adequados.

Em suma, os direitos humanos são aqueles direitos fundamentais sem os quais não se poderia assegurar o *status* das pessoas como portadoras do direito à justificação. Eles abrangem os principais direitos pessoais, políticos e sociais que são necessários para gerar uma estrutura social de justificação, e incluem os direitos substantivos que ninguém poderia razoavelmente rejeitar no interior dessa estrutura sem violar a exigência da reciprocidade e da universalidade. Em termos reflexivos, e esta é minha ideia central, o elemento fundamental dos direitos humanos consiste na ideia de que as pessoas possuem um direito básico de viver em uma sociedade na qual elas próprias são atores políticos e sociais que definem quais direitos podem reivindicar e quais podem ser concedidos. Esta é a capacidade autônoma para agir que os direitos humanos buscam alcançar e que procuram expressar, hoje e nas épocas antigas.[86] Para expressar mais uma vez, e de outra maneira, o

---

85 Neste ponto concordo com Griffin, *On Human Rights*, p.41.

86 Em um sentido importante, compartilho a ideia de Habermas de uma co-originariedade entre autonomia pessoal e autonomia política ou

Justificação e crítica

duplo caráter reflexivo dos direitos humanos: eles são direitos que nos protegem de uma série de danos sociais, cuja transgressão ninguém pode justificar perante os outros, que são iguais em termos morais e sociais, e, portanto, os direitos humanos pressupõem o direito à justificação – porém, para além disso, eles nos protegem particularmente do mal social de não participar na determinação política do que é considerado dano.

9. Estou defendendo a concepção de que os direitos humanos são um componente importante de uma concepção de justiça social e política. Alguns autores os consideram especificamente como "exigências fundamentais de justiça global",[87] e, assim, coloca-se a questão se minha concepção é uma categoria "estatal", "cosmopolita" ou "global". Mas, no atual contexto, essas categorias não parecem nos levar muito longe. Sem dúvida, o direito à justificação representa um ponto de partida universalista, e o mesmo vale para a lista dos direitos humanos que resultam do construtivismo moral. Contudo, o construtivismo político, apresentado anteriormente, deixa em aberto

---

dos direitos humanos e da soberania popular, como apresentada em Habermas, *Faktizität und Geltung*, esp. no cap. 3. Contudo, também divirjo dela, já que meu conceito de co-originariedade considera o direito à justificação como *uma* fonte de ambos os lados, enquanto Habermas considera diferentes fontes como fundamento. Além disso, em sua abordagem nenhuma dessas fontes tem o *status* moral do direito à justificação, a favor do qual eu argumento. Sobre isso, cf. Forst, *Das Recht auf Rechtfertigung*, cap. 4.

87 Beitz, What Human Rights Mean, p.44. Em Beitz, *The Idea of Human Rights*, p.142ss., o próprio Beitz se distancia dessa posição. Sobre um outro exemplo dessa posição, cf. Pogge, *World Poverty and Human Rights*, cap. 1.

saber se a comunidade política que interpreta e institucionaliza esses direitos é de natureza mais circunscrita ou global. Assim, o que é disputado entre globalistas e estatistas deve ser decidido em outro âmbito, diferente do domínio dos direitos humanos, e mais precisamente no âmbito de uma concepção de justiça transnacional, cujo objetivo é estabelecer uma ordem de justificação transnacional que considere adequadamente os contextos da justiça relevantes – nacional, internacional, supranacional.[88] Os direitos humanos são, em um sentido importante, parte dessa concepção de justiça transnacional, mas, novamente, somente uma parte, e são agnósticos no que se refere à questão da abrangência do contexto político para sua realização. Uma concepção plena de justiça transnacional é muito mais abrangente do que uma concepção de direitos humanos, e abarca uma multiplicidade de aspectos da justiça política, econômica e também histórica. E mesmo quando os direitos humanos incluem direitos aos meios necessários para um padrão de vida adequado, que não podem ser recusados a nenhum ser humano a quem se devem razões para as estruturas sociais às quais ele ou ela estão subordinados, isso não é suficiente para satisfazer as exigências de justiça, seja nacional ou transnacional – dado o mundo tal como o conhecemos. De todo modo, a lógica da argumentação é diferente em cada caso, já que os direitos humanos permanecem restritos às exigências fundamentais.

No entanto, o que é importante destacar é que o primeiro destinatário das reivindicações por direitos humanos é a estrutura política e jurídica básica na forma de um Estado. Nessa

---

88 Cf. Forst, *Das Recht auf Rechtfertigung*, cap. 12.

Justificação e crítica

perspectiva, uma concepção dos direitos humanos deve reconciliar aspectos morais universalistas e aspectos institucionais. Nisso não pretendo seguir um ponto de vista institucionalista que não só parte (de modo correto) do fato de que o Estado é a instituição central para a garantia dos direitos humanos, mas também só considera como violações dos direitos humanos aquelas que decorrem das ações do Estado.[89] Este seria um ponto de vista muito estreito. Por exemplo, também é tarefa do Estado proteger os cidadãos e cidadãs das violações dos direitos humanos cometidas por atores privados, como grandes firmas ou grupos étnicos. O fato de fracassar nessa tarefa, seja porque o Estado decide não agir ou é muito fraco para intervir,[90] representa um caso de proteção insuficiente dos direitos humanos, dado que a violação dos direitos humanos não é uma ação do Estado, mas de outros atores. O Estado é o principal destinatário das reivindicações por direitos humanos, mas não é o único que pode desrespeitá-los.

Evidentemente, em tudo isso os direitos humanos têm um significado moral e jurídico importante no plano internacional. Seu sentido moral consiste em que uma violação desses direitos representa uma ruptura com os padrões daquilo que a comunidade dos seres humanos como um todo considera como normas vinculantes. Por isso, quando Estados cometem crimes à luz dessas normas, ou não estão em condições de pôr um fim a eles, a "comunidade mundial" é convocada a uma reação não somente moral, mas também política. Esta exige uma "media-

---

89 Cf. o argumento de Pogge em *World Powerty and Human Rights*, p.58.
90 Pogge discute o caso no qual o Estado não está disposto a agir, e o categoriza como "desrespeito institucional", ibid., p.61.

ção" desses deveres para evitar ou para pôr fim às violações dos direitos humanos com a ajuda de instituições adequadas, e mais precisamente não somente porque nessas instituições deve ser determinado quem está obrigado a ajudar os que necessitam, e em qual proporção, mas também porque nelas deve ser estabelecida uma estrutura de justificação para evitar juízos arbitrários sobre as razões para ajudar ou para intervir.[91] Assim, mais uma vez, o significado moral deve ser transformado no plano jurídico e político para produzir instituições internacionais confiáveis que possam evitar, avaliar, interromper ou impor sanções às violações dos direitos humanos. Para isso se exige uma outra forma de construtivismo político, cuja tarefa é codificar as normas transnacionais e internacionais dos direitos humanos em um sentido político e jurídico.[92]

Para isso, pode-se pensar em outros aspectos da existência jurídica dos direitos humanos nas declarações e convenções internacionais, o que não farei aqui. Assim, existem deveres para construir instituições que protejam aqueles que precisam abandonar seus Estados em virtude das violações dos direitos humanos – ou por outras razões, como a falta de recursos essenciais. O "direito a ter direitos"[93] e de pertencer a uma comunidade política de modo a ficar protegido da privação de direitos é

---

91 Sobre a concepção de "mediação" usada aqui, cf. Shue, Mediating Duties.

92 Esse ponto é destacado por Habermas em Zur Legitimation durch Menschenrechte; e em Hat die Konstitutionalisierung des Volkerrechts noch eine Chance?.

93 Cf. Arendt, *Elemente und Ursprünge totaler Herrschaft*, cap. 9. Sobre uma interpretação e aplicação dessa ideia, cf. Benhabib, *The Rights of Others*, cap. 2.

Justificação e crítica

uma questão central em um mundo de migrações forçadas; bem como o dever de evitar produzir uma zona de privação de direitos, por exemplo, sob a forma de campos de detenção extraterritoriais, em conflitos internacionais.

10. Os direitos humanos são os padrões de legitimidade fundamentais e indispensáveis de uma ordem social e política. Embora essa ordem seja o primeiro contexto e destinatário dos direitos humanos, existe uma série de razões para que estes sejam garantidos por uma ordem social que transcenda os Estados individuais. Porém persiste o ponto principal dos direitos humanos: o fundamento normativo desses direitos, cujo objetivo é estabelecer o arranjo fundamental de uma ordem social justificada, reside na pretensão básica de sermos respeitados como pessoas com um direito à justificação. A lógica da justificação combina argumentos reflexivos – procedimentais e substantivos – para os direitos humanos, e cada um desses direitos é visto como uma pretensão que não pode ser recusada entre pessoas que reconhecem que devem um ao outro uma proteção jurídica e política para o seu direito de serem sujeitos de justificação autônomos em termos sociais e políticos. Os direitos devem ser entendidos horizontalmente, por assim dizer, na qualidade de pretensões a um determinado *status* moral, político ou social, que são vinculantes e justificados reciprocamente. Eles expressam formas de reconhecimento recíproco e, em sua forma concreta, são o resultado de procedimentos de construção discursiva. Os direitos não são bens recebidos de uma autoridade superior. Pelo contrário, expressam o respeito entre as pessoas que aceitam que toda pessoa, à qual os direitos se referem, sejam quais forem as suas formas e o seu conteúdo, tem o direito fundamental de ser

um sujeito de justificação, de modo que nenhuma determinação desses direitos possa ocorrer sem uma justificação adequada.

A abordagem que defendo se diferencia de duas abordagens alternativas. A primeira se baseia em um ponto de vista teleológico que fundamenta os direitos humanos nos interesses fundamentais do bem-estar humano, e disso derivam os direitos à proteção e à realização desses interesses. A segunda considera os direitos humanos primordialmente em sua existência jurídica internacional e deixa em aberto a questão da sua justificação moral. Ambas as abordagens desconsideram as dimensões sociais e políticas dos direitos humanos. Pois estes não são somente meios para obter ou usufruir de determinados bens e também não são meios prioritários para avaliar, a partir de fora, as estruturas sociais no âmbito internacional. Antes, os direitos humanos são conquistas autônomas daqueles que veem a si mesmos e aos outros como agentes que não mais pretendem se ver na condição de subordinados a normas e instituições sobre as quais não possuem nenhuma influência. Sua reivindicação essencial pelos direitos humanos tem como objetivo assegurar um *status* de igualdade de direitos políticos e sociais para não ser visto como alguém que não conta para a justificação. Com isso, os direitos humanos atribuem aos seus portadores um poder social e político na qualidade de um "poder normativo": o poder de codeterminar as condições da vida social e política. Os seres humanos têm um direito a esse poder, o qual é expresso pelos direitos humanos.

3
A ordem normativa
da justiça e da paz[1]

1. Normalmente consideramos a justiça e a democracia como valores políticos vinculados e complementares um ao outro. São típicas disso não apenas as muitas declarações das instituições políticas, por exemplo, o Preâmbulo da Carta das Nações Unidas, mas também os movimentos políticos, como o United for Peace and Justice,[2] nos Estados Unidos, que denunciou publicamente como ilegal tanto a guerra contra o Iraque

---

1 Este texto esteve na base da minha comunicação na 3ª Conferência Anual do *cluster* de pesquisa "Formação das ordens normativas". Ele foi embasado nas pesquisas e discussões no âmbito da área de pesquisa 3 "Justiça transnacional, democracia e paz", no qual se investiga a vinculação desses três conceitos. Na ocasião, Harald Miller expôs sua concepção sobre o tema da justiça e da paz em contraposição à minha, com o que se tornou visível o espectro das diversas posições em nossa interconexão. Sobre a relação entre justiça e democracia, cf. Forst, Transnational Justice and Democracy; sobre o programa de pesquisa do *cluster* como um todo, cf. Forst e Günther (orgs.). *Die Herausbildung normativer Ordnungen*.

2 Disponível em: <www.unitedforpeace.org>. Acesso em: 25 maio 2011.

quanto o governo que a começou. Mas uma segunda visão – por exemplo, a iniciativa política semelhante denominada No Peace without Justice[3] – sugere uma outra reflexão, uma vez que essa iniciativa direciona o foco nos direitos humanos e na jurisdição penal internacional em relação aos crimes de guerra e de crimes contra a humanidade. Ela enfatiza que a superação da guerra deve ter como objetivo estabelecer a dominação do direito, que busca a justiça não somente prospectivamente, mas também retrospectivamente, de modo que a paz não seja comprada pelo preço do esquecimento e da impunidade dos crimes, nacionais e internacionais, cometidos no passado.

Aqui emerge um possível conflito entre a justiça e a paz, uma vez que a paz é entendida como o estado que evita o uso da violência, cujo objetivo poderia ser não promover a justiça em todas as situações, mas, em vez disso, dar prioridade ao objetivo da estabilidade e da ordem políticas – seja antes de uma possível guerra ou depois dela. Isso é muitas vezes visto como uma "paz podre", uma ordem normativa injusta que não somente viola os princípios fundamentais da justiça histórica ou da justiça penal, mas inclusive não leva a uma paz estável enquanto os conflitos fundamentais permanecerem não esclarecidos e os crimes ficarem impunes.

Um outro acontecimento recente dá motivo para refletir sobre uma possível relação tensa entre a paz e a justiça. O Prêmio Nobel da Paz de 2010 foi para o chinês Liu Xiaobo, defensor dos direitos humanos e dos cidadãos, que estava preso em virtude de suas atividades políticas. O comitê do Nobel honrou Liu com o prêmio devido a sua "longa e pacífica luta

---

3 Disponível em: <www.npwj.org>. Acesso em: 25 maio 2011.

pelos direitos humanos fundamentais na China", como foi dito, e acrescentou que "há muito existe a convicção de que existe uma relação estreita entre os direitos humanos e a paz. Esses direitos são o pressuposto para a 'irmandade entre as nações' sobre a qual Alfred Nobel escreveu em seu testamento". Sublinha-se aqui o vínculo entre os direitos humanos e a paz, mas se observa que o comitê, antes de falar sobre a "irmandade" internacional, destacou Liu por sua "luta" pelos direitos humanos – uma luta não violenta, é claro, mas que não deixa de ser uma luta. O comitê tomou essa decisão tendo em mente que não é em todo lugar que essa luta poderia ser considerada um símbolo dessa irmandade, mas antes uma intervenção política que visa explicitamente à exigência fundamental da justiça, e não da paz *per se*, seja no interior de uma sociedade ou entre os Estados. A paz, assim diz essa decisão do comitê, deve se apoiar na justiça; e lutar com meios pacíficos pela justiça é uma intervenção pela paz verdadeira. Também as decisões anteriores do comitê correspondem a essa lógica, por exemplo, aquela a favor de Aung San Suu Kyi, de Mianmar.

Mas qual é exatamente a lógica dessas decisões e do lema "não há paz sem justiça"? Vamos assumir que somos pluralistas éticos e que tomamos como pressuposto que a paz e a justiça são dois valores diferentes que podem ser combinados, mas que também podem estar em conflito um com o outro – e que não existem princípios superiores que poderiam ordenar as prioridades de modo claro e de uma vez por todas.[4] Em determinados casos, definir as prioridades depende do contexto – e de outros valores como liberdade, estabilidade, bem-estar

---

4 Berlin, Das Streben nach dem Ideal.

etc. Avishai Margalit, por exemplo, defende essa concepção pluralista de paz e justiça como bens vinculados, mas também concorrentes, e ele argumenta que, em alguns casos, a justiça teve de ceder seu lugar em favor da paz, desde que a justiça não fique comprometida quando se tratar de um acordo que "estabelece ou apoia um regime de crueldade e humilhação – ou seja, um regime inumano que é, no sentido literal da palavra, impropriamente 'desumano' para os seres humanos".[5] Um exemplo clássico para tal "compromisso podre" é representado pelo acordo de Munique em 1938, um "pacto com o mal radical".[6]

A perspectiva de Margalit é complexa, e muita coisa fala a seu favor. Contudo, penso que a lógica normativa que decorre do exemplo mencionado por ele é outra. Ela sugere que a justiça qualifica a paz, mais precisamente não apenas porque uma justiça fundamental em relação à garantia dos direitos humanos e da dominação do direito é uma condição para a realização de uma paz estável, mas também porque a justiça é um padrão segundo o qual *julgamos* a paz como um estado social. Portanto, a paz é um *valor* enquanto a justiça parecer ser um *princípio* superior com o qual avaliamos a paz – e é esse princípio que define qual a paz que vale a pena ser buscada. Visto dessa maneira, o valor da paz significa que as pessoas sejam respeitadas e protegidas em seu *status* de pessoas livres e não dominadas arbitrariamente – uma formulação que ainda vou explicar melhor. É daí que derivam as frequentes formulações como "em paz e liberdade" usadas oficialmente, e por isso condenamos alguns estados de paz como "podres" ou "carcomidos" (*rotten*),

---

5 Margalit, *Über Kompromisse – und faule Kompromisse*, p.108.
6 Ibid., p.32.

que é o que importa a Margalit. Com isso não quero negar que algumas exigências da justiça podem colidir com exigências de paz legítimas, mas mostrar por que esses conflitos são tão difíceis de entender, pois ambos os conceitos ocorrem no mesmo registro normativo, isto é, que muitas vezes se trata de evitar grandes injustiças que se seguiriam de um conflito violento, em vez de perseguir um certo aspecto da justiça. Com isso, quando esses conflitos eclodem, acontecem no interior do âmbito da justiça, e não fora dele.

Ou seja, do ponto de vista conceitual, minha tese é a de que a justiça é um princípio e uma exigência básica, enquanto a paz é um valor que é qualificado pela justiça e que em seu cerne remonta a considerações de justiça. Uma paz despótica como "cemitério da liberdade",[7] recorrendo à famosa formulação de Kant, não é um objetivo digno de ser buscado. A esperança pela paz não implica louvar a dominação pacífica de um ditador violento sobre o qual ninguém ousa falar abertamente; uma paz que compromete a justiça é deficitária. Contudo, se nossa única opção consistisse em escolher entre um ditador que mata muitas pessoas e um que as deixa em paz, contanto que obedeçam, deveríamos privilegiar a última. Mas isso não significa que a paz tenha a primazia sobre a justiça. Significa tão somente que estaríamos buscando minimizar as vítimas da injustiça. Assim, poderíamos justificar compromissos ruins, mas isso não significa que anulamos o princípio superior da justiça.

A diferença entre o princípio da justiça e os outros valores que devem ser avaliados sob sua luz não se aplica somente à

---

7 Kant, *Zum ewigen Frieden*, p.367.

paz. A liberdade é um outro exemplo.[8] O valor da liberdade também não é um valor sem qualificações – por exemplo, não tenho a liberdade de enfiar minha faca no peito de outra pessoa. Também não tenho nenhuma pretensão justificada à liberdade de oprimir ou controlar arbitrariamente os outros. Só tenho a pretensão a um tipo de liberdade que seja *justificável* reciprocamente entre nós, e esta é uma exigência da justiça. Esta é a razão pela qual Kant, na doutrina do direito da *Metafísica dos costumes*, define o direito fundamental à liberdade e à igualdade como o direito de ser considerado livre e igual, entre e com os outros, "segundo uma lei universal", como direito "único" e "originário" do ser humano.[9]

2. No que se refere a Kant, encontramo-nos no meio de uma importante tradição de pensamento sobre o vínculo entre a justiça e a paz, que sublinha a mencionada ordem normativa entre ambos os conceitos. Sobre isso, apenas alguns exemplos. Os ensinamentos da Bíblia são, como sempre, complexos, mas, em geral, a paz é considerada "fruto" da justiça, como em Isaías (32,17); nesse sentido, a justiça precede a paz, mas ambas estão vinculadas, como em Salmos (85,10), onde "a justiça e a paz se beijam". No entanto, nem o Antigo nem o Novo Testamento deixam ainda alguma dúvida sobre a primazia absoluta da justiça divina, tanto é que Jesus pode, ao mesmo tempo, pregar a paz e alertar: "Não penseis que vim trazer paz à terra; não vim trazer paz, mas espada" (Mateus, 10,34).

---

8 Sobre isso, cf. Forst, *Das Recht auf Rechtfertigung*, cap. 5.
9 Kant, *Methaphysik der Sitten*, p.237.

Justificação e crítica

Santo Agostinho define os reinos sem justiça como "grandes bandos de ladrões",[10] e Dante considera uma monarquia cristã global como a única garantia para a justiça e a paz.[11] Quando a rivalidade cada vez mais forte entre *regnum* e *sacerdotium* exigia uma solução, Marsílio de Pádua, já em 1324, argumentava a favor da primazia de um *defensor da paz*, entendido primordialmente em termos seculares, que reconciliaria a paz e a justiça, tanto interna quanto externamente.[12] A justiça como a chave para a liberdade torna-se um tema geral nessa tradição e vincula pensadores muito diferentes, como Maquiavel e Montesquieu. A busca pela hegemonia no interior e entre as sociedades ou Estados é considerada a causa principal para a guerra, e por isso o estabelecimento da dominação do direito é entendido como essencial para uma paz estável. Todavia, não se deve desconsiderar que nessa tradição também era muito comum a ideia de que o mundo se dividia entre os povos "civilizados" e os "não civilizados", de modo que os primeiros deveriam dominar ou educar os segundos. Assim, a "justiça" não raras vezes servia como instrumento para justificar a dominação arbitrária de grande parte do mundo em nome da civilização – se necessário, também por meio da guerra. Esta é uma parte da história da justiça e da paz universais. Assim, de modo paradoxal, não é raro que aqueles que, por um lado, tinham a opinião de que a justiça exigia uma política de não dominação entre os livres e a dominação do direito, por outro,

---

10 Santo Agostinho, *Vom Gottestaat*, livro IV, cap. 4, p.173.

11 Dante, *Monarchia*.

12 Marsílio de Pádua, *Der Verteidiger des Friedens*. Sobre isso, cf. Forst, *Toleranz im Konflikt*, p.121-5.

também estavam convencidos da missão civilizadora dos europeus em relação às "raças não civilizadas".[13]

O famoso ensaio de Kant sobre a "paz perpétua" representa o ponto alto da tradição que argumentava pela construção de um sistema universal do direito – incluindo uma relação muito ambivalente com as "rudes" culturas não europeias.[14] Kant não deixa nenhuma dúvida de que o imperativo da paz não é um princípio normativo independente, mas que está fundamentado no princípio do direito como um princípio da justiça válido *a priori*: "aspirai, antes de mais nada, ao reino da razão prática e à sua justiça e o vosso fim (o benefício da paz perpétua) vos será dado por si mesmo",[15] é o que prescreve como princípio de sabedoria política. A justiça não somente é o fim da paz, mas também o seu meio, como afirmam os três artigos definitivos que versam sobre a ordem republicana no interior dos Estados, a dominação do direito entre eles e o direito universal de hospitalidade como direito da cidadania cosmopolita. Tomados em conjunto, deveriam eliminar as causas das guerras no mundo. Inclusive os artigos preliminares buscam esse objetivo, mas somente a justiça interna e externa (constituída juridicamente) pode alcançá-lo, uma vez que representa a realização dos três artigos. Inclusive quando a "natureza" (e diferentes formas de interesses próprios) favorece esse processo, isso não significa que o "político moral" pode se permitir trocar a sua orientação pelos deveres da moral e da justiça em favor da perspectiva do

---

13 Cf. Eze, *Race and the Enlightenment*.

14 Sobre isso, cf. McCarthy, *Race, Empire, and the Idea of Human Development*, cap. 2.

15 Kant, *Zum ewigen Frieden*, p.378.

"moralista político", que só conhece os imperativos do interesse próprio e a razão de Estado.

Segundo Kant, a justiça e a dominação do direito – na qualidade de exigências da razão prática – não somente são condições necessárias para a paz perpétua, mas também para que uma paz justificada não se converta em um "cemitério da liberdade".[16] Segundo sua opinião, uma república não tenderia à agressão e negaria a opção da guerra, e um direito das gentes universal fundamentaria a confiança e o controle em uma federação pacífica – certamente não na forma de um Estado mundial. Desde os ensaios inaugurais de Michael Doyle, os pesquisadores das relações internacionais têm apresentados pesquisas importantes para comprovar empiricamente essa tese, o que não vou comentar aqui.[17] O que me importa é a ordem normativa da justiça e da paz que está implícita nela – uma ordem normativa em um sentido duplo: como ordem conceitual e valorativa e como ordem política real, interna e externa.

Nessa ordem normativa, o princípio da justiça fundamenta o valor da paz e ao mesmo tempo o qualifica. A paz não é em si mesma um valor independente – só são dignas de serem alcançadas as formas da paz orientadas por considerações de justiça. A paz que um ditador bem-intencionado impõe à sociedade não é de grande valor, embora seja melhor do que a paz produzida por um ditador cruel. Nesse último caso, a injustiça é bem maior e a resistência não somente é permitida de

---

16 Ibid., p.367.

17 Cf. Doyle, Kant, Liberal Legacies, and Foreign Affairs; Czempiel, Kants Theorem und die zeitgenössische Theorie der internationalen Beziehungen; Géis, Müller e Wagner (orgs.), *Schattenseiten des Demokratischen Friedens*.

uma forma justificada, mas também é exigida, tendo em vista os custos que surgem daquela paz. Tanto a justiça quanto a paz são *práticas normativas de não dominação* (*non-domination*) e se voltam contra a opressão militar, política ou econômica; porém, o imperativo essencial é o da justiça.[18] A ordem social da justiça é uma ordem da paz, mas nem toda ordem da paz é uma ordem da justiça. Então, a ordem da paz tem de ser questionada com meios pacíficos, como foi exercida e exigida por Liu Xiaobo. Mas, quando essa ordem se transforma em uma forma de dominação cruel e violenta, coloca-se a questão da oposição violenta – uma questão que ela própria, mais uma vez, é marcada e delimitada pelas considerações da justiça. No plano internacional e supranacional, a ordem normativa da paz tem de corresponder a uma ordem da justiça – a justiça constituída juridicamente, baseada em normas legítimas, como enfatiza Habermas junto com Kant.[19]

Por conseguinte, a argumentação a favor do princípio "paz mediante o direito" e a favor do sistema legítimo do direito internacional segue o vínculo jurídico entre a justiça e a paz.[20] Na linguagem kantiana, a busca pela paz segue o imperativo moral de fundamentar um sistema de direitos no interior e entre os Estados. Nesse sentido, a política é o "exercício da doutrina do direito" e o "Deus-término da moral não recua

---

18 Sobre isso, cf. minha discussão da teoria da *não dominação* de Philip Pettit, em Forst, A Kantian Republican Conception of Justice as Nondomination.

19 Habermas, Hat die Konstitutionalisierung des Völkerrechts noch eine Chance?.

20 Cf. Lutz-Bachmann e Bohman (orgs.), *Frieden durch Recht*.

Justificação e crítica

perante Júpiter (o Deus-término do poder)".[21] A exigência da justiça, que fundamenta a reivindicação pela paz e pelo direito, visa a uma ordem de soberania reduzida no interior do direito internacional com o objetivo de estabelecer um sistema internacional de não dominação violenta [*Nichtbeherrschung*].

Aqui, porém, no espírito kantiano, é necessário ir além de Kant. A "fórmula transcendental do direito público", que vigora no plano do direito internacional, enfatiza "a forma da publicidade", sem a qual não haveria justiça alguma (que só pode ser pensada como conhecida publicamente), e por conseguinte também não haveria nenhum direito, que só é dado pela justiça".[22] Diante desse pano de fundo, um sistema de direitos teria de ser constituído não só a partir da totalidade dos princípios do direito publicamente *conhecidos*, mas também como um sistema de normas que fosse *justificável* publicamente, e para tal ordem de justificação seriam necessárias instituições e práticas de justificação criadoras de legitimidade para além dos Estados, em um sentido internacional e supranacional – sem que com isso seja necessário dar um passo em direção a um "Estado mundial", já que ele próprio envolveria uma multiplicidade de potenciais de dominação, como Kant enfatiza com razão. Contudo, o critério transcendental da publicidade ainda tem de ser interpretado em termos democráticos e práticos, e isto significa que, indo além de Kant, temos de refletir sobre uma justiça democrática para além dos Estados.[23]

---

21 Kant, *Zum ewigen Frieden*, p.370.

22 Ibid., p.381.

23 Sobre isso, cf. Forst, *Das Recht auf Rechtfertigung*, parte 3. Forst, Transnational Justice and Democracy.

3. No entanto, a realidade política é um fenômeno que só pode ser apreendido dialeticamente. Na verdade, um *fiat justitia*, no sentido exposto, parece sugerir um dilema. Pois, se é correto que a paz se apoia na justiça e esta exige uma ordem republicana de justificação pública no interior e entre os Estados, então corre-se o risco de legitimar uma determinada *política de dominação* – dito de um modo grosseiramente simplificado, a dominação dos democráticos sobre os não democráticos, que transformam o princípio de não dominação em um princípio de opressão, de uma possível intervenção e de hegemonia. Não é necessário mencionar a intervenção no Iraque em 2003, não justificada e não justificável pelo direito internacional, para destacar esse risco óbvio. Se a paz se baseia na justiça e esta pressupõe determinadas formas de governo interno e externo, e certos direitos assegurados etc., então parece que retornamos à antiga época do Esclarecimento – no interior de uma "dialética do Esclarecimento" pós-nacional, por assim dizer –, em que algumas sociedades acreditavam que tinham a tarefa ou, ao menos, o mandato para civilizar o mundo e "libertar"[24] as pessoas que tinham de viver em sistemas não democráticos ou não liberais. O programa de uma justiça internacional ou, mais do que isso, de uma justiça global, se transformou em uma receita para conflitos e potencialmente para a legitimação do uso unilateral da violência, portanto, para a guerra, como adverte Harald Müller.[25] Nas palavras de Lothar Brock, o princípio da paz democrática poderia ser uma "poética liberal universal", contanto que as democra-

---

24 Cf. Tully, *Politische Philopsohie als kritische Práxis*, cap. 5 e 6.
25 Por exemplo, cf. Müller, *Wie kann eine neue Weltordnung aussehen?*, cap. 4.

cias liberais aspirem menos a manter relações de não violência e de não dominação com outros Estados não democráticos, e busquem mais "transmitir as bênçãos da democracia aos não democráticos, se for necessário, com violência".[26] As intervenções militares que servem aos interesses dos Estados ocidentais poderiam ser transformadas em "guerras justas" por meio do superávit retórico (e ao mesmo tempo ideológico) da justiça, de modo que o fruto da justiça (ou das tentativas de sua realização) não é a paz, mas antes a violência e o sofrimento. Uma concepção moral (ou moralizadora) do direito internacional a partir dos conceitos de justiça e de democracia poderia levar a uma demonização dos inimigos da justiça e abriria as portas para uma política hegemônica, disfarçada de política humanitária. A ordem global estaria dividida entre, de um lado, os Estados justos e justificados e seus amigos, e, de outro, os inimigos e os "fora da lei". Levando essa crítica ao extremo, aqui se mostra a verdadeira face do universalismo: o particularismo dos interesses próprios e da opressão. Nessa crítica não precisamos seguir Carl Schmitt e sua concepção de que o mundo normativo é, em todo caso, o do amigo e do inimigo, e que não existe um fundamento último para a decisão sobre quem pode fazer o que e com qual justificação – mas, para aqueles que pensam assim, é mais fácil enfatizar junto com Schmitt: "Quem diz humanidade, está querendo enganar".[27]

Essa crítica é irritante, e mais precisamente por duas maneiras diferentes. Por um lado, ela expressa uma verdade, de-

---

26 Brock, Von der liberalen Universalpoesie zur reflexiven Friedenspolitik, p.1.

27 Schmitt, *Der Begriff des Politischen*, p.55.

monstrada pela longa e complexa história do colonialismo e da dominação militar, que é justificada com os "valores" da civilização "esclarecida", a liberdade ou a democracia. Esta é a sombra que persegue o universalismo quando ele é falseado em ideologia. Por outro lado, a própria crítica acaba falseando as coisas quando, por exemplo, explica que a política americana para o Iraque é a verdadeira herdeira das concepções universalistas da justiça e do direito, quando ela precisamente as viola. Em uma tal noite normativa, todos os gatos seriam pardos, e a crítica à dominação (pós)colonial ficaria sem seu próprio fundamento normativo.

Irei retomar a segunda irritação, mas ficarei inicialmente na primeira, pois, no âmbito da filosofia política, as críticas desse tipo têm produzido consequências particularmente muito importantes no que diz respeito à relação entre a justiça, a paz e os direitos humanos. Para retornar mais uma vez a Kant, elas introduziram um cisma no interior do kantismo (entendido em um sentido amplo), que certamente já tinha suas raízes na ambivalência da própria teoria de Kant. Assim, há aqueles, como Thomas Pogge[28] e Otfried Höffe,[29] que argumentam a favor de instituições globais fortes, e da validade universal ilimitada dos direitos humanos e dos princípios fundamentais da justiça, enquanto outros, e em primeiro lugar John Rawls, seguem a ideia tradicional de um *foedus pacificum* e recusam a ideia de uma concepção global da justiça. Com base no "fato do pluralismo razoável" de culturas e tradições de pensamen-

---

28 Pogge, *World Poverty and Human Rights*.
29 Höffe, *Demokratie im Zeitalter der Globalisierung*.

to diferentes e inconciliáveis,[30] Rawls é da opinião de que, no melhor dos casos, só podemos argumentar a favor dos princípios de um *ius gentium* sobre os quais as sociedades liberais poderiam entrar em acordo e que, então, também poderiam ser aceitos pelos "povos hierarquicamente decentes" (*decent hierarchical peoples*). Certamente tais princípios são também o resultado de uma construção moral, mas não uma construção liberal inequívoca:

> A razão pela qual nós consideramos o ponto de vista dos povos decentes não é para lhes prescrever os princípios de justiça, mas para certificar a nós mesmos que os ideais e os princípios da política externa de um povo liberal são também razoáveis do ponto de vista não liberal decente.[31]

Segundo esse método, o que significa "razoável" e "decente" é definido a partir de uma perspectiva liberal. Porém, o ponto essencial dessa abordagem, que se poderia chamar de "liberalismo prudente", consiste no fato de que Rawls pretende evitar a objeção de etnocentrismo, uma vez que, no âmbito do direito dos povos, só se deve exigir dos povos não liberais aquelas coisas "que poderiam razoavelmente adotar sem se submeterem a uma posição subalterna ou de inferioridade. Aqui, é crucial que o direito dos povos não exija que as sociedades decentes abandonem ou modifiquem suas instituições religiosas e adotem as liberais".[32] No espírito kantiano, Rawls defende o respeito e

---

30 Rawls, *Das Recht der Völker*, p.14.
31 Ibid., p.8.
32 Ibid., p.153.

a tolerância em relação aos povos não liberais, e mesmo sendo menos rigoroso do que Kant no que diz respeito ao princípio da não interferência quando se trata dos "Estados fora da lei" (*outlaw States*), ele enfatiza a importância da diferença religiosa e cultural e, o que é particularmente importante, a "personalidade" moral de um povo que já vive no interior de um sistema de direito, mesmo quando este não é um sistema liberal (ou republicano, como em Kant). Essa sociedade não está mais em um estado de natureza, e seu desenvolvimento interno é uma questão de autonomia dos membros desse próprio povo. A justiça permanece, sem dúvida, o fio de prumo para o direito internacional entendido dessa forma, mas dessa vez parece que a perspectiva da *paz* e do respeito entre as sociedades liberais e não liberais é quem *qualifica* o que significa a justiça para além dos limites do Estado. Isso quer dizer que temos de abandonar a tese original, da qual eu havia partido, de que a justiça fundamenta e qualifica o valor da paz? Se pensarmos no perigo do etnocentrismo, temos de dizer que, no âmbito internacional, a paz fundamenta o que pode ser a justiça?

Essa é a posição defendida por Harald Müller, segundo a qual, no âmbito internacional, em que se defrontam concepções de justiça opostas, existe uma "relação de indeterminação cultural",[33] que torna impossível fundamentar uma justiça superior. Do mesmo modo que Rawls, ele enfatiza o respeito pelas sociedades não liberais como parceiras com direitos iguais no âmbito internacional. Por conseguinte, as normas com pretensões de validade universalistas não podem ser definidas a partir de uma única cultura, e também não podem ser funda-

---

33 Müller, *Wie kann eine neue Weltordnung aussehen?*, p.107.

Justificação e crítica

mentadas em uma construção da razão pura. Elas precisam ser definidas exclusivamente em termos empíricos, com base no "consentimento fático dos representantes de todas as culturas/ regiões mundiais".[34] E do ponto de vista substantivo, o que não pode ser tolerado são os crimes contra a humanidade, o genocídio e o terrorismo. Se deixarmos lado a fundamentação dessas normas, temos aqui a imagem da justiça como algo que perturba a paz [*Störenfried*] internacional e que está em pé de guerra com o pluralismo cultural, de modo que só resta, como alternativa, uma política orientada para a paz, que domine tolerantemente esse pluralismo. Em vista do conflito irredutível da justiça entre as culturas, só pode ser globalmente aceitável e sustentável um sistema de "governança pacífica".[35] Assim, a ordem normativa da paz e da justiça teria se invertido: primeiro vem a paz, e a justiça só pode ser determinada e efetivada nesse âmbito. Uma vez que, dadas as filiações culturais e o caráter contestável da justiça, o *fiat justitia* corre o risco de, sem a paz, provocar o *pereat mundus*, o valor da paz deveria estar no centro de nossas reflexões e da práxis das relações internacionais. A justiça não pode fundamentar essa paz; antes, esta delimita aquela.

4. O que Kant diria sobre essa contradição entre duas interpretações da relação entre paz e justiça, ambas apoiadas nele? Sobre isso, é instrutivo ver como o próprio Kant interpreta o provérbio citado em *À paz perpétua*: "A frase, decerto algo re-

---

34 Ibid., p.110.

35 Sobre isso, também cf. o programa da Fundação de Pesquisa da Paz e do Conflito do Estado de Hesse, Just Peace Government.

tumbante, que se tornou proverbial, mas verdadeira – *fiat justitia, pereat mundus* – pode ser traduzida assim: 'reine a justiça e pereçam todos os velhacos deste mundo'; é um princípio de direito honesto que corta todos os caminhos sinuosos traçados pela insídia ou pela violência" enquanto for entendido "como a obrigação dos detentores do poder de não recusar a ninguém o seu direito, nem de o restringir por antipatia ou compaixão por outra pessoa".[36] Kant aponta aqui para o vínculo central entre a dominação [*Herrschaft*] da justiça e a questão do poder social e da dominação política arbitrária [*Beherrschung*]. Para ele, a justiça é um conceito emancipatório que se opõe à dominação injustificada ou à dominação arbitrária, e a justiça inclui o direito igual de todos. Assim, a partir de uma perspectiva kantiana, seria um equívoco culturalizar a justiça de tal modo que ela seja relativizada em seu cerne, como o faz Müller, e também Rawls, de certo modo. Mas qual seria exatamente o equívoco? E, em contrapartida, não reaparece novamente o perigo do etnocentrismo?

Aqui se mostra a vantagem de uma orientação metodológica pela análise das ordens normativas que coloca em primeiro plano a perspectiva dos participantes ou concernidos.[37] Ou seja, nessa perspectiva, tanto a questão do etnocentrismo quanto a da relação entre a justiça e a paz se apresentam de maneiras específicas. Ora, há várias maneiras de reconstruir essa perspectiva, mas, se entendemos uma pessoa como *sujeito de justificação* que usa e exige razões para se orientar no espaço social e

---

36 Kant, *Zum ewigen Frieden*.

37 Sobre isso, cf. Forst e Günther, Die Herausbildung normativer Ordnungen.

nele agir, deparamo-nos com um "fundamento" para pretensões de justiça que não admite uma relativização culturalista dessas pretensões.

Aqui, vou apenas expor brevemente esse discurso sobre um "fundamento" reflexivo.[38] A perspectiva do participante é essencialmente uma perspectiva normativa — sempre nos comportamos valorativamente em relação ao mundo objetivo e intersubjetivo. E sempre estamos incorporados em práticas de justificação sobre o que nós e os outros pensamos ou fazemos — em casa, com amigos, na esfera pública, no local de trabalho etc. A política e a moral são formas específicas dessas práticas, e devemos procurar as gramáticas normativas da justiça, da paz ou dos direitos humanos no interior dessas práticas. Na minha opinião, a gramática da justiça é dupla: existe a justiça "normal", que trata daquilo que consideramos justo (ou justificado) em contextos sociais, e existe a justiça "reflexiva", que pergunta se os modos vigentes de justificação da justiça podem ou poderiam realmente ser compartilhados entre os concernidos e os subordinados.[39] A indicação do modo subjuntivo interpreta a questão reflexiva como uma questão em princípio inacabada, mas também como uma questão que deve fazer que a perspectiva dos concernidos seja realmente levada em conta. No sentido reflexivo, as justificações fáticas e contrafáticas não devem ser separadas uma da outra. Toda justificação concreta pode ser questionada à luz de um ponto

---

38 De modo mais amplo, cf. Forst, *Das Recht auf Rechtfertigung*, esp. cap. 1, 9 e 11.

39 Sobre essa dimensão reflexiva, cf. também Young, *Justice and the Politics of Difference*; e Fraser, *Scales of Justice*.

de vista ampliado. Por isso não existe nenhuma falsa oposição entre a fundamentação "real" e a "hipotética": o que existe é o imperativo da melhor justificação prática possível.

Se considerarmos a práxis de justificação dessa maneira, então em sua base se encontra uma pretensão fundamental, a saber, a de ser um agente de justificação pleno e em igualdade de direitos com o outro, que pode participar na práxis de justificação crítica ou contracrítica. O modo como se desenvolveram nossas gramáticas da justiça e dos direitos que as pessoas possuem se apoia nessa pretensão fundamental: quaisquer que sejam as normas e instituições às quais as pessoas estão submetidas, elas sempre possuem o direito básico de investigar as razões e de questioná-las. Visto dessa forma, elas possuem o direito de não estar submetidas a normas ou instituições que não lhes possam ser adequadamente justificadas na qualidade de agentes iguais. Na terminologia conceitual kantiana, esse *direito à justificação* – e o respectivo dever – é um imperativo categórico.

Essa pretensão fundamental, esse direito (no sentido de uma pretensão concreta que não pode ser rejeitada, a qual corresponde a um dever aos outros), não se apoia em um documento ou em um acordo universal entre os representantes das muitas culturas ou religiões possíveis. Ela é sempre reivindicada e afirmada onde alguém coloca em dúvida determinadas relações de dominação [*Herrschaft*] ou de dominação arbitrária [*Beherrschung*] – ou seja, formas de dominação das quais se duvida que possam ser justificadas de modo recíproco e universal. Aqui está a origem das reivindicações por dignidade, justiça e direitos humanos, e temos de manter essa origem sob nossos olhos quando refletimos em termos conceituais. O direito

Justificação e crítica

fundamental que tenho em mente é o direito básico de não ser dominado (*nondomination*), mas é mais específico do que isso, pois expressa um direito ativo, o de ser um sujeito (e não um objeto) de justificação, e remete ao modo correto de justificação: o discurso entre iguais.[40] Quando os participantes de determinadas práticas sociais de justificação colocam uma questão de justiça radical ou reivindicam os direitos humanos – na qualidade de direitos que nenhum outro pode negar com boas razões –, eles não seguem algum roteiro "ocidental" ou outro qualquer. Antes, eles se recusam a serem dominados de determinada forma, rejeitam a ordem de justificação existente e exigem uma nova, na qual se tornam agentes de justificação críticos e autônomos. A gramática da justiça ou dos direitos fundamentais surge sempre de uma gramática do protesto social concreto, porém tem uma estrutura universal – a do "andar ereto", como foi formulado por Ernst Bloch – e uma fundamentação discursiva ampla.[41] Tais agentes não querem que seus próprios governantes nem os de fora lhes digam como devem viver e o que estão justificados a fazer. Eles próprios querem determinar sua vida social – e, sobretudo, não querem mais ser considerados pessoas que não são levados em conta na justificação. Esta é a reivindicação fundamental da justiça.

É sob essa luz que se revelam a verdade e a falsidade da objeção do etnocentrismo. É plenamente legítimo recusar os padrões de "justiça" pré-fabricados que não podem ser justi-

---

40 Sobre isso, cf. Forst, A Kantian Republican Conception of Justice as Nondomination.

41 Bloch, *Naturrecht und menschiche Würde*. Sobre isso, cf. o cap. 4 do presente livro.

ficados diante dos concernidos e suas concepções culturais e sociais. Mas essa recusa é ela própria normativa, e está fundamentada no mesmo direito à justificação que esbocei anteriormente. O que nos deveria orientar em nossa reflexão sobre a justiça são as perspectivas daqueles que apresentam suas exigências justificáveis nos conflitos sociais, e o etnocentrismo viola essa exigência. Ele próprio é uma forma de dominação. Por exemplo, a ideia de que os direitos humanos são uma descoberta "ocidental" e que, portanto, são uma propriedade do "Ocidente" e possuem determinados pressupostos culturais e religiosos no cristianismo acaba retirando esses conceitos, em sua forma equivocadamente universalizada e em sua forma relativista cultural, das mãos daqueles que os usam e os definem em sua luta por justiça. Nisso consiste ao mesmo tempo a *dialética da crítica do etnocentrismo* e sua falsidade, pois, muito frequentemente, aqueles que querem defender os contextos culturais contra a dominação ocidental acabam reificando os direitos humanos e também o conceito de Ocidente, e, com isso, acabam reservando os direitos humanos somente para uma única sociedade – e impedem que outros os usem para seus próprios anseios, sejam os monges budistas em Mianmar, as feministas muçulmanas no Egito ou na Indonésia, os trabalhadores escravos nos países africanos ou os dissidentes chineses, como Liu Xiaobo. Quem acredita que a democracia e os direitos humanos são uma propriedade do Ocidente e que só valem em tais culturas não compreende a gramática normativa desses conceitos, tanto no que se refere à sua gênese histórica quanto em relação à sua importância para nossos conflitos atuais. A crítica do etnocentrismo, quando praticada ao extremo, pode acabar silenciando aqueles em nome dos

Justificação e crítica

quais ela pretende falar. Ela acaba praticamente expatriando os dissidentes locais, quando externamente diz que os dissidentes estão presos a concepções culturais "estranhas".

Em termos conceituais, o conceito de justificação serve, portanto, como elo importante entre a justiça e a paz. As práticas da justiça se apoiam em determinadas justificações que, por sua vez, precisam ser produzidas por práticas de justificação adequadas – e "adequadas" significa, em termos reflexivos, que elas devem ser definidas por aqueles que sustentam essas práticas. Esse é um processo reflexivo e, em princípio, aberto, que começa quando a primeira pessoa disser "não" a uma ordem normativa. Desse modo, a justiça e a democracia – como seu *medium* político – estão vinculadas de modo imanente, assim como no princípio da publicidade em Kant. A "paz" é o conceito para uma forma importante de não dominação que superou as ameaças e o uso da violência. Ela evita considerar o outro como um inimigo que deve ser retirado do caminho ou ser dominado – ao extremo, considerá-lo como alguém que não é levado em conta na justificação. A guerra é uma fuga da justificação como prática social, embora aqueles que conduzem a guerra sempre encontrem razões para ela ou, pelo menos, afirmem muitas vezes que estão reagindo a uma injustiça (ou fingem que estão reagindo). Como toda prática humana, a guerra não se situa fora do âmbito inteligível, embora, em sua realidade, tenha a tendência de construir um mundo de justificações próprias. No final das contas, a guerra substitui a moral do respeito mútuo por uma outra normatividade, na qual os outros são meros objetos. Por isso, exigir a paz é reivindicar a reentrada no âmbito da justificação recíproca. Nessa perspectiva, a justiça e a paz são práticas de justificação semelhantes. Os estados de

145

paz, quando são minimamente equânimes, podem ser a base para o desenvolvimento de futuras relações de justiça.

Para esclarecer os problemas que surgem quando se desconsidera a perspectiva dos participantes, pode ser útil dar uma olhada na concepção de direitos humanos que encontramos na abordagem que chamei de "liberalismo prudente".[42] Mais uma vez, este parte de uma ideia importante. Segundo Rawls, os direitos humanos são "um tipo de direitos com um papel específico em um direito dos povos razoável: eles colocam restrições às possíveis razões para justificar as guerras e as formas de conduzi-las, e limitam a autonomia interna de um regime".[43] A primeira função dos direitos humanos é limitar a soberania, isto é, eles devem ser garantidos pelo Estado e, no caso de violações dos direitos humanos, o Estado deve assegurar sanções contra elas. Assim, os direitos humanos estão em uma relação delicada com as questões da paz e das possíveis intervenções. Nas palavras de Charles Beitz, que defende uma posição semelhante, os direitos humanos são um tipo de direito cuja grave violação "é considerada, pelos que estão de fora, como uma justificação para pôr um fim, impedir ou reparar tais violações".[44]

É claro que as concepções de direitos humanos de Rawls e Beitz são diferentes, mas elas estão de acordo ao argumentarem a favor de uma lista mínima de direitos que, em Rawls, se limitam à igualdade de direitos dos cidadãos e cidadãs e ao direito à justificação democrática, e em Beitz, do mesmo modo,

---

42 Sobre o que se segue, cf. Forst, *Das Recht auf Rechtfertigung*, cap. 9 e 10, e o cap. 2 do presente livro.

43 Rawls, *Das Recht der Völker*, p.97.

44 Beitz, *The Idea of Human Rights*, p.42.

Justificação e crítica

referem-se à participação democrática e à igualdade de gênero. A razão para isso consiste em procurar evitar uma interpretação "ocidental" e supostamente "paroquial"[45] desses direitos, que as demais sociedades estariam coagidas a aceitar. E para impedir que tal imposição possa assumir a forma de uma intervenção violenta, ambos defendem uma concepção reduzida dos direitos humanos. Porém aqui, mais uma vez, está operando uma "dialética negativa", por assim dizer: com a tentativa de evitar o paroquialismo, cada vez mais se afunda nele.

O problema principal está em reduzir os direitos humanos à função de limitar a soberania no âmbito internacional e servir de abre-alas para possíveis intervenções do exterior. Com isso, a finalidade *intranacional* e primária desses direitos, que consiste em estabelecer uma estrutura básica interna justificada em termos políticos e sociais entre os participantes, acaba ficando em segundo plano. Acabamos distorcendo as coisas quando o ponto de vista intervencionista define o que vale como direitos humanos. Pois, em primeiro lugar, trata-se da questão de saber quais direitos humanos teriam de ser garantidos pela autoridade política. A partir disso, caberia então perguntar que tipo de estruturas jurídicas seriam necessárias, no plano internacional, para controlar e, se for o caso, exigir que isso aconteça. Por fim, o último passo seria encontrar instituições supranacionais legítimas para as possíveis intervenções e os seus respectivos princípios, como meios de *ultima ratio* em determinadas formas de violação dos direitos humanos. Porém, essas formas não determinam a totalidade do que os direitos humanos abrangem. A limitação da soberania a partir do exterior não é a primeira

---

45 Rawls, *Das Recht der Völker*, p.80.

questão dos direitos humanos. Antes, esta reside ali onde se trata das condições de possibilidade fundamentais para uma dominação política legítima. A práxis interna precede a práxis externa. O direito internacional e a política de intervenção seguem uma lógica dos direitos humanos, porém eles não a definem. E essa lógica não é simplesmente uma lógica mecânica, pois muitos fatores precisam ser levados em conta quando se trata da questão de possíveis intervenções.[46] As violações dos direitos humanos questionam a legitimidade interna de uma ordem de dominação, mas não levam necessariamente a dissolver a posição independente desse Estado no âmbito internacional. Em suma, a dimensão central dos direitos humanos se mostra somente *a partir de dentro*, da perspectiva daqueles que lutam por uma ordem justa em sua sociedade.

Um ponto de vista teórico crítico considera que os direitos humanos estão fundamentados no direito à justificação, portanto, a primeira tarefa dos direitos humanos é ajudar a realizar esse direito em uma sociedade. Nem uma autoridade interna, nem uma externa podem definir legitimamente como vai se dar esse processo; só os procedimentos de justificação recíproca e universal podem fazê-lo. Os direitos humanos expressam as pretensões sem as quais as pessoas não estão asseguradas — em termos procedimentais e substantivos — em seu *status* como sujeitos de justificação. Essa concepção é ao mesmo tempo universalista e contextualista, pois preserva o caráter

---

46 Sobre isso, cf., por exemplo, Buchanan, *Justice, Legitimacy, and Self-Determination*, e a concepção cética em Cohen, Whose sovereignty? Empire versus international law. Também cf. Doyle, Ethics, Law and the Responsibility to Protect.

Justificação e crítica

universalista desses direitos e também a ideia de sua determinação discursiva e politicamente autônoma. A ideia central é que os direitos humanos seguem uma determinada gramática da justiça e da não dominação que rejeita completamente uma definição etnocêntrica desses direitos, seja aquela adotada pelo Ocidente ou aquela adotada pelos governantes não ocidentais. A autoridade para definir esses direitos reside somente nos próprios concernidos ou legitimados, que possuem o direito fundamental de eles mesmos definirem esses direitos de modo recíproco e equânime. É isso o que dissidentes como Liu Xiaobo reivindicam, e ninguém tem o direito de declará-los "de fora" ou estranhos — ou de instrumentalizá-los para fins particulares.

Nesse contexto, também é problemático considerar que os direitos humanos estão fundamentados em um "consenso sobreposto" intercultural.[47] Não se pode confundir isso com o uso que o próprio Rawls faz do *overlapping consensus*, que não se refere a essas questões de âmbito internacional. Rawls usa esse conceito somente para explicar a estabilidade de uma sociedade pluralista.[48] Na discussão sobre os direitos humanos, Rawls é atualmente usado para colocar esses direitos no centro de um consenso entre culturas e sociedades ou Estados, que continuam a ter suas próprias razões para aceitar esses direitos. Algumas observações sobre isso. Em primeiro lugar, depende muito saber se deve ser um consenso de fato ou um consenso ideal. Se tiver de ser um consenso real, como defendem (de

---

47 Taylor, Conditions of an Unforced Consensus on Human Rights; Gosepath, Der Sinn der Menschenrechte nach 1945.
48 Rawls, *Politischer Liberalismus*, cap. 4.

maneiras diferentes) Stefan Gosepath e Harald Müller, não fica claro, por um lado, como a existência desse consenso pode ser testada, especialmente quando a prática não o confirma. Por outro lado, mesmo se fosse um consenso a ser alcançado, como em Müller, coloca-se o problema de que se está pressupondo aquilo que na verdade deveria ser fundamentado. Visto que deve ser um consenso justificado, teriam de participar não somente os governantes e os representantes oficiais das sociedades, dos Estados, das regiões ou das religiões, mas também os respectivos dissidentes, e um discurso desse tipo certamente pressupõe normas que teriam de ser definidas *a priori* (o que de fato Müller acaba fazendo). Também se poderia perguntar como poderiam ser evitadas as concepções essencialistas sobre culturas que são questionadas interna e externamente. E poderíamos ainda perguntar: se tal consenso fosse realizado (majoritariamente), mas em detrimento de direitos como o da participação democrática ou da igualdade de gênero – o que isso significaria para a validade desses direitos?

Agora, se o consenso sobreposto deve ser entendido como um consenso ideal ou imaginado, então estamos falando dele em termos metafóricos, pois se trata de um argumento filosófico contrafático que pode estar mais ou menos justificado. Porém, em termos conceituais, pode-se perguntar se um consenso sobre certos direitos, no qual as *razões* pelas quais concordamos *não são compartilhadas*, pode mesmo ser chamado de "consenso". Supondo que entramos em acordo sobre o direito à liberdade religiosa, porque o partido A acredita que somente assim a verdadeira religião pode se desenvolver e a crença em Deus só pode ser voluntária, enquanto o partido B acredita que ela seria o melhor caminho para a paz social, e o partido C supõe que é a melhor maneira para fazer com que o falso poder da religião desapareça da cabeça das pessoas. Mas, quando se trata a interpretação desse direito em casos de blasfêmia, de apoio às igrejas, igualdade de confissões etc., é questionável saber a qual "consenso" essa disputa pode recorrer para fazer valer o direito à liberdade religiosa. Assim, quando se trata das questões fundamentais da justiça, as razões para os direitos e os princípios fundamentais desempenham um papel importante, e um consenso só existe onde existem as razões compartilhadas sobre esses direitos e princípios, e não onde concordamos, mais ou menos de modo contingente, sobre determinadas coisas, sem compartilhar uma convicção.

Isso não significa, por exemplo, que a gramática dos direitos humanos não seja compatível com determinadas convicções religiosas e metafísicas de fundo, e que ela tenha de negar sua gênese a partir de diferentes contextos culturais. Essa adaptação é uma tarefa dos próprios participantes e, nesse caso, "compatibilidade" significa que o princípio do respeito mútuo das pessoas com um direito à justificação tem de encontrar um lugar central nas diversas visões de mundo. Permanece um aguilhão crítico nessas visões e, caso sejam de natureza paternalista ou autoritária, acabará transformando-as. Quando refletimos criticamente sobre os direitos humanos e os princípios fundamentais da justiça, sabemos que eles sempre se desenvolveram a partir de contextos concretos e de estruturas de dominação — e que, portanto, a pretensão de não mais ser dominado e de ser um sujeito de justificação é fundamental. Essa é a verdadeira origem dos direitos humanos, seu contexto de surgimento específico — um contexto de poder, cultura e conflito, e não uma abstração ou descoberta filosófica. Mas, mesmo assim, minha reconstrução é kantiana. Aqui, o imperativo categórico significa sempre respeitar as outras pessoas como sujeitos de justificação com igualdade de direitos. Esse ponto de vista nos previne de interpretar mal, de modo paternalista, os direitos humanos e a política dos direitos humanos, seja de uma perspectiva etnocêntrica ou (supostamente) crítica ao etnocentrismo.

5. Portanto, existe uma ordem normativa entre a justiça e a paz no espaço de razões segundo a qual a justiça representa o princípio com o qual avaliamos uma política da paz — orientados pela concepção de que a paz e a justiça visam ambas a uma ordem normativa em que predominam as relações justificadas entre as pessoas, isto é, as relações nas quais as pessoas se respeitam e não dominam umas às outras. Isso não significa que no interior dessa ordem não possam surgir conflitos, por exemplo, em termos históricos, entre as prioridades de uma política da segurança e da paz e uma política da justiça. Porém, estes não são conflitos entre valores independentes, como "segurança", "paz", "ordem" ou "justiça", mas sim diferenças no interior do âmbito da própria justiça, pois também o argumento que atribui prioridade à segurança e à paz procura evitar relações sociais em que predominam a dominação e a violência sociais em detrimento das pessoas vulneráveis e inocentes. A justiça tem muitos aspectos que podem levar a decisões difíceis. Nos conflitos sociais, assegurar a paz é, muitas vezes, com boas razões, a prioridade correta, pois sem ela as instituições justas praticamente não conseguiriam se desenvolver. Mas isso também significa que essas políticas devem ser avaliadas conforme sua sustentabilidade do ponto de vista da justiça, pois, no final das contas, não pode haver nenhuma paz onde predo-

Justificação e crítica

mina a injustiça e a dominação social. Penso que isso é verdadeiro tanto do ponto de vista empírico como do normativo.

Uma lição importante da análise da(s) ordem(ns) normativa(s) da justiça e da paz consiste em considerar a verdade e também os problemas da crítica, que antes chamei de "irritante". Ela nos lembra dos perigos de uma instrumentalização política de concepções de justiça reificadas e unilaterais, sejam "liberais" ou "democráticas" ou as que cabem no conceito "segurança". Por isso, uma concepção da justiça ou dos direitos humanos, compreendida corretamente, deve ser de natureza reflexiva: aquelas normas ou direitos que erguem a pretensão de validade universal devem merecer essa validade. Eles devem ser justificáveis diante daqueles que correm os riscos de serem as vítimas da dominação, seja de um governo autoritário ou daqueles governos que se outorgam representá-los ou libertá-los. A justiça deve ser colocada nas mãos daqueles que são dominados sem uma boa razão e não são respeitados como sujeitos de justificação. Claro, isso não quer dizer que eles tenham a posse da justiça e que possam dispor dela: o que possuem é a pretensão justificada de codeterminar o que deve ser o justo para eles. Por isso, o princípio da justificação é um princípio superior que vincula a justiça e a paz, e, do mesmo modo, inclui o conceito de democracia na qualidade de *medium* da justiça, e os direitos humanos como a expressão do respeito que as pessoas livres e iguais devem umas às outras. Para citar outra vez *À paz perpétua*, de Kant: "o direito dos seres humanos deve ser considerado sagrado, por maiores que sejam os sacrifícios que o poder dominante precise fazer".[49]

---

49 Kant, *Zum ewigen Frieden*, p.380.

II
Justificação, reconhecimento e crítica

4
O fundamento da crítica:
sobre o conceito de dignidade humana
nas ordens sociais de justificação

1. Ernst Bloch chamou atenção, de modo particularmente enfático, para o valor central que o conceito de dignidade teve – e, deve-se acrescentar, continua a ter no presente – nas lutas históricas contra as diversas formas de dominação injustificada. O "andar ereto", o fim da humilhação e da ofensa – essa é a exigência mais forte, em termos políticos e também retóricos, afirmada na reivindicação "pelos direitos humanos". Com ela emerge, da imanência dos conflitos sociais, um ponto de referência radical que transcende o contexto, que questiona, em termos fundamentais, a usual oposição entre a crítica transcendente e a crítica imanente. Pois, no idioma que exige o respeito aos direitos humanos, reivindica-se um direito "aqui e agora", de uma forma determinada, vinculada ao contexto, que em seu cerne cabe a todo ser humano na condição de pessoa. Assim, Bloch afirma, em um sentido correto, que os direitos humanos não são naturalmente "inatos", mas têm de ser conquistados.[1] Porém, em um outro sentido, essa luta só pode desdobrar seu

---

1 Bloch, *Naturrecht und menschliche Würde*, p.215.

poder porque possui uma âncora normativa que não pode ser de modo algum removida. Quando essas disputas sociais são compreendidas de modo correto, mostra-se que elas sempre atingem "dois mundos": por um lado, a realidade social que, por outro lado, é criticada, em parte ou de modo radical, à luz da dimensão normativa ideal. Porém, não existe dúvida alguma, por parte daqueles que fazem essa crítica, que a dimensão normativa não é menos real do que a realidade à qual não querem se sujeitar. Quem transcende criticamente a realidade também vive sempre em outro lugar.[2]

Da perspectiva da filosofia social, existe uma assimetria entre mostrar os múltiplos fenômenos de "degradação"[3] e o problema filosófico de fundamentar onde a pretensão essencial da dignidade está ancorada. É dito que os seres humanos são "invioláveis" em sua dignidade, mas o que isso quer dizer e de onde vem essa posição especial? Contra a visão de que qualquer resposta a essa questão precisa necessariamente de fundamentação religiosa transcendente e verdadeira,[4] nas breves observações que farei a seguir eu argumento a favor de uma concepção normativa de pessoa, reconstruída historicamente e, ainda assim, transcendente ao contexto, como o fundamento de pretensões morais básicas e como "fundamento da crítica" às normas sociais em geral – uma concepção de pessoa

---

2 Sobre o tema da utopia, que desempenha um papel aqui, cf. Forst, *Utopia e ironia: sobre a normatividade da filosofia política do "lugar nenhum"*, neste livro.

3 Cf. Margalit, *Politik der Würde*; Honneth, *Kampf um Anerkennung*; e Honneth, *Unsichtbarkeit*.

4 Por exemplo, Waldron, *God, Locke and Equality*; Stein, *Himmlische Quellen und irdisches Recht*.

como sujeito que fundamenta e justifica, isto é, como sujeito que "precisa", ou seja, que usa e necessita de justificações para poder conduzir uma vida "humana digna" entre os seus semelhantes. Reconhecer essa dignidade significa considerar as pessoas como sujeitos com um *direito à justificação* de todas aquelas ações que as atingem em um sentido moralmente relevante – e considerar que toda pessoa moral tem o dever de se justificar. Do ponto de vista reflexivo, esse direito é entendido como o direito mais fundamental, visto que é o pressuposto para sermos capazes de existir e nos orientarmos no espaço social como um "espaço de razões". Essa existência social significa poder produzir e exigir razões e, com isso, poder viver ao mesmo tempo em dois ou três mundos: o mundo das justificações normativas dadas e o mundo das justificações normativas consideradas justas ou mais justas (sem pensar que ali elas já estão prontas e disponíveis em um sentido platônico), e o mundo da crítica e da controvérsia, que vincula a ambos. Nesse sentido, entender as sociedades como *ordens de justificação* não implica dizer que elas não contêm contextos de justificação e de narrativas complexos e plurais. Apenas significa dizer que existem pretensões fundamentais que perpassam esses contextos e exigem uma nova ordem. Compreender a nós mesmos, em termos normativos, como pessoas autônomas no espaço normativo das próprias razões, transforma-nos em sujeitos "críticos" que nunca obedecem somente a uma dada ordem de justificação.[5]

---

5 Aqui, não tenho como detalhar como essa concepção de ordem de justificação (que é usado nas pesquisas de Frankfurt em A formação das ordens normativas – www.normativeorders.net; sobre isso,

2. Começo com algumas observações sobre a fenomenologia da dignidade.[6] Diferentemente da dignidade de um artesão que considera "abaixo de sua dignidade" realizar ou dever realizar um trabalho subalterno, a "dignidade humana" define um *status* que cabe ao ser humano na qualidade de ser humano, independentemente de sua identidade específica. Formulada a questão em termos negativos, qual é a ofensa mais pesada a essa dignidade? Aqui, as intuições divergem, e mencionam-se coisas como ter de viver na pobreza, estar excluído socialmente ou, pior, ser violado em sua integridade física. Logo, parece natural a ideia de que a dignidade humana exige que se tenha os meios que ajudem a evitar a vida na pobreza, a exclusão e a tortura. A tendência é pensar em necessidades básicas e delas inferir que é necessário um estado social substantivo, uma "base humanitária",[7] que torne possível uma "existência humana digna". Contudo, com esse foco nos componentes passivos da dignidade humana em detrimento dos componentes ativos, não se percebe que viver na pobreza não viola a dignidade humana em todos os casos – por exemplo, quando ocorre uma catástrofe natural em que uma comunidade é lançada sem recursos em uma situação de emergência. O que em primeiro lugar viola a dignidade dos seres humanos é *terem de* viver na pobreza, isto é, serem *obrigados* a isso, e, mais precisamente,

---

cf. Forst e Günther, Die Herausbildung normativer Ordnungen) se relaciona com o conceito de *cité* usado por Boltanski e Thévenot em *Über die Rechtfertigung*. Sobre a análise dos "contextos de justificação", cf. Forst, *Kontexte der Gerechtigkeit*.

6 Nas próximas seções, sigo em linhas básicas Forst, Die Würde des Menschen und das Recht auf Rechtfertigung.

7 Krebs, *Arbeit und Liebe*, p.133.

Justificação e crítica

serem obrigados por outros seres humanos, que provocaram essa situação, ou ao menos poderiam tê-la superado e não o fizeram – já que simplesmente ignoram ou dão uma solução insuficiente às reivindicações dos concernidos. Isto é violar a dignidade: ser desprezado, não ser levado em conta, ser "invisível" do ponto de vista da legitimação. Portanto, nas questões sobre a dignidade humana, não se trata de pensar em fins, *estados de coisas* (objetivos ou subjetivos), mas em *relações* sociais, em processos, interações e estruturas que produzem estados de coisas, e do *status* dos indivíduos nessas relações. Assim, também é possível explicar por que determinadas formas de *auxílio* à pobreza, por exemplo, através da mera benevolência daqueles que até agora ignoraram os pobres ou através de uma burocracia que se digna a tratar das "classes mais baixas", não são menos degradantes do que a própria pobreza.[8]

O fenômeno central da pobreza não é, portanto, a ausência de meios para uma "existência humana digna", mas sim a violação consciente do *status* moral de ser um sujeito a quem se devem justificações sobre as relações e as ações individuais existentes; é o fenômeno da "invisibilidade"[9] do ponto de vista da legitimação, de ser dominado sem uma fundamentação suficiente. Isso pode assumir formas mais ou menos drásticas, que vão desde formas de exclusão social até a tortura física. Porém, em termos estruturais, o cerne permanece o mesmo: que é negado meu *direito* à justificação, mais especificamente nega-se a justificação *recíproca* em pé de igualdade. Ser reconhecido em minha dignidade como ser humano significa, de

---

8 Margalit, *Politik der Würde*, cap. 13 e 14.
9 Apresentado em termos literários em Ellison, *Invisible Man*.

modo geral, não ser desprezado nas questões que me atingem em termos essenciais.

3. Esse significado do conceito de dignidade também se mostra em sua história. O ser humano a quem se atribui a dignidade, seja tomando como referência sua força interior, como nos estoicos,[10] seja o *status* como cidadão livre na cidade, como no republicanismo, sempre foi o sujeito que não era dominado por forças estranhas ou não autorizadas a isso: o sujeito que se autodetermina seja em termos políticos ou em termos pessoais – em Cícero, paradigmaticamente em ambos os casos.[11] "A liberdade diante da arbitrariedade", na qualidade de agente e objeto da ação, é a conotação originária da dignidade, e ela

---

10 Sobre a "verdadeira nobreza" e a atitude em relação aos escravos, cf. Sêneca, *Cartas a Lucílio*, cartas 44 e 47.

11 Cícero, *De officiis – Vom plichtegemäßen Handeln*, p.95; Id., *De re publica – Vom Gemeinwesen*, p.217. Pettit toma essa ideia que está na base do republicanismo como uma petição emancipatória do domínio: "*The grievance I have in mind is that having to live at the mercy of another, having to live in a manner that leaves you vulnerable to some ill that the other is in a position arbitrarily to impose; and this, in particular, when each of you is in a position to see that you are dominated by the other, in a position to see that you each see this, and so on*". [A injustiça que tenho em mente é aquela de precisar viver à mercê de outro, ter de viver de uma maneira que deixe você vulnerável a algum mal que o outro esteja em uma posição arbitrária de impor; e isso, em particular, quando cada um de vocês está em posição de ver que é dominado pelo outro, em uma posição de ver que cada um vê isso, e assim por diante.] Pettit, *Republicanism: a Theory of Freedom and Governance*, p.4. Porém, o conceito de liberdade aqui introduzido não pode ser adequadamente entendido sem o conceito de dignidade do sujeito de justificação, já que se trata da liberdade diante de um domínio exercido *arbitrariamente*. Cf. Forst, A Kantian Republican Conception of Justice as Nondomination.

significa poder agir ou ser reconhecido como sujeito com deveres e direitos de justificação.

A ênfase cristã em um *status* de respeito especial a todos os seres humanos, que Deus criou "à sua imagem", só adquire sua importância quanto aos direitos humanos em um contexto *político*: nos conflitos em que os seres humanos reivindicam os direitos "dados por Deus" contra as formas de dominação tirânica.[12] Portanto, deve-se corrigir a concepção de que o cristianismo seja visto, em termos históricos (e também normativos), como o fundamento da concepção de dignidade que está na base dos direitos humanos. Antes, foram necessárias consideráveis reinterpretações (sobretudo um retorno aos antigos) para que o "ser humano" pudesse aparecer em sua natureza intrinsecamente terrena e ser respeitado incondicionalmente como pessoa, pois, tradicionalmente, a preocupação cristã central estava voltada exclusivamente para a alma da pessoa, e não para sua dignidade como ser livre: Agostinho e Tomás de Aquino não deixaram dúvidas de que a morte terrena representava uma mal muito mais leve do que a morte da alma. Em primeiro lugar, foi necessário formular uma nova compreensão da individualidade para que o ser humano terreno "em si" pudesse aparecer como ser moralmente autônomo e digno de respeito. A "autodeterminação sem determinação teológica e teleológica", na qualidade de uma ideia normativa central, não é uma conquista que possa ser atribuída ao cristianismo, mesmo que o protestantismo (e a ideia de responsabilidade individual perante Deus) tenha desempenhado certo papel nisso (mais uma vez, um papel ambivalente). Sobretudo deve-se lembrar

---

12 No que se segue, cf. Forst, *Toleranz im Konflikt*, especialmente cap. 3-6.

que os conflitos, nos quais se impôs a reivindicação da liberdade e da dignidade em termos de direito natural, foram, em sua grande maioria, conflitos em que se lutava contra as formas de domínio e dominação políticos religiosos legitimados de maneira tradicional. Via de regra, quem descobriu a liberdade foram os "hereges".

Visto de um ponto de vista sistemático, uma fundamentação religiosa dos direitos humanos é problemática porque os direitos humanos só podem ser atribuídos, em sentido pleno, àqueles que reconhecem nos outros a semelhança da imagem de Deus, ou seja, apenas aos crentes, de maneira que os ateus, em particular, não poderiam nem sequer entender por que os direitos humanos deveriam ser considerados verdadeiros.[13] E além dessa limitação da comunidade dos que praticam o respeito, essa fundamentação também limita potencialmente a comunidade dos que devem ser respeitados, pois parece ficar em aberto se e por que, por exemplo, deveriam ser toleradas as persistentes negação e desmoralização ateístas desse fundamento dos costumes e do direito. Assim, a atribuição da dignidade humana com base na religião, mesmo quando ela própria opera com conceitos universalistas, não consegue resgatar uma obrigatoriedade à pretensão universalista da dignidade humana que transcenda as fronteiras religiosas. Ela representa uma forma insuficiente de transcendência do contexto.

Em contrapartida, como já mencionamos, o conceito de dignidade humana está inseparavelmente vinculado ao de auto-

---

13 Sobre isso, de forma clara, cf. Spaeman, Über den Begriff der Menschenwürde, p.313, que defende a tese de que o "ateísmo retira, de modo definitivo, a fundamentação da ideia de dignidade humana".

Justificação e crítica

determinação,[14] com um significado ao mesmo tempo criativo e moral, que já contém um componente político: trata-se de não ser dominado por forças externas não legitimadas para isso. Portanto, trata-se de respeitar o ser humano em sua autonomia, como sujeito independente.[15] Kant definiu isso com a "dignidade de todo ser racional de ser um membro legislador no reino dos fins".[16] Ser esse membro legislador significa não ser desconsiderado do ponto de vista da legitimação e que os outros também não devem ser desconsiderados; significa estar subordinado à própria lei. Essa concepção de dignidade – e o respectivo respeito aos outros como "fins em si mesmos" – significa que os seres humanos devem ser considerados sujeitos

---

14 É assim que Mirandola, *Über die Würde des Menschen*, p.78, permite que Deus fale aos homens: "não constrangido por nenhuma limitação, deves autodeterminar tua própria [natureza], segundo o teu arbítrio, que te confiei".

15 Sobre o componente político, cf. especialmente Pufendorf, *Über die Pflicht des Menschen und des Bürgers nach dem Gesetz der Natur*, p.78. "O ser humano não é um ser vivo que só pensa em sua autoconservação. Também lhe foi dado um fino senso de autorrespeito, cuja violação não o atinge menos profundamente do que um dano ao seu corpo ou à sua riqueza. Inclusive na própria denominação ser humano parece se exprimir uma certa dignidade, de modo que o argumento último e mais efetivo para rebater a insolência de quem nos insulta é dizer-lhe: na verdade, não sou um cachorro, mas sim um ser humano igual a você." Disso Pufendorf deduziu os princípios do respeito igual e da justificabilidade recíproca de pretensões de justiça: "por isso cabe ao dever fundamental do direito natural que ninguém que não tenha adquirido um direito específico possa reivindicar para si mais do que os outros, mas antes admite que os outros desfrutem um direito igual ao seu" (p.79).

16 Kant, *Grundlegung zur metaphysik der Sitten*, p.439.

com um direito à justificação que deve ser incondicionalmente respeitado, um direito fundamental que é a base para todos os demais direitos fundamentais. *Possuir* a dignidade humana significa ser um membro com igualdade de direitos no reino dos sujeitos de justificação. Consequentemente, *agir* com dignidade significa poder se justificar aos outros. *Ser tratado* com dignidade significa ser respeitado como membro com igualdade de direitos. *Renunciar* à dignidade significa não ser mais considerado membro com igualdade de direitos, mas um inferior. *Tratar* sem dignidade os outros significa não ver neles nenhuma autoridade de justificação.

4. Cabem aqui alguns esclarecimentos sobre o conceito de justificação.[17] Sempre que se trata da justificação de ações moralmente relevantes em um contexto social, os critérios de *reciprocidade* e de *universalidade* são decisivos, visto que tais ações devem ser justificadas com normas que podem reivindicar uma validade recíproca e universal (conforme a gramática da moral). Se a partir da pretensão de validade dessas normas perguntamos, recursivamente, quais são as condições para seu resgate, os critérios de reciprocidade e de universalidade se transformam em critérios de justificação discursiva. Na fundamentação ou no questionamento de uma norma moral (ou um modo de ação), ninguém pode erguer determinadas pretensões que nega aos demais (reciprocidade de conteúdo) e não pode simplesmente presumir que os outros compartilhem suas perspectivas próprias, suas valorações, convicções, interesses ou

---

17 Para maiores detalhes, cf. Forst, *Das Recht auf Rechtfertigung*, especialmente a parte I.

Justificação e crítica

necessidades (reciprocidade de razões), de tal maneira que, por exemplo, queira representar o interesse "próprio" dos outros ou falar em nome de uma verdade absolutamente inquestionável, que está para além da justificação. E, por fim, não devem ser excluídas as objeções de nenhuma pessoa concernida, e as razões que devem legitimar uma norma devem poder ser compartilhadas (universalmente) por todas as pessoas.

Nos contextos em que se trata da garantia e do reconhecimento do *status* fundamental do sujeito de justificação no mundo político, todas as pretensões básicas devem consequentemente ser fundamentadas em termos recíprocos com base em cada um dos critérios. Com isso, existe a possibilidade de uma "construção moral" de determinados direitos humanos que não poderiam ser recusados aos outros sem violar a reciprocidade e a universalidade. Tais construções definem um conjunto básico de direitos – a proteção da personalidade, a participação política e a segurança material –, porém, *antes* desses direitos, existe o direito de não ser ignorado em nenhuma situação em que se trata da garantia desses direitos. Mais uma vez se mostra que o cerne moral da dignidade humana tem uma relevância política: o direito fundamental à justificação não apenas leva a direitos fundamentais substantivos, mas também visa sobretudo garantir a participação nos processos em que esses direitos fundamentais são formulados e fundamentados. Nesse sentido, é um direito de fundamentação que exclui as atribuições e negações paternalistas de direitos.

Assim, em um segundo nível, ao lado do construtivismo moral de natureza abstrata, deve-se pensar em um "construtivismo político" discursivo, de natureza mais fortemente contextualista, que procura descobrir quais direitos e pretensões devem valer em uma comunidade jurídica concreta – sempre sob a ressalva de um direito de veto recíproco de todos aqueles que correm o risco de serem deixados de lado. Desse modo, a lista abstrata de direitos humanos pode ser substancializada, política e juridicamente, em direitos fundamentais, sem que se perca o cerne de seu conteúdo, pois o direito de reivindicar – que, certamente, também deve ser institucionalizado do ponto de vista político – assegura que esse cerne continue existindo. O impulso político e moral dessa concepção de dignidade é o da crítica ao poder, e esse também é o impulso originário do discurso da "dignidade humana" e dos "direitos humanos".

5. Diante desse pano de fundo, o poder deve ser considerado primordialmente um fenômeno discursivo; claro – aparentemente de modo paradoxal – um fenômeno inteligível.[18] Ele consiste principalmente em poder organizar e influenciar, ocupar e, se for o caso – em um caso extremo –, dominar o espaço de razões, isto é, determinar os limites do que pode ser dito e pensado, e sobretudo do que é aceito e pode ser aceito. Por conseguinte, exercer o poder sobre os outros – isto é, em uma perspectiva muito geral, movê-los para pensamentos ou ações que de outro modo não teriam ou não realizariam – não é primordialmente uma questão sobre forças ou competição de vontades, mas sim sobre como direcionar as convicções das pessoas ou grupos, movê-las em uma determinada posição e mantê-las ali. Por isso, em um sentido geral, o poder não tem uma conotação negativa, pois todo espaço de razões é um espaço do "poder de justificações". O poder sempre deve ser

---

18 Sobre isso, cf. Forst, Noumenal Power.

Justificação e crítica

regenerado discursivamente e por isso precisa renovar-se continuamente; quando degenera em uma dominação sem razões suficientes, o poder só pode continuar dominando pela coerção ou pela violência. Por conseguinte, uma crítica do poder consiste fundamentalmente em questionar o espaço de razões e justificações existente. Ela consiste em romper as narrativas de justificação fixas e incrustadas e os complexos de razões que não podem mais ser mantidos de modo recíproco.

Deve-se observar que as relações de poder não possuem um sentido único, já que se apoiam em justificações plurais e repletas de tensões que admitem e, se for necessário, exigem a contradição (e o "contrapoder"). O poder está situado em um campo de justificações dinâmico. As passagens para formas de dominação – para sugerir uma tipologia heurística – acontecem quando as justificações (religiosas, tradicionais, metafísicas, econômicas, políticas etc.) se estabilizam em ordens de ação hierárquicas (deixando em aberto se se trata de uma dominação legítima ou ilegítima). A dominação arbitrária acontece quando o espaço de justificação está tão fechado (seja por hegemonias discursivas ou por ameaças que surtem efeito) que mal permite alternativas e nega o direito à justificação. A passagem à violência ocorre quando as pretensões de justificação são negadas e substituídas por outros meios de controle da ação. Na medida em que o espaço de justificação é vivenciado como "violência nua" [*nackte Gewalt*], desaparece o poder de agir baseado no reconhecimento, que fica reduzido à pura facticidade. O poder é a expressão de um vínculo por razões. Ele se rompe, assim como a autoridade que ele fundamenta, quando não mais se apoia na aceitação. Se isso significa o fim da subordinação, essa é uma outra história.

Diante desse pano de fundo podemos reformular o conceito de ideologia. As ideologias são complexos de justificação de relações de dominação que se esquivam de questionamentos críticos ao simularem o espaço de razões e ao passarem a impressão de que as relações de dominação são relações "naturais" (não modificáveis), "dadas por Deus" ou justificadas suficientemente por outras falsas maneiras. Com isso, as ideologias se desoneram do trabalho de justificação e fornecem explicações poderosas que impedem a crítica. Para analisar a "cegueira ideológica" não precisamos de um conceito problemático de "interesses verdadeiros", mas sim de uma concepção da pretensão fundamental à justificação recíproca, cujo resgate está bloqueado.

6. A ideia de dignidade do ser humano como sujeito com um direito à justificação torna possível analisar e refutar a objeção de que a concepção central da autonomia moral é uma representação puramente "ocidental", não universalizável – um problema específico de imanência e transcendência culturais.

Em primeiro lugar, temos de observar a diferença entre autonomia moral e autonomia ética. O dever de respeitar a dignidade humana significa não recusar a ninguém seu direito moral à justificação, e não implica a concepção de que somente a vida "escolhida autonomamente" (independentemente do que isso significa em termos concretos) é a vida "boa". A argumentação desenvolvida até agora não inclui nenhuma representação específica de formas de vida éticas e nenhuma afirmação sobre a vida boa. Por exemplo, as narrativas ideológicas desenvolvem seu poder através de determinadas representações e realizações do que vale como "vida boa". A crítica dessas narrativas pode

Justificação e crítica

assumir a forma de uma crítica ética, mas elas devem ser criticadas essencialmente em virtude de limitarem a autoridade de justificação dos indivíduos ou de determinados grupos.

Em segundo lugar, à fundamentação pragmática formal do direito à justificação, antes mencionada de forma bem resumida, pode-se acrescentar uma fundamentação imanente.[19] Assumindo que alguém queira defender (dito grosseiramente) a integridade de sua própria cultura "não ocidental" contra concepções morais "estranhas", o que essa pessoa diria? Ela iria se referir à integridade de sua cultura como uma unidade integrada culturalmente, e essa concepção de integridade e de integralidade incluiria a suposição de que essa integração não é mantida pela coerção, mas sim por uma aceitação interna. Isto, por sua vez, iria pressupor que ninguém estaria sistematicamente impedido de adotar uma atitude crítica em relação a essa cultura e exigir um direito à justificação e à participação. Essa exigência apela, portanto, à própria autocompreensão dessa sociedade; ela seria uma forma de crítica imanente. Assim, mostra-se que as estruturas políticas e sociais justificadas podem assumir formas extremamente diversas, e o projeto da política é descobrir essas formas. Porém, também se mostra que, em toda essa riqueza de formas, o direito fundamental à justificação e, com isso, um núcleo de direitos fundamentais, são os pressupostos incondicionais para falar de integração, unidade etc., e da própria justiça.

7. Até aqui, discutimos o direito à justificação preponderantemente do ponto de vista da filosofia moral e em termos

---

19 Cf. detalhadamente Forst, *Das Recht auf Rechtfertigung*, cap. 9.

políticos e históricos. Contudo, uma teoria crítica das relações sociais exige que se analisem sistematicamente as práticas de justificação de uma sociedade. As sociedades podem ser consideradas ordens de justificação sob diversos aspectos. Do ponto de vista histórico, as instituições sociais se baseiam em determinadas narrativas de justificação, e elas próprias podem ser de natureza plural e fornecer um espaço para a crítica imanente. Por uma perspectiva sociológica, podemos encontrar uma pluralidade de esferas normativas na sociedade, em que valem determinados valores e expectativas de justificação – por exemplo, a esfera do mercado, da família, da educação, da política –, esferas que podem ser analisadas como esferas de bens ou como contextos de reconhecimento e de justificação.[20] Assim, é possível criticar tanto a forma pela qual são estabelecidas e denunciadas publicamente as passagens entre as esferas, como também em termos internos, visto que as esferas estão longe de serem homogêneas do ponto de vista normativo: as opiniões na sociedade divergem sobre quais funções e quais valores o mercado ou a família devem incorporar.

Do ponto de vista da teoria política, existe certamente um espaço institucional que é de natureza reflexiva e que tem a tarefa de canalizar tais conflitos e de possibilitar uma solução: o sistema político como sistema que gera decisões vinculantes, que institucionalizou de modo suficiente as práticas democráticas de justificação em combinação com uma esfera públi-

---

20 Sobre esse último ponto, cf. Walzer, *Sphären der Gerechtigkeit*. De modo diferente, cf. Boltanski e Thévenot, *Über die Rechtfertigung*; Miller, *Grundsätze sozialer Gerechtigkeit*; Honneth, *Kampf um Anerkennung*; e também Forst, *Kontexte der Gerechtigkeit*.

ca discursiva. Nesse sistema, a crítica pode se manifestar não apenas sobre as diferentes esferas sociais, mas também sobre as condições da própria justificação política. Ela assume, então, a forma de uma crítica das relações de justificação.[21] Ela, porém, não só se refere às relações políticas em sentido estrito, pois as relações e as estruturas sociais mais amplas não apenas possibilitam a participação na justificação em um sentido relevante. Elas próprias são também contextos de justificação independentes, cuja configuração está em disputa. Como já foi dito, o poder discursivo[22] deve se formar nos discursos sociais e políticos que desafiam as justificações dadas e as estruturas de justificação existentes. Portanto, o espaço social se revela como espaço de razões e como espaço das lutas em torno da "hegemonia da justificação" (retomando Gramsci).

Portanto, a "crítica das relações de justificação" significa várias coisas. Em primeiro lugar, que a análise crítica não se limita apenas às relações políticas e sociais a serem justificadas, mas também inclui as dimensões econômicas e culturais — as relações de discriminação, de exclusão, de ausência da igualdade de direitos e da igualdade de oportunidades. Estas são relações que não podem ser legitimadas de modo recíproco e universal. Em

---

21 Sobre isso, cf. Forst, O que é mais importante vem primeiro: distribuição, reconhecimento e justificação, neste livro.

22 Diferentemente da concepção comunicativa de poder em Habermas, Hannah Arendts Begriff der Macht, com a qual concordo em parte, a concepção de poder discursivo antes esboçada inclui, por um lado, um componente mais fortemente polêmico — pode-se dizer, a coerção "ao" melhor argumento. Por outro lado, essa concepção de poder não tem conotação positiva nem negativa. Ela define simplesmente as relações no espaço social das justificações.

segundo lugar, significa que a crítica se volta às "falsas" justificações dessas relações, que se esquivam aos questionamentos e se apresentam como legítimas – desde imagens metafísicas do mundo até argumentos naturalizados.[23] Em terceiro lugar, significa uma crítica – em termos reflexivos – da ausência das próprias estruturas e instituições de justificação, necessárias para possibilitar as duas primeiras formas de crítica e ajudá-las a se tornarem efetivas. Nesse caso, trata-se de revelar e corrigir a distribuição desigual do "poder político de justificação" nos espaços políticos institucionais e informais. A pretensão fundamental de quem se refere à justiça política e social é a de estabelecer uma "estrutura básica de justificação".

8. As exigências de justificação – "formas específicas de crítica da sociedade" – podem se servir de diferentes linguagens normativas. A crítica "ética", por exemplo, refere-se à qualidade das relações vitais existentes, em uma forma mais ou menos abrangente; ela opera com as concepções de bem de uma vida bem-sucedida, que – por mais que se distanciem das costumeiras representações das formas de vida e revelem sua distorção – devem, no final das contas, se remeter à justificação entre os concernidos, pois no universo da justificação social não existe nenhum lugar para além do resgate discursivo; citando Habermas, em um processo de esclarecimento existem "somente os participantes".[24] Isso não obriga a crítica a adotar

---

23 Tanto esta como a próxima dimensão da crítica das relações de justificação evita que "princípios estabelecidos" de justificação pública prescrevam vias estreitas ao que pode ser criticado. Isso responde a uma objeção de Honneth, *Umverteilung als Anerkennung*, p.152ss.

24 Habermas, *Theorie und Praxis*, p.45.

Justificação e crítica

conceitos secos e formais, mas obriga que ela mesma se submeta ao ponto de vista da validade universal. Com isso, a forma "moral" da crítica permanece prioritária. Afinal, trata-se de saber quais estruturas sociais podem ser exigidas reciprocamente. Por exemplo, a superação real da "alienação", que está no centro de muitas formas de crítica ética, é a "apropriação" da estrutura básica social pelos próprios concernidos — tornando-a responsiva à suas reivindicações e passível de ser determinada democraticamente por eles.[25]

Para ser efetiva, toda crítica deve estar vinculada a motivos "imanentes" e "transcendentes". Por exemplo, quando os *levellers*, na época da guerra civil inglesa, exigiram um *direito inato* à liberdade religiosa e política, pensavam em seus direitos como cidadãos ingleses livres e em seus direitos "naturais"; quando, além disso, reinterpretaram em termos civis o contrato social de dominação como um contrato de trabalho revogável, quando reivindicaram a propriedade de si mesmos como vontade divina, eles combinaram argumentos tradicionais, revolucionários, religiosos e do direito racional, e formaram uma nova narrativa a partir do entrelaçamento das justificações existentes, que foi considerada suficientemente poderosa para legitimar a subversão de uma ordem de dominação.[26] Como já foi mencionado, a alternativa "imanência ou transcendência" está mal formulada nesse contexto histórico; ambos os momentos estavam necessariamente presentes nas reivindicações emancipatórias da época.

---

25 Na minha opinião, aqui não existe uma grande diferença em relação ao cerne da argumentação de Jaeggi, Kein Einzelner vermag etwas dagegen: Adornos Minima Moralia als Kritik von Lebensformen.

26 Mais sobre isso, cf. Forst, *Toleranz im Konflikt*, §15.

Para resumir, do ponto de vista estrutural, em todas essas linguagens da crítica existe um idioma reflexivo central: a dignidade de ser um sujeito autônomo que pode exigir e oferecer justificações. Este é o idioma da justiça, que não critica preferencialmente esta ou aquela instituição ou distribuição, mas, de forma mais radical, a estrutura total de uma ordem de justificação. Citando Horkheimer, "este é o conteúdo universal do conceito de justiça, segundo o qual toda desigualdade social dominante precisa de uma fundamentação racional. Ela deixa de ser considerada válida e se torna algo que deve ser superado".[27] O vínculo entre a justiça e a justificação é imanente: são injustas as relações que não podem ser adequadamente justificadas de modo recíproco e universal, e são profundamente injustas aquelas que impedem sistematicamente a própria práxis de justificação. Acabar com essas relações é a motivação mais forte das lutas históricas; e a palavra "dignidade" assume uma centralidade nessas lutas. O objetivo dessas lutas é formar uma estrutura social na qual os indivíduos sejam capazes de se reconhecer como sujeitos autônomos – mais precisamente, em um sentido político, como cocriadores das instituições que os vinculam.

---

27 Horkheimer, Materialismus und Moral, p.187ss.

5
O que é mais importante vem primeiro: distribuição, reconhecimento e justificação[1]

1. O debate entre Nancy Fraser e Axel Honneth coloca frente a frente as duas tentativas mais promissoras de construção de uma abrangente *teoria crítica da justiça*. Ao mesmo tempo, o antagonismo entre os respectivos enfoques nos lembra o clássico "cisma da crítica", ou, dito de modo mais preciso, a divergência entre duas linhas teóricas, ambas com suas raízes no discurso crítico do Esclarecimento e na tradição marxista. A primeira linha visa sobretudo superar as relações de *desigualdade* econômicas, sociais e políticas. Voltada para a esfera da economia política, a "exploração" foi e continua a ser seu tema central. A segunda denuncia principalmente o *empobrecimento* da vida pessoal e cultural sob o modo de produção capitalista

---

1 Este texto surgiu de várias discussões com Nancy Fraser e Axel Honneth, aos quais sou muito grato. Ambos responderam a minha crítica. Cf. Fraser, Identity, Exclusion, and Critique: a Response to Four Critics. Em sua resposta a minha crítica e em trabalhos posteriores, Nancy Fraser ampliou sua teoria de duas para três dimensões, incluindo a representação política. Cf. Fraser, *Scales of Justice*. Sobre a resposta de Axel Honneth, cf. Honneth, Rejoinder.

moderno e se refere primordialmente ao vocabulário crítico da "alienação", e não ao da exploração.[2]

É claro que essas duas formas de crítica foram e estão vinculadas uma a outra de vários pontos de vista.[3] Porém, continua a busca por uma teoria que possa integrá-los, pois as diferenças categoriais entre ambas as abordagens são evidentes. Enquanto a primeira linha se baseia em uma concepção de *justiça*, e tem como objetivo estabelecer relações políticas e sociais sem assimetrias de poder profundas e sem formas de dominação injustificadas, a segunda usa muito mais os conceitos éticos substantivos e qualitativos como instrumentos da crítica: a *autorrealização* "verdadeira", uma forma de vida "significativa" ou "ser *Aufgehoben*" nas diferentes formas de reconhecimento recíproco e de estima social.

Poder-se-ia ser tentado a analisar essa diferença a partir de Ernst Bloch, ou seja, como a divergência entre a doutrina do direito natural, orientada pela ideia de *dignidade*, e a doutrina da utopia social, que visa à realização da felicidade humana.[4] No entanto, essa não seria uma comparação muito apropriada, pois a crítica ética no sentido qualitativo não é nem necessariamente "utópica", em qualquer de suas formas, nem está livre de uma concepção de dignidade. Como Honneth deixa claro em sua obra, a reconstrução visa às diferentes formas de desrespeito, e também à respectiva construção de formas bem-sucedidas de reconhecimento a partir de uma concepção de

---

2 Em contrapartida, proponho uma interpretação política do conceito de alienação em Marx, em *Justice after Marx*.

3 Por exemplo, a obra de Rousseau é um caso típico desse vínculo.

4 Bloch, *Naturrecht und menschliche Würde*. Sobre a tradição utópica, cf. a seguir o cap. 9.

dignidade humana, definida de modo substantivo e histórico, e que deriva das lutas sociais. Contudo, a contraposição entre a dignidade e a felicidade capta algo da diferença teórica com a qual nos defrontamos nesse debate, pois ela reflete a diferença entre uma maneira essencialmente kantiana e outra hegeliana de compreender o empreendimento crítico. E isso não só porque os teóricos e teóricas da primeira tradição, como Nancy Fraser, fazem que os da segunda se lembrem que a "felicidade" ou a "vida boa" são conceitos razoavelmente contestáveis que, em sociedades pluralistas e em uma época pós-metafísica, não podem fornecer fundamento algum para as pretensões de justiça. Em contrapartida, os defensores da segunda tradição, como Axel Honneth, advertem aos primeiros que, ao final das contas, o objetivo superior das lutas pela justiça deve residir na possibilidade de uma vida boa e plena. Na minha opinião, o debate reflete questões mais profundas, que vão além disso, a saber, questões sobre como os seres humanos deveriam ser vistos na qualidade de sujeitos sociais, ou seja, reflete questões de ontologia social. Talvez se pudesse dizer que os representantes da primeira tradição como um todo partem de uma perspectiva de ontologia social mais fortemente "alienada" do que os da segunda, e que, por sua vez, aqueles que se ocupam principalmente com a alienação e com os outros fenômenos das "más" formas de vida pensam a partir de uma perspectiva ética que define a vida social "não reduzida" como aquela em que existe uma certa unidade — quando não uma *identidade* — entre indivíduo e sociedade.[5]

---

5 Sobre a ideia hegeliana de um "universal racional", cf. especialmente Honneth, Eine soziale Pathologie der Vernunft.

Somente por esse ângulo podemos entender por que os representantes da primeira abordagem, como Nancy Fraser, não concebem sua crítica da sociedade como uma crítica das "patologias" sociais. Com isso evitam o ônus de terem de provar o que seria, então, uma forma "saudável" de vida social – uma carga que Axel Honneth, em seu abrangente empreendimento teórico, procura reiteradamente formular sob novas formas, e mais precisamente em variações menos carregadas do ponto de vista metafísico. Honneth está convencido de que é preciso assumir essa tarefa quando não nos contentamos com uma forma reduzida de crítica que não consegue apreender a totalidade de uma forma de vida "falsa".[6] Parece-me que essa diferença coloca o problema fundamental com o qual nos defrontamos no interior do debate em torno do "reconhecimento" e da "redistribuição". É algo mais do que um outro debate ampliado sobre a justiça. Trata-se muito mais de uma discussão sobre a "moldura" apropriada do pensamento crítico, usando uma expressão (abstraída do contexto) dos trabalhos recentes de Nancy Fraser.[7] E se, como ela afirma, os debates sobre a moldura da justiça são sinais de um discurso "anormal" (em oposição aos discursos da "justiça normal", segundo uma linguagem neokuhniana), encontramos aqui uma outra forma de debate "anormal": não um debate em que apenas a estrutura política da justiça está em questão, mas em que estão em jogo as possibilidades normativas e metodológicas fundamentais de um pensamento sobre a justiça. Por fim, é também um debate que se pergunta se o conceito de justiça deveria ser o foco

---

6 Cf. Honneth, Patologhien des Sozialen.
7 Fraser, Abnormal Justice.

central quando fazemos teoria crítica. Nas minhas breves observações a seguir, pretendo tratar desses temas.

2. Considerar as teorias de Fraser e Honneth como as teorias "mais avançadas" já implica que ambos procuram superar o mencionado cisma clássico da crítica, se bem que de maneiras e formas diferentes. Nancy Fraser parte do diagnóstico de que as atuais sociedades capitalistas do Ocidente são marcadas por duas formas dominantes de injustiça — e experiências subjetivas — que muitas vezes estão vinculadas uma à outra: o sofrimento que decorre da falta de recursos baseada na desigualdade econômica e política, e o sofrimento que decorre da ausência do reconhecimento social e cultural do que se é ou como se é visto. Assim, ela propõe uma teoria bidimensional da justiça que busque estratégias "transformadoras" de redistribuição e de reconhecimento, unidas no esforço de estabelecer uma estrutura social básica em que predomine a *paridade de participação* entre todos os membros em relação aos aspectos mais importantes de sua vida social. Esse ideal de paridade não está baseado em um conceito substantivo de vida boa com reconhecimento recíproco. Pelo contrário, baseia-se em uma forma de "liberalismo deontológico denso (*thick*)"[8] que busca assegurar oportunidades iguais para conduzir a vida de modo autônomo (sem usar uma interpretação ética do significado de "autonomia"). Em contrapartida, Honneth propõe uma teoria "monista" do reconhecimento, que se baseia na análise das três diferentes esferas de reconhecimento — e na ideia de

---

8 Fraser e Honneth, *Umverteilung oder Anerkennung?*, p.267 (doravante citado como *UA*).

autorrealização, tornada possível por esse reconhecimento. Segundo sua concepção, a partir desse fundamento podemos não só identificar as diferentes formas de sofrimento – algo que não conseguiríamos se recorrêssemos a uma teoria como a de Fraser – como também podemos observar as dinâmicas sociais de diferentes lutas por reconhecimento, que são muito mais do que simplesmente lutas por reconhecimento "cultural". Antes, são também debates em torno da redistribuição econômica; em seu cerne, são controvérsias sobre como determinadas formas de trabalho e de contribuições ao processo econômico e social devem ser avaliadas e reconhecidas. Por fim, na visão de Honneth, a falta de um ideal substantivo de uma vida reconhecida nas esferas do amor, da igualdade jurídica e da estima social, faz que uma teoria da justiça seja vazia e formal, levando-nos a perder de vista o objeto da justiça: a vida boa.

Contudo, a teoria de Honneth não representa apenas mais uma tentativa de desenvolver um ponto final teleológico para uma justiça procedimental, ou de apresentar a sua dimensão substantiva; mas sim se trata da apresentação de um outro quadro de referência, mais abrangente, para o pensamento sobre a individualidade, a sociabilidade e a normatividade. Pois, ao enfatizar que sua teoria se apoia em uma consideração mais forte de crítica social *imanente* e também *transcendente*, Honneth reivindica que sua abordagem em termos de teoria do reconhecimento permite o acesso a uma dimensão da vida social e individual que possui "um potencial normativo que se realiza renovadamente em toda realidade social, pois está estreitamente amalgamado com a estrutura do complexo de interesses humanos" (*UA*, p.281). Em consequência, existe tanto uma lógica antropológica quanto uma lógica moral no interior de toda sociedade que remetem às experiências de desrespeito que só podem ser identificadas em uma perspectiva nuançada pela teoria do reconhecimento. Em contrapartida, abordagens como a de Fraser estão condenadas a permanecer no interior dos paradigmas convencionais de pensamento sobre a justiça, especificamente aos "objetivos já articulados publicamente", com o que não percebem "as formas prévias cotidianas de sofrimento social e de injustiça moral ainda não tematizadas, mas nem por isso menos urgentes" (*UA*, p.135).

Em relação a isso, Fraser insiste em uma forma mediada normativamente de acesso às experiências de sofrimento subjetivo (*UA*, p.324ss.) e enfatiza o caráter "não fundacional" (*nonfoundational*) de sua abordagem, que faz uma reconstrução crítica das "concepções da justiça social desenvolvidas no senso comum" (*UA*, p.238) – avaliadas segundo o padrão da paridade de participação que, segundo sua concepção, constitui o ponto central das lutas contemporâneas pela justiça.

3. Diante dos muitos aspectos e dimensões importantes desse debate, não posso assegurar que serei inteiramente justo no que se segue. Vou tentar levantar algumas questões que me parecem as mais importantes, nas quais desenvolvo uma terceira abordagem alternativa de teoria crítica da justiça no diálogo com as teorias de Fraser e Honneth. Vou denominá-la "o que é mais importante vem primeiro" – ou, em termos técnicos, *monismo da justificação e pluralismo na avaliação e no diagnóstico*.[9] A par-

---

9 Desenvolvi essa abordagem inicialmente em Forst, *Das Recht auf Rechtfertigung*. Uma versão mais antiga do argumento que se segue encontra-se em Forst, *Kontexte der Gerechtigkeit*, p.419ss.

tir dessa perspectiva posso explicar por que acredito que uma teoria do reconhecimento dispõe de um *sensor* indispensável para apreender as experiências de sofrimento social em geral e da injustiça em particular. Contudo, quando se trata do critério para *a justificação de pretensões de justiça*, é imprescindível uma abordagem em termos de teoria do discurso, deontológica e procedimental (o que não quer dizer que temos de nos limitar a uma abordagem procedimental "pura", sem componentes substantivos). Nas questões da justiça, temos de recorrer a uma gramática normativa de justificação específica, que está profundamente ancorada em nossos juízos normativos: ela funciona como um filtro que diferencia as pretensões justificáveis e as não justificáveis, que, por um lado, abre e, por outro, novamente limita, as possibilidades de surgirem reivindicações por justiça. Quando se pretende entender a justiça em um sentido crítico, não somente a abertura, mas também a restrição de tais reivindicações serve a um fim emancipatório. Por fim, é exatamente isso – e o respeito aos outros – que a razão prática exige nesse contexto.

Quero brevemente esclarecer a razão pela qual acredito que existe esse tipo específico de gramática da justiça. Quando falamos sobre a justiça política e social, falamos sobre os deveres (na terminologia kantiana, "perfeitos") que os membros de um dado contexto social e político possuem ao construírem instituições com base em normas que podem reivindicar legitimamente como normas válidas de modo recíproco e universal, e que devem ser obedecidas. Um *contexto de justiça* é sempre um *contexto de justificação* específico, no qual todas as relações sociais e políticas fundamentalmente relevantes, incluindo as relações econômicas, precisam de uma justificação recíproca e universal.

Justificação e crítica

Por isso, em termos reflexivos, os critérios de reciprocidade e de universalidade, de critérios de validade moral convertem-se em critérios de justificação discursiva. Observados sob essa luz, os contextos de justiça são, ao mesmo tempo, contextos de justificação que se apoiam nesses mesmos critérios. Em contrapartida, de uma perspectiva da teoria social realista, os contextos de justiça são, em primeiro lugar e em sua maioria, contextos de *injustiça* e, na verdade, é somente com a ajuda da análise crítica das diferentes formas de injustiça que se deve construir uma concepção de justiça. Por conseguinte, toda teoria da justiça exige uma teoria complexa da injustiça, e mais precisamente não só no sentido de uma descrição normativa, mas sim na forma de uma análise da sociedade. Ainda que uma análise desse tipo tenha de ser complexa e multidimensional, podemos formular, com a ajuda de um argumento recursivo, um *princípio de justiça reflexivo abrangente*: não pode haver nenhuma relação social e política que não possa ser justificada de modo recíproco e universal para aqueles que participam dos respectivos contextos políticos e sociais.

Se seguirmos essa concepção, então a justiça não se refere primordialmente *àquilo que alguém tem* (ou não tem), mas, em primeiro lugar, a *como somos tratados*. A justiça não é um conceito teleológico, visto que, em primeiro lugar, se apoia nos deveres deontológicos que dizem respeito àquilo que as pessoas devem umas às outras no interior dos contextos da justiça, e, em segundo lugar, que o olhar crítico não se orienta para o fato de que às pessoas *falta* algo que seria bom, mas antes para o fato de que *se priva* as pessoas de algo que elas poderiam reivindicar como razões recíprocas e universais que não poderiam ser rejeitadas. A justiça visa acabar com a dominação e o exercício arbitrário e injustificado do poder, seja em uma perspectiva política ou social em geral. Portanto, trata-se sobretudo da posição – do *status* – dos cidadãos com igualdade de direitos na vida política e social, isto é, como pessoas com um *direito fundamental à justificação*.[10] Os princípios fundamentais da justiça não demandam nenhum modo predeterminado de distribuição de certos bens. Antes, exigem que cada modo de distribuição seja definido no processo de justificação. É importante observar que podemos definir como justos ou equânimes arranjos diferentes e concorrentes entre si, dependendo de como todos os concernidos puderam participar do processo de surgimento daqueles arranjos, e se tiveram uma oportunidade suficiente de influenciar no resultado. Visto dessa perspectiva reflexiva superior, existe uma prioridade emancipatória da justiça democrática, que se concentra na igualdade de todos os membros de um contexto de justiça.

Essa concepção, diferentemente de Fraser, propõe uma abordagem monista da justiça que, todavia, não está baseada, como na teoria de Honneth, em uma descrição substantiva do reconhecimento e da autorrealização. Não obstante, pressupõe uma forma fundamental de reconhecimento: o reconhecimento do direito fundamental à justificação de cada membro da estrutura básica da sociedade em ser respeitado como participante em igualdade de direitos nos procedimentos de justificação socialmente efetivos. Esse é o cerne do que significa respeitar a dignidade humana nesse contexto.

---

10 Cf. Forst, *Das Recht auf Rechtfertigung*, e também "Duas imagens da justiça", neste volume.

Justificação e crítica

Existe a possibilidade de também interpretar a abordagem de Fraser como uma teoria "monista", visto que ela se baseia no princípio geral da "paridade de participação". No entanto, em sua teoria, o conceito parece servir para outros fins (cf. a crítica de Honneth, *UA*, p.300). Segundo uma interpretação, a paridade de participação define o *telos* para estabelecer estruturas sociais e políticas justas e, por conseguinte, é colocado como estado final da justiça:

> os que reivindicam a redistribuição devem mostrar que os arranjos econômicos existentes lhes negam os recursos e as oportunidades que são as condições objetivas necessárias para a paridade de participação. Os que reivindicam o reconhecimento devem mostrar que os padrões de valorização cultural institucionalizados lhes negam o respeito igual e/ou a igualdade de oportunidades de obter a estima social, que funcionam como condições intersubjetivas necessárias. Porém, em ambos os casos, a norma da paridade de participação é o padrão geral das reivindicações legítimas. (*UA*, p.58)

Segundo uma outra interpretação, mais preferida (também em relação aos trabalhos mais recentes de Fraser), a paridade de participação não é o objetivo, mas o meio prioritário da justiça: a paridade de participação garante o *status* político e social necessário dos cidadãos no debate democrático sobre as medidas políticas corretas de distribuição e reconhecimento: "a deliberação democrática equânime sobre o quanto as respectivas reivindicações por reconhecimento se justificam, exige a paridade de participação para todos aqueles que são efetiva ou possivelmente atingidos pela decisão. Isso, por sua vez, requer uma distribuição justa e um reconhecimento recíproco" (*UA*, p.64). Essa interpretação, contudo, implica um agnosticismo teórico mais rigoroso acerca dos objetivos da justiça do que Fraser admitia em outros lugares, segundo a primeira interpretação.

Para evitar incoerências e curto-circuito teórico sobre esse ponto, proponho fazer a distinção conceitual entre a justiça *fundamental* (ou *mínima*) e a justiça *máxima*, conforme o princípio superior da justiça (já mencionado).[11] A justiça fundamental exige o estabelecimento de uma *estrutura básica de justificação*, isto é, uma estrutura no interior da qual todos os membros disponham de um *status* e um poder suficientes para participar das decisões acerca das instituições sob as quais têm de viver. Em contrapartida, a justiça máxima implica a construção de uma *estrutura básica plenamente justificada*, isto é, uma estrutura básica que coloca à disposição aqueles direitos, oportunidades de vida e bens que os cidadãos de uma sociedade não podem negar reciprocamente. Provavelmente, a "paridade de participação" significa algo diferente em cada tipo de interpretação da justiça. Na forma da justiça fundamental, a paridade de participação abrange o direito efetivo à justificação no interior das instituições políticas e sociais "reflexivas", que se transformam democraticamente. Ela inclui essencialmente o poder de decidir sobre as instituições que regulam como os bens em geral são *produzidos* e *distribuídos*. Por conseguinte, quando argumentamos a favor de uma abordagem "transformadora" da justiça social – como também Nancy Fraser o faz (*UA*, p.23, nota 8) –, então temos de falar sobre as instituições equânimes de produção e de distribuição, e não prioritariamente sobre a

---

11 Cf. especialmente Forst, *Das Recht auf Rechtfertigung*, cap.8 e 12.

redistribuição. O "re" sugere a falsa impressão de que primeiro já houve uma distribuição "natural" e que reivindicamos uma segunda distribuição menos "natural". Rawls enfatiza esse ponto em seu ideal de uma "justiça procedimental pura",[12] e voltarei a ele mais tarde. Na forma da justiça máxima, a "paridade de participação" poderia ser a expressão universal (e geral) para a possibilidade de levar uma vida plena e integrada socialmente, sem sofrer sob uma forma de injustiça estrutural. Mas, mesmo diante do agnosticismo metodológico necessário para isso, não acho que devemos atribuir um significado teleológico a essa ideia de sociedade justa.

Encerro essa discussão da abordagem de Fraser apresentando duas questões: vista sob essa luz, a "paridade de participação" fornece um *critério* suficiente para justificar reivindicações por justiça? E os instrumentos conceituais propostos por Fraser são suficientes para analisar os fenômenos de *injustiça*? Duas grandes questões, cujas respostas só posso aqui esboçar. Em relação à primeira, não me parece claro como podem ser resolvidos os conflitos – socialmente incontornáveis – entre as diferentes interpretações sobre o significado da "paridade de participação". Aqui, presumo que o conceito de igualdade é o mais importante, e não a ideia substantiva de "participação". Se for assim, então parece que a reciprocidade e a universalidade fornecem os critérios normativos mais apropriados, visto que atribuem o ônus da justificação a todos os que tentam justificar algum tipo de privilégio social, e é aqui que o conceito de reciprocidade tem força suficiente para gerar critérios. Por exemplo, quando se trata de questões do casamento entre ho-

---

12 Rawls, *Gerechtigkeit als Fairneß*, p.89.

mossexuais, a recusa de direitos iguais não pode ser justifica-da reciprocamente, pelo menos não com base em concepções religiosas ou tradicionais altamente questionáveis acerca do significado do casamento. E quando se trata das injustiças no interior do sistema educacional ou em relação ao estabeleci-mento de relações de trabalho significativas e adequadamente remuneradas, os privilégios sociais de determinados grupos também não são defensáveis de modo recíproco. Por conse-guinte, em vista dos critérios para exigir "reconhecimento" ou "redistribuição" nos afastamos da "paridade" em direção à "igualdade" no sentido de justificações recíprocas, não rejei-táveis, de certas estruturas e relações sociais.

No que diz respeito à análise dos fenômenos de injustiça, acho que a injustiça pode ter muitas faces diferentes, e que a ela pertencem, com certeza, a exploração econômica, a exclusão ou a ausência do reconhecimento cultural. Porém, não estou certo se devemos mesmo restringir nosso vocabulário de aná-lise social a esses fenômenos. Por exemplo, quando criticamos as formas de manipulação através da mídia ou de exclusão po-lítica, estamos querendo afirmar que estas são violações dos princípios democráticos em decorrência de certas influências da política de poder e de interesses. Todavia, não é óbvio que os fenômenos fundamentais devam ser analisados do ponto de vista econômico ou cultural, visto que o problema pode ser atribuído a um mau funcionamento do sistema de represen-tação. A *política* como tal parece ser um campo mais amplo e independente do que admite uma teoria bidimensional.

4. Com base nessas duas questões apresentadas por último, volto-me para a teoria de Axel Honneth. Como já afir-

Justificação e crítica

mei, as teorias do reconhecimento desempenham um papel importante na identificação de diferentes formas de injustiça. Contudo, não acredito que devemos restringir nossas explicações conceituais a essas teorias. Tomemos como exemplo as questões de (in)justiça distributiva: em muitos casos, o desrespeito é evidentemente a causa das relações econômicas injustas, e em tais casos não bastam inovações institucionais para solucioná-los (como a remuneração justa do trabalho socialmente importante), mas torna-se necessária uma mudança cultural. Porém, em outros casos, a injustiça econômica não parece estar, em primeira linha, vinculada às questões do reconhecimento. Afinal, algumas profissões com remunerações extremamente elevadas, que, na maioria das vezes, se mantêm mesmo nas recessões, não desfrutam de nenhuma estima específica (por exemplo, o administrador de fundos ou corretor de imóveis). É também verdade, como destaca Honneth (*UA*, p.167), que a esfera econômica é, em parte, uma esfera cultural de reconhecimento; todavia, muitos fenômenos de injustiça no âmbito da economia parecem ter outras causas e seguem uma outra lógica do mercado ou "sistêmica", que deve ser criticada e reconhecida como tal.

Para acrescentar um outro aspecto: mesmo que fosse correto que se exigisse uma mudança na estrutura social do reconhecimento sob a forma de uma revalorização da "contribuição" de alguns grupos, essa mudança poderia ser somente um *meio* para o *fim* da justiça, e não o fim em si mesmo – a finalidade não está em uma estima social específica, mas em dispor de um *status* social igual e de oportunidades iguais em relação aos outros, e em não mais ser discriminado (o que é algo diferente de receber uma estima específica). Desse modo, questiono a afirmação de Honneth de que uma teoria deontológica inverte falsamente a relação meio-fim e é cega em relação às finalidades da justiça social.

Tenho igualmente dúvidas no que diz respeito à questão de se os critérios de reconhecimento bastam para definir as reivindicações por justiça *justificáveis* (incluindo as reivindicações por reconhecimento). Pois todas essas reivindicações devem ser justificadas segundo os critérios de reciprocidade e de universalidade: todas aquelas formas de "desrespeito" que não podem ser justificadas de modo recíproco e universal cabem na categoria "injustiça". Vamos chamar isso de *a priori da justificação*. Além disso, diferentemente de Honneth, penso que isso não se afasta muito de suas próprias considerações, pois, quando se trata de traduzir um fenômeno – ou uma experiência subjetiva – de desrespeito em uma experiência de injustiça e esta, por sua vez, em uma exigência por justiça, Honneth usa os conceitos "justificar", "justa" ou "igual": reivindicações por reconhecimento devem ser "fundamentadas" (*UA*, p.135), e as injustiças na distribuição expressam "relações de reconhecimento injustificadas" (*UA*, p.135). No que diz respeito à justificação dessas relações ou reivindicações, é evidente que o critério essencial, se não o único, é o da igualdade – ou da reciprocidade, em meus termos. Isto é explícito na esfera do reconhecimento jurídico (*UA*, p.165), mas também é válido para as reivindicações por reconhecimento cultural, que, segundo Honneth, devem ser forçadas a passar pelo "olho da agulha do princípio da igualdade" (*UA*, p.195), pois "o tipo de estima social implicada no reconhecimento de uma cultura como algo valioso não representa um modelo público de reação que possa ser demandado ou exigido" (*UA*, p.199).

Justificação e crítica

A isso eu acrescentaria que a exigência e, em especial, a valorização das contribuições individuais para a cooperação social e econômica seguem como um todo a lógica da justificação recíproca, que identifica os privilégios injustificados como *injustos* [*unfair*]. Sobre isso, Honneth reconstrói a argumentação de Hegel da seguinte maneira:

> com as três novas formas de relações sociais, que, na minha concepção, preparam o caminho para a ordem moral da forma capitalista de sociedade, desenvolvem-se diferentes princípios do reconhecimento sob cuja luz os sujeitos podem denunciar as experiências específicas de desrespeito infundado e injustificável e, portanto, podem apresentar as razões para um modo ampliado de reconhecimento [...]. (*UA*, p.170)

Não obstante, as formas e os padrões existentes "não justificáveis" de reconhecer as "contribuições" individuais são criticadas sob o aspecto da "equidade":

> a concordância mais ou menos racional só pode confrontar as situações de desigualdade social porque seu princípio legitimador, para além de todas as distorções fáticas, contém a pretensão normativa de considerar de modo equânime e apropriado as contribuições de todos os membros da sociedade na forma de uma estima recíproca. (*UA*, p.176)

Por conseguinte, no que diz respeito à tradução das experiências subjetivas em reivindicações de justiça, a lógica do reconhecimento mútuo depende dos critérios de reciprocidade e de universalidade, pois a substância dessas esferas e de suas formas específicas de reconhecimento *não* se transformam em critérios específicos de justificação da justiça. O sensor multidimensional para captar os fenômenos injustos também não tem esse efeito. Assim, também se abre a possibilidade de uma crítica mais radical das "respectivas ordens de reconhecimento estabelecidas historicamente" (*UA*, p.161), pelas quais, segundo Honneth, as pessoas precisam se orientar – e provavelmente também uma crítica à própria ideia problemática de "contribuição".

Em suma, eu argumento normativamente a favor de uma abordagem *monista* do ponto de vista do princípio superior da justiça, que deve ser detalhado substantivamente no que diz respeito ao estabelecimento de uma estrutura social básica de justificação. Porém, pensando na questão da "justiça máxima", diferenciada da "justiça fundamental", defendo, ao contrário, uma abordagem *pluralista* radical. Quando, por exemplo, pensamos na distribuição de bens como "trabalho" ou "saúde", podemos considerar vários aspectos normativos que podem ser combinados em um argumento sobre a justiça (máxima), e não vejo nenhuma razão para nos restringirmos a uma abordagem "dualista" ou "monista", no sentido de Fraser e Honneth. Tão logo tenhamos construído uma estrutura de justiça fundamental (o que representa um empreendimento exigente no que diz respeito à justiça *substantiva*) e tão logo os critérios de reciprocidade e de universalidade tenham entrado em cena para excluir *ex negativo* os argumentos que privilegiam de modo inadmissível certos grupos, as considerações sobre uma série de pontos de vista normativos devem permanecer abertas: argumentos a partir da tradição de uma comunidade política ou também sobre as necessidades humanas universais

Justificação e crítica

ou as capacidades concretas; questões sobre a efetividade ou os valores éticos específicos etc. No entanto, em todos esses discursos deveria ser usada uma versão discursiva do princípio da diferença de Rawls, que atribuísse aos "membros em pior situação", como escreve Rawls, um *direito de veto* sobre as relações de distribuição que não podem ser justificadas: "tomando a igualdade como a base de comparação, aqueles que possuem mais vantagens devem poder fazê-lo em termos que são justificáveis para aqueles que possuem o mínimo de vantagens".[13]

5. No que se refere ao *a priori* da justificação, a máxima "o que é mais importante vem primeiro" não tem somente um significado normativo. Pois diante desse pano de fundo se mostra que, em questões de justiça, o *poder* é o mais importante de todos os bens, um verdadeiro "hiperbem", necessário para estabelecer e manter uma estrutura básica justificada em geral. Assim, uma teoria crítica da (in)justiça pressupõe, antes de tudo, uma crítica das *relações de justificação* existentes (ou do "poder de justificação"). Essa forma de crítica tem um sentido de "diagnóstico" em três aspectos essenciais.[14] Em primeiro lugar, mediante uma análise crítica da sociedade, a teoria crítica da justiça visa *descobrir as relações sociais que não podem ser justificadas*, e, mais precisamente, não apenas as relações políticas no sentido

---

13 Rawls, *Eine Theorie der Gerechtigkeit*, p.176.

14 Aqui só posso mencionar esses aspectos. Para uma exposição mais precisa, a teoria normativa da justificação teria de ser complementada por uma teoria do poder discursivo e uma teoria social da justificação. Desenvolvi a primeira em meu texto Noumenal Power. Sobre uma tentativa de desenvolver a última, cf. Boltanski e Thévenot, *Über die Rechtfertigung*.

195

estrito, mas também as relações econômicas ou culturais – isto é, todas aquelas relações mais ou menos institucionalizadas que não fazem jus ao critério da justificação recíproca e universal, e são definidas por formas de exclusão ou dominação. Em segundo lugar, ela implica uma *crítica* em termos de teoria do discurso (em parte, também genealógica) *das "falsas"* (e provavelmente ideológicas) *justificações* dessas relações, ou seja, uma crítica daquelas legitimações que escondem (por exemplo, com base no pertencimento a um gênero, Estado ou classe) as relações de poder assimétricas e os processos de exclusão. Em terceiro lugar, ela fornece uma explicação para *o fracasso ou a ausência de efetivas estruturas políticas e sociais de justificação* com o objetivo de (a) descobrir e (b) modificar as relações sociais injustificadas.

Esse tipo de abordagem da justificação sugere que, de um ponto de vista normativo e institucional, somente podemos assumir perspectivas de justificação mais específicas quando uma estrutura de justificação justa já estiver estabelecida. Uma estrutura da sociedade justa tem muitos aspectos, que, contudo, em seu cerne, *se resumem a um só*: uma estrutura básica justificada de modo recíproco e universal. Por isso, o que se deveria buscar em primeiro lugar é uma estrutura de poder para uma justificação efetiva. Defendo uma guinada política nos debates teóricos sobre a justiça, visto que não pode haver uma teoria da justiça adequada sem antes considerar a questão política das relações de poder no interior de uma sociedade. As pessoas não devem ser vistas primeiramente como *destinatários da justiça*; pelo contrário, elas deveriam ser entendidas como *sujeitos da justiça* capazes de agir, isto é, como agentes autônomos que participam das decisões sobre as estruturas de produção e de distribuição que determinam suas vidas – evidentemente, levando em consideração as limitações dos sistemas sociais desenvolvidos nas sociedades modernas.

Embora Rawls não tenha pretendido dar essa virada política nem defenda explicitamente que o poder político é o bem mais importante de todos os bens básicos, mesmo assim seu argumento a favor de uma "justiça procedimental pura de fundo" é muito importante nesse contexto, de modo que esclarece o seguinte: "A estrutura da sociedade está organizada de tal modo que todos seguem as normas publicamente reconhecidas da justiça [...] as distribuições específicas de bens daí resultantes são consideradas justas (ou, pelo menos, não injustas), quaisquer que sejam".[15]

Rawls explica isso com a diferença entre o capitalismo do bem-estar social e sua versão da "democracia de cidadãos proprietários":

> Uma das principais diferenças é a seguinte: as instituições de fundo da democracia de cidadãos proprietários trabalham no sentido de dispersar a posse de riqueza e capital, impedindo assim que uma pequena parte da sociedade controle a economia, e, indiretamente, também a vida política. Em contraposição, o capitalismo de bem-estar social permite que uma pequena classe tenha praticamente o monopólio dos meios de produção. A democracia de cidadãos proprietários evita isso, não pela redistribuição de renda àqueles que possuem menos ao fim de cada período, por assim dizer, mas sim garantindo a difusão da propriedade de re-

---

15 Rawls, *Gerechtigkeit als Fairneß*, p.89.

cursos produtivos e de capital humano (isto é, educação e treinamento de capacidades) no início de cada período, tudo isso tendo como pano de fundo a igualdade equitativa de oportunidades. A ideia não é simplesmente dar assistência àqueles que levam a pior em razão do acaso ou da má sorte (embora isso tenha de ser feito), mas antes a de colocar todos os cidadãos em condições de conduzir seus próprios assuntos em um grau de igualdade social e econômica apropriada.[16]

Meu argumento a favor de uma estrutura básica de justificação efetiva parte da ideia de que uma perspectiva bidimensional sobre a justiça, tendo em vista a redistribuição e o reconhecimento, é insuficiente ao não colocar em primeiro plano a questão política *decisiva* do exercício do poder. Isso está de acordo com os desenvolvimentos mais recentes do empreendimento teórico de Nancy Fraser, que agora — no contexto do debate de segunda ordem sobre a estrutura ou o contexto correto da justiça (nacional ou transnacional) — argumenta a favor de uma teoria "tridimensional" da justiça e enfatiza, com isso, a representação política como uma terceira dimensão que não pode ser reduzida às duas outras:[17]

A dimensão política define o procedimento segundo o qual são conduzidas e resolvidas as controvérsias na dimensão econômica e na dimensão cultural: ela não só nos diz algo sobre quem pode reivindicar a redistribuição ou o reconhecimento, mas tam-

---

16 Ibid., p.216ss.
17 Fraser, *Reframing Justice*, p.41ss. e p.49. Cf. também Fraser, *Scales of Justice*.

Justificação e crítica

bém como as reivindicações devem ser apresentadas e avaliadas na discussão.[18]

Acredito que isso não só é válido para uma época em que estão sendo produzidas "novas estruturas" para a justiça, mas também de modo universal; e, diferentemente de Fraser, também bém acredito que isso coloca a política como a "dimensão principal da justiça".[19] Se tomarmos como base o princípio da justificação, a questão política é necessariamente a questão superior da justiça, pois ela é o lugar (se compreendemos a justiça não apenas em um sentido institucional estreito) no qual as práticas culturais, econômicas, políticas e sociais injustas são questionadas e onde podem ser feitas as modificações no interior dessas esferas.

6. No âmbito de um breve resumo, pretendo ressaltar a razão pela qual acho que se pode desenvolver uma teoria crítica da justiça mediante a combinação, por mim sugerida, entre o monismo da justificação e o pluralismo na avaliação e no diagnóstico, que, por um lado, abrange uma multiplicidade de qualidades importantes, que também Honneth e Fraser exigem para suas teorias, mas que, por outro, contorna alguns problemas para os quais apontei.

Em primeiro lugar, minha teoria não se apoia em uma fundamentação "quase transcendental" (*UA*, p.282) em termos antropológicos ou de ontologia social. Ela encontra seu fundamento recursivo e "transcendental", em um sentido não meta-

---

18 Fraser, *Reframing Justice*, p.44.

19 Ibid., p.49.

físico, no princípio de justificação e na ideia autorreflexiva do que significa ser uma pessoa com a capacidade da razão prática (ou seja, alguém que entende aquele princípio, reconhece e também está em condições de usar as respectivas razões). Porém, não pretendo aqui propor nenhuma via "não fundacional" (*nonfoundational*), como Fraser. Sobre esse ponto, ela poderia naturalmente me acusar de um "fundamentalismo" filosófico, enquanto Honneth poderia fazer a objeção de que meu método "o que é mais importante vem primeiro" aborda as coisas de modo equivocado porque – como indiquei – parece se apoiar em um "*a priori* do reconhecimento": o reconhecimento moral do outro como sujeito que devo respeitar em virtude de seu direito fundamental à justificação. Aqui, não tenho como analisar esses problemas em detalhes, porém pretendo dar uma réplica à primeira crítica, pois parto da ideia de que toda teoria crítica da justiça e da justificação, inclusive a de Fraser, precisa de uma fundamentação moral forte do direito e do dever de justificação para ser válida como uma teoria "deontológica" (segundo Fraser, *UA*, p.47), e com isso me parece preponderar uma fundamentação reflexiva sobre o princípio da justificação. Em contrapartida, a disputa entre um *a priori* do reconhecimento e um *a priori* da justificação pode ser resolvida pela interpretação da forma "originária" do reconhecimento moral como "*Faktum*" da razão justificadora, para usar a famosa e mal-afamada formulação de Kant. Isto é, como o re-conhecimento ao mesmo tempo cognitivo e moral do outro como sujeito de justificação e autoridade a quem eu *devo* as devidas justificações (nos respectivos contextos) – *sem* uma outra fundamentação (ética, metafísica, religiosa ou utilitarista). Essa forma de reconhecimento corresponde a um conhecimento [*Einsicht*] moral autônomo e

Justificação e crítica

fundamental da razão prática, que todos nós compartilhamos: na qualidade de alguém que em tudo o que faz pode usar razões ou precisa delas. Por isso não acho que seja unicamente um ato de reconhecimento prático, mas, além disso, é um ato de conhecimento: um conhecimento da razão justificadora.[20] Aprender a se compreender como um *animal rationale*, isto é, como ser socializado no espaço das razões, pressupõe esse tipo de conhecimento, que não precisa de nenhuma referência adicional ao meu autointeresse.

Uma segunda objeção possível pelo ângulo da teoria de Honneth poderia ser a de que a abordagem da justificação é a-histórica porque está fundamentada unicamente em um princípio abstrato da razão. Mas, como já procurei mostrar em outros lugares – em minha reconstrução do discurso da tolerância desde a Antiguidade até a atualidade[21] –, a reivindicação por justiça foi e continua sendo uma reivindicação para ser respeitado como agente com um direito à justificação, no sentido de uma reivindicação por relações políticas e sociais que possam ser justificadas reciprocamente. Nesse sentido, essa reivindicação é uma mola propulsora importante e central dos conflitos sociais. As pessoas situadas no interior de relações históricas muito diferentes e com diferentes linguagens normativas "densas" questionaram as justificações dadas para as estruturas e normas sob as quais tinham de viver e exigiram outras razões, razões melhores. A luta pelas justificações é uma "gramática profunda" – para usar, em outro sentido, uma expressão de Honneth – dos conflitos sociais e dos mo-

---

20 Cf. mais detalhadamente Forst, *Das Recht auf Rechtfertigung*, cap. 1 e 2.
21 Forst, *Toleranz im Konflikt*.

vimentos de emancipação, e remete ao mesmo tempo à forma de suas respectivas manifestações, aos respectivos atores e suas circunstâncias históricas. Por conseguinte, a práxis de justificação deveria ser entendida como uma *práxis fundamentalmente dinâmica e social*, que traz consigo o potencial de abrir as formas discursivas convencionais e fechadas. A razão, assim como a entendo, é uma força crítica e subversiva – e somente ela está em condições de criticar as suas próprias "patologias", que decorrem de falsos conteúdos e de falsas práticas de justificação. A teoria crítica precisa de uma razão prática independente e ao mesmo tempo situada – pois outra capacidade de crítica não está à disposição do ser humano.[22]

Considerando uma terceira preocupação de um teórico do reconhecimento, que concerne aos aspectos psicológicos de um "desejo" pela justiça e/ou pelo reconhecimento – em outras palavras, o "interesse emancipatório" –, acredito que o desejo de ser respeitado como um agente autônomo que deve aos demais boas razões, particularmente no contexto político, é um anseio profundo e racional de todo sujeito humano. Seu fundamento forma uma compreensão moral de "dignidade" que é violada quando alguém é tratado como "invisível",[23] e não é respeitado pelos outros na qualidade de uma "autoridade de justificação" autônoma. A ofensa por ser tratado de um modo que não pode ser justificado é sentida profundamente, mas a mais terrível de todas é a ofensa de não ser visto como alguém a quem os outros em geral devem razões. A autonomia (entendida no sentido de

---

22 Sobre isso, cf. Forst, "Max Horkheimer e Theodor W. Adorno".

23 Também segundo Honneth, *Unsichtbarkeit*. Sobre isso, cf. "O fundamento da crítica: sobre o conceito de dignidade humana nas ordens sociais de justificação", neste volume.

Justificação e crítica

ter um direito à justificação) não é só uma ideia filosófica em uma realidade numenal, mas sim de importância fundamental para nossa autocompreensão e nosso autorrespeito.

7. Ficou faltando uma última reflexão, e ela me levará de volta às minhas considerações iniciais. Como uma vez Habermas se perguntou em seu famoso ensaio sobre Benjamin, esse tipo de visão da justiça não acabaria perdendo de vista o que é mais importante? Não poderia acontecer que, nas próprias palavras de Habermas, "um dia o gênero humano emancipado se defronte no espaço ampliado da formação discursiva da vontade e mesmo assim lhe seria roubada a luz sob a qual seria capaz de interpretar sua vida como uma vida boa?"[24]

Em primeiro lugar, gostaria de responder dizendo que uma abordagem suficientemente pluralista acerca das instituições justas, no sentido mencionado, estaria em condições de levar em conta uma ampla gama de aspectos da "vida boa", tomando como base as respectivas exigências específicas de justiça que as pessoas formulam de modo razoável. Todavia, uma segunda resposta é que a primeira tradição, da qual falei no início e na qual situo o meu próprio modo de pensar, tem de pagar um certo preço por seu agnosticismo ético: existem sempre aspectos do bem – que são e permanecem discutíveis – que essa abordagem não consegue apreender. E existem respectivamente

---

24 Habermas, *Philosophisch-politische Profile*, p.375. Nesse ponto, Habermas argumenta a favor de uma abordagem *first-thing-first* vinculada à questão da emancipação, enquanto acrescenta algumas ideias sobre o poder redentor (como se poderia chamá-lo) de uma comunicação ilimitada.

outras formas de crítica que mostram os modos pelos quais as sociedades fracassam em tornar possíveis essas formas do bem.[25] Uma teoria baseada no conceito da justiça só pode ir até onde este conceito permite – isso é enfatizado por Nancy Fraser, e, a meu ver, com razão. Porém, acho, e este é um dos pontos fortes da teoria do reconhecimento de Axel Honneth, que essa teoria lhe permite formular uma teoria crítica substantiva das "patologias" e das formas eticamente "ruins" da práxis social, que ultrapassa o que uma teoria crítica da *justiça* poderia e também deveria fazer. Isso é comprovado em suas *Tanner Lectures* sobre o tema da reificação, analisada como "esquecimento do reconhecimento".[26] Todavia, parece-me importante – e não um indício de fraqueza conceitual, mas antes de força e de clareza – que sempre que uma tal crítica é expressa nos conceitos de injustiça ou justiça, é fundamental que um determinado tipo de reconhecimento mútuo se manifeste nas práticas de justificação recíproca. Isso não significa que outras formas de crítica estão mal situadas; elas simplesmente se valem de outros meios, possuem outros objetivos e pressupõem outras pretensões de validade.

---

25 Sobre isso, cf. Jaeggi e Wesche (orgs.), *Was ist Kritik?*
26 Honneth, *Verdinglichung.*

6
"Tolerar significa ofender": tolerância, reconhecimento e emancipação

I. No discurso político contemporâneo, o conceito de tolerância desempenha um papel importante e multifacetado, abrangendo questões acerca da posição das minorias religiosas e culturais no interior dos Estados até o suposto "choque de civilizações". Todavia, enquanto para alguns a tolerância se tornou quase uma palavra mágica que expressa a convivência pacífica e em cooperação no *reconhecimento* recíproco e na igualdade política, para outros ela é sinônimo de *poder*, de dominação e de exclusão. Essa ambivalência do conceito de tolerância não é um fenômeno novo. Se lembrarmos o clássico debate sobre a tolerância na época do Esclarecimento, a última crítica ressoa o ditado de Goethe: "A tolerância deveria ser apenas uma disposição de espírito passageira: ela deve levar ao reconhecimento. Tolerar significa ofender".[1] Em contrapartida, a valorização da tolerância é expressa de modo exemplar por Voltaire, que fala dela como *l'apanage de l'humanité*, como um símbolo da humanidade verdadeira (também como o destino da humanidade).[2]

---

1 Goethe, Maximen und Reflexionen, p.507.
2 Voltaire, Tolerance.

Para compreender melhor essa ambivalência, eu gostaria de narrar duas histórias sobre a tolerância – uma sombria e pessimista, e a outra, luminosa e otimista – e meu argumento será que, vistas de uma perspectiva histórica suficientemente complexa, ambas as narrativas estão corretas. Além disso, elas não só são verdadeiras em termos históricos, mas também estão na base do significado e da práxis atuais da tolerância. A tolerância pode estar baseada no reconhecimento recíproco e no respeito moral, mas também pode expressar o desrespeito e a dominação, que, todavia, funcionam ao mesmo tempo como um tipo de "reconhecimento" de minorias. Portanto, o reconhecimento e a dominação não se opõem. Por isso, a *emancipação*, mencionando o terceiro conceito que está no título do capítulo, significa ao mesmo tempo lutar pela e contra a tolerância – isto é, por e contra determinadas formas de reconhecimento.

A discussão das minhas duas histórias leva às seguintes conclusões: em primeiro lugar, ela converge para uma crítica de certas formas de reconhecimento e das suas relações de poder internas. Em segundo lugar, ela fornece algumas considerações sobre as possíveis motivações daqueles que lutam contra o "falso" reconhecimento: opera aqui uma reivindicação pelo reconhecimento "verdadeiro" da identidade própria, e, se for assim, como isso deveria ser entendido de modo mais preciso? Em terceiro lugar, desenvolverei uma justificação normativa da tolerância, que evita os déficits de algumas interpretações e, com isso, se mostra mais adequada às lutas por formas justificadas de tolerância e – este é o meu argumento – por respeito igual.

2. Porém, antes de começar com as minhas duas histórias, adianto algumas palavras sobre o conceito geral de tolerância.

Seu significado central pode ser explicado por três componentes: *objeção, aceitação* e *rejeição*. Em primeiro lugar, uma crença ou prática deve ser avaliada como falsa ou ruim para ser considerada um objeto da tolerância. Em segundo lugar, à parte dessas razões de objeção, devem existir outras razões que expliquem por que, apesar disso, seria errado não tolerar aquelas crenças ou práticas falsas ou ruins – são as chamadas razões de aceitação. Esse tipo de razão não elimina as razões de objeção; antes, elas são sobrepujadas no interior de um determinado contexto. Em terceiro lugar, devem existir razões de rejeição que definam os limites da tolerância. Esses limites estão onde se esgotam as razões de aceitação.[3] Todas as três razões podem ser do mesmo tipo, mas também podem ser de naturezas diferentes (morais, religiosas, pragmáticas, apenas para citar algumas possibilidades).

Evidentemente, essa definição é muito geral, e os problemas começam tão logo começamos a preencher esses componentes individuais: o que pode ou deveria ser tolerado, por quais razões, e onde residem os limites da tolerância? A tolerância como tal me parece ser um *conceito normativamente dependente*. A tolerância precisa de recursos normativos independentes para adquirir certos conteúdos e substância, e para ser de fato algo bom. Consequentemente, um aspecto importante de toda a história da tolerância é saber como esses três componentes são determinados de modo substantivo.

---

3 Em relação aos dois primeiros componentes, sigo Kling, *Toleration*, cap. I. Em sua análise estrutural da tolerância, Newey, em *Virtue, Reason and Toleration*, cap. I, igualmente diferencia três tipos de razões, que ele, porém, interpreta de outra maneira, diferente da minha. Para uma discussão mais detalhada, cf. Forst, *Toleranz im Konflikt*, cap. I.

3. A minha primeira história da tolerância começa na França do século XVI. No decorrer da segunda metade desse século, os partidários dos assim denominados *Politiques* adquiriram e difundiram a convicção de que o princípio *une foi, une loi, un roi* não mais poderia ser mantido, visto que o preço da opressão da minoria calvinista dos huguenotes parecia ser muito alto do ponto de vista econômico, político e também moral. A unidade política só poderia ser assegurada se, até certo ponto, se renunciasse ao objetivo da unidade religiosa. *Constituenda religione* e *constituenda republica* teriam de ser separadas, e o monarca deveria desempenhar, se não um papel completamente "neutro", ao menos deveria se comportar como senhor e árbitro soberano. Contudo, isso durou até 1598 e foram necessárias longas e sangrentas controvérsias (por exemplo, a famigerada Noite de São Bartolomeu, de 1572) antes que Henrique IV – um eminente protestante que, por ocasião da sua nomeação como rei, converteu-se ao catolicismo – promulgasse o famoso Édito de Nantes. Esse édito, é claro, *reconheceu* os huguenotes como cidadãos do Estado francês, embora como cidadãos de segunda classe. Foi-lhes assegurada a liberdade para exercer sua religião em certos lugares (por exemplo, não em Paris) e somente em determinadas épocas. O édito estabeleceu claramente quais cargos públicos eles poderiam ocupar, onde e quais escolas e universidades poderiam fundar, e quais lugares poderiam definir como "zonas de segurança", com forças armadas. Consequentemente, a minoria calvinista era reconhecida e protegida pela lei, mas, ao mesmo tempo, a lei definiu sua posição como a de "meros" tolerados que dependiam da boa vontade da autoridade e que, na vida cotidiana, sempre ocupavam um lugar secundário, depois dos católicos. Esse tipo de reconhecimento

Justificação e crítica

pela tolerância certamente foi um grande progresso se comparado com a situação anterior (e o período posterior de opressão); não obstante, também teve o sentido de uma certa forma de estigmatização cultural e social, de impotência política e de dependência.

É esse tipo de tolerância que Goethe tinha em mente quando falava da ofensa através da tolerância, e também Kant, quando criticou "o arrogante título de tolerante", e deu ensejo a Mirabeau dizer que a tolerância é um símbolo da tirania.[4] Essas citações também mostram que os quase duzentos anos entre o Édito de Nantes e a Revolução Francesa não modificaram a estrutura desse tipo de tolerância. Ela também pode ser encontrada, por exemplo, no Toleration Act inglês de 1689, que foi definido como "Act for Exempting Their Majesties Protestant Subjects, Dissenting from the Church of England, from the Penalities of Certain Laws".[5] O édito da tolerância definia claramente quais os *dissenters* (presbiterianos, independentes, batistas e quacres) e quais não (por exemplo, os socianos unitaristas e, naturalmente, os ateístas) cabiam na *regra de exceção* em relação às leis de uniformidade e conformidade (ainda existentes) à Igreja Anglicana. Além desses, os católicos foram excluídos da tolerância em virtude do juramento de fidelidade que os súditos tinham de prestar ao rei. Assim, forma-se uma imagem complexa de inclusão e exclusão, de uma maioria e de diversas minorias, entre as quais algumas são toleradas e ou-

---

4 Kant, Was ist Aufklärung?, p.40; Mirabeau, Rede vor der Nationalversammlung am 22. August 1789, p.289.

5 Sobre o Toleration Act, cf. Grell et al., *From Persecution to Toleration*, p.411-22.

tras não. Aqueles que são tolerados estão, ao mesmo tempo, *incluídos e excluídos*. Eles desfrutam de um certo reconhecimento e segurança que outros não possuem, porém dependem da proteção do monarca e, com isso, precisam demonstrar uma lealdade extrema. Produz-se uma matriz de poder multifacetada, que opera com diferentes formas de reconhecimento.

O mesmo vale para um outro exemplo que gostaria de mencionar brevemente. A assim chamada Declaração de Tolerância de 1781 do imperador habsburgo José II, que – ao contrário de sua mãe, Maria Teresa, que queria forçar a unificação das crenças – entendeu que, em tempos de intensos conflitos religiosos, o *disciplinamento e a paz mediante a garantia da liberdade* eram a forma mais racional de exercício do poder político. Esse "monarca esclarecido" era esclarecido o suficiente para reconhecer que a tolerância era a política mais efetiva contra os dissidentes poderosos. Assim, ele assegurou às três confissões que se encontravam em minoria – os luteranos, os reformistas e os gregos ortodoxos – a liberdade do "exercício privado" de seus deveres religiosos (mas não o exercício público da religião). Era definido claramente o que lhes era permitido: por exemplo, suas igrejas não podiam ter sinos nem entradas de frente para a rua. Essa forma de liberdade, da qual José II estava convencido, transformaria os dissidentes religiosos em bons súditos, que, de outro modo, sem a experiência da tolerância religiosa, poderiam ter se transformado automaticamente em opositores políticos. A tolerância era, por um lado, o preço para a lealdade e, por outro, a lealdade era o preço que os súditos tinham de pagar por certas liberdades e segurança: conformidade em troca de não conformidade.

Justificação e crítica

4. Outra vez se mostra aqui o vínculo entre a liberdade e a dominação, entre a inclusão e a exclusão, entre o reconhecimento e o desrespeito, que caracteriza a concepção de tolerância que chamo de *concepção permissiva* [*Erlaubniss-Konzeption*]. De acordo com ela, a tolerância define uma relação entre uma autoridade e uma minoria "diferente" (ou minorias diferentes) que discorda dela. A tolerância significa que a autoridade atribui uma autorização qualificada aos membros da minoria para viverem de acordo com suas crenças, mas sob a condição de que reconheçam o primado da autoridade. Enquanto a expressão de suas diferenças ficar no interior dos limites estabelecidos e permanecer no âmbito do "privado", e enquanto esse grupo não reivindicar um *status* político e público igual ao da maioria, ele pode ser tolerado por razões pragmáticas e também normativas: por razões pragmáticas e estratégicas porque essa forma de tolerância, dentre todas as possíveis alternativas, é a que pode ser considerada a de menor custo e não perturba (antes, contribui para) a ordem e a paz sociais, tal como definidas pelo lado dominante; e por razões normativas porque a autoridade considera equivocado (e, em todo caso, infrutífero) coagir as pessoas a renunciar às suas crenças e práticas profundamente ancoradas. Em suma, a tolerância significa que a respectiva autoridade dispõe do poder de interferir nas práticas da minoria; todavia as tolera, sob a condição de que a minoria aceite sua posição dependente. Em relação aos três componentes da tolerância, isso significa que todos eles são exclusivamente definidos pela autoridade.

Como já foi dito antes, Kant, Mirabeau e Goethe criticaram essa concepção: a política da tolerância parece ser muito mais uma forma estratégica ou, pelo menos, hierárquica de política.

O reconhecimento assegurado às minorias oferece-lhes certas liberdades *e* ao mesmo tempo as transforma em súditos dependentes e cidadãos de segunda classe. Não lhes são garantidos direitos universais e iguais, mas apenas permissões específicas, que sempre podem ser retiradas (por exemplo, como ocorreu com o Édito de Nantes no ano de 1685). Formulando isso na linguagem do reconhecimento e do poder, essa forma de tolerância tem efeitos *libertários* e também *repressivos* e *disciplinadores* (este último, no sentido usado por Foucault): libertários, porque representa claramente um ganho se comparada com as antigas formas de opressão; repressivos, porque ser tolerado significa ter de aceitar sua fraqueza e sua posição subprivilegiada; e, por fim, disciplinadores, porque aquelas regulamentações da política da tolerância "produziram" identidades estigmatizadas e não normais, que eram ao mesmo tempo incluídas e excluídas socialmente.[6] O "tolerar" os judeus, na Idade Média até a Modernidade, é o exemplo mais evidente dessa forma de inclusão excludente. A tolerância precisava ser paga com a estigmatização e a submissão.

5. Quando consideramos os discursos e as práticas atuais da tolerância pelo ângulo de *uma teoria crítica da tolerância* (como eu gostaria de chamá-la), que se baseia em uma análise das formas repressivas e disciplinadoras de tolerância, percebemos que a história "sombria" da tolerância ainda não foi superada.[7] Ao

---

6 Sobre isso, cf. Brown, *Reflexionen über Toleranz im Zeitalter der Identität*.

7 Cf. Forst, *Toleranz im Konflikt*, cap. 12. Devo mencionar aqui que uso a expressão "tolerância repressiva" de um modo diferente da-

Justificação e crítica

contrário do que muitos pensam, o fim do absolutismo não foi o fim da concepção permissiva. Pelo contrário, ela ainda continua presente em nossas sociedades, embora em uma outra forma, a *democrática*: hoje, a autoridade que tolera aparece com as vestes de uma maioria democrática. Certamente, as autoridades que mencionei nos meus três exemplos estavam igualmente amparadas em fortes maiorias religiosas e políticas, ao passo que, em um regime democrático, a situação é outra: pois faz parte da autocompreensão do Estado que ele garanta os direitos fundamentais iguais a todos os cidadãos – e que os cidadãos reconheçam uns aos outros na qualidade de pessoas livres e iguais. Todavia, em muitas práticas contemporâneas de tolerância permanece sobrevivendo uma concepção permissiva de tolerância. Não pretendo entrar nos muitos exemplos que poderíamos mencionar para ilustrar isso, mas apenas mencionar, de passagem, que, por exemplo, muitos dos que são contra o casamento de pessoas do mesmo sexo argumentam a favor da tolerância, mas contra a igualdade de direitos (basta lembrar o *slogan* da CDU [União Democrática Cristã] no contexto do debate sobre a união civil dos homossexuais: "tolerância sim, casamento não!"). No famoso caso do crucifixo – em relação à questão de se o Estado livre da Baviera poderia ordenar que

---

quele usado por Herbert Marcuse em seu clássico ensaio Repressive Toleranz. Na definição de Marcuse, um sistema de tolerância é "repressivo" quando mascara de modo ideológico as relações de poder injustas ao neutralizar ideologicamente a oposição real. Em contrapartida, defino as formas de tolerância como "repressivas" quando servem para manter as relações de poder injustificadas ao coagir aqueles que estão sendo oprimidos a aceitarem a sua posição subordinada.

os crucifixos ou as cruzes deveriam ficar expostos nas salas de aula das escolas estaduais –, muitos cidadãos, políticos, juízes e representantes das Igrejas tinham a opinião de que as minorias não cristãs deveriam ser toleradas no sentido de não serem coagidas a renunciarem às suas crenças. Todavia, garantir-lhes um *status* simbólico e público igual e excluir os símbolos cristãos seria algo bem diferente, a saber, antidemocrático e antirreligioso – e ameaçaria o fundamento da República Federal.[8] Portanto, a estrutura de poder das antigas formas de tolerância e de reconhecimento também funciona aqui: a inclusão simultaneamente com a exclusão.

6. Porém, aqui começa a minha segunda história, mais otimista. Com base em Foucault, poderíamos dizer que onde existe o poder – em oposição à dominação completa – também existe a liberdade e o contrapoder; em suma, existe a resistência.[9] É precisamente o reconhecimento de que o poder moderno funciona mediante a garantia da liberdade, e não simplesmente pela opressão, e que, através dessa garantia, procura produzir súditos "leais", coloca em questão a concepção de que as identidades dos sujeitos são completamente forçadas e "produzidas", e que nada mais seriam que sujeitos "subordinados". A construção da identidade não se dá só em uma direção: estar subordinado a determinadas instituições e

---

8 Uma discussão desse exemplo encontra-se em Forst, *Toleranz im Konflikt*, cap. 12.

9 Cf. os ensaios em Foucault, *Was ist Kritik?*, e também *Analytik der Macht*. No entanto, Foucault não investiga as práticas modernas de tolerância como práticas de poder.

Justificação e crítica

práticas de poder não só forma os sujeitos de acordo com essas práticas, mas também *contra* elas. Se não fosse assim, não existiriam as reivindicações por liberdade e tolerância, e não seriam continuamente necessárias novas estratégias de poder para lidar com elas.

A minha segunda história começa com a tese de que os seguidores de grupos religiosos, que são ou perseguidos e nem ao menos reconhecidos, ou somente são reconhecidos parcialmente por uma política da tolerância, formam uma determinada *identidade na e pela luta*. O que os torna capazes de questionar as formas de reconhecimento (ou não reconhecimento) estabelecidas é o fato de que, *a partir de dentro delas*, é gerado o poder para formar sua própria identidade (certamente, não plenamente desvinculada de sua cultura e de sua sociedade) em oposição a tal regime de tolerância. A ausência do reconhecimento por parte da maioria *não* resulta na perda sistemática de sua identidade própria ou na imposição de uma identidade construída a partir de fora (embora isso tenha acontecido em parte),[10] mas sim na transformação de uma identidade originariamente religiosa em uma identidade política de luta e de resistência, e, provavelmente, inclusive de guerra. Na verdade, foram inicialmente as formas internas de reconhecimento que realmente criaram a consciência negativa necessária para iniciar a luta. No entanto, encontramos aqui uma luta por reconhecimento que não é uma luta por um reconhecimento ou uma valorização social universal da identidade própria, como parece ser no sentido qualitativo hegeliano da *eticidade*. Antes,

---

10 Du Bois, *The Souls of Black Folk*, continua sendo a análise clássica dessas formas de "dupla consciência".

reivindica-se a liberdade de manter sua identidade como uma comunidade particular e de ser reconhecido na qualidade de um cidadão igual do ponto de vista político e jurídico (na medida em que as formas de tolerância justificadas forem o objetivo dessas lutas, pois, às vezes, elas podem se transformar em lutas por novas formas de dominação). Uma determinada identidade pessoal e comunitária foi a condição prévia, e não o resultado da luta por reconhecimento – que também era uma luta contra o reconhecimento, isto é, contra as formas de reconhecimento disciplinadoras.

7. Minha segunda história da tolerância começa igualmente com uma narrativa histórica (construída de maneira extremamente resumida e esquemática) sobre os Países Baixos do século XVI. No contexto das lutas das províncias do norte contra a dominação espanhola e a imposição do catolicismo, encontramos dois desenvolvimentos importantes na disputa pela liberdade religiosa, especialmente nos escritos dos monarcômacos calvinistas, por exemplo em Duplessis-Mornay.[11] Em primeiro lugar, o direito natural à liberdade religiosa – dado por Deus – foi proclamado como um direito político fundamental. Em segundo lugar, dali em diante, por um sentimento de dever religioso e político, deveria ser oferecida resistência a um rei que negasse esse direito fundamental. Esse tipo de tirano rompe tanto sua aliança (*foedus*) com Deus quanto seu contrato (*pactum*) com o povo. A liberdade religiosa não era, portanto, algo que seria *concedido* pelos dominadores. Era um *direito* natural e, com isso, uma pretensão fundamental de justi-

---

11 Cf. Skinner, *The Foundations of Modern Political Thought*, v.2, parte III.

ça política. O resultado revolucionário dessa exigência foi a separação das províncias do norte na União de Utrecht (1579), que desembocou na fundação de uma nova república, que seria um exemplo para a tolerância no século XVII.

No decorrer dessa história, junto com a guerra civil inglesa, emerge novamente a reivindicação revolucionária por liberdade religiosa e política como um *direito inato*.[12] A resistência ao rei foi considerada um direito "fundamental" da justiça que exigia uma liberdade política e religiosa: não Deus, mas os seres humanos estabelecem o governo para proteger os direitos naturais dados por Deus como uma espécie de "propriedade" para os homens. Da perspectiva dos *levellers*, por exemplo Lilburne,[13] essa liberdade dada pela vontade divina implica que toda prática de dominação, por motivos religiosos ou políticos, deveria ser justificada para as pessoas que estariam submetidas às leis (com uma qualificação importante: *well-affected*, com relação exclusiva aos "que nasceram livres"). O direito à liberdade de consciência foi fundamentado com o argumento protestante de que a consciência é obrigada a obedecer unicamente a Deus, e não aos homens: uma teoria da consciência ao mesmo tempo livre e não livre (como "obra de Deus", como Lutero a chamou), que desempenhou um papel igualmente importante na obra de Milton, e também, mais tarde, na *Carta sobre a tolerância*, de Locke. William Walwyn formulou essa concepção de modo paradigmático no contexto dos debates parlamentares entre os independentes e a maioria presbiteriana:

---

12 Sobre essa época, cf. especificamente Saage, *Herrschaft, Toleranz, Widerstand*.

13 Cf. Lilburne, *Englands Birth-Right Justified* (1645).

As ações ou as omissões às quais um homem não se pode obrigar voluntariamente sem pecar – isso ele não pode confiar ou ordenar a um outro que as faça, quem quer que seja (um Parlamento, um conselho geral ou uma assembleia nacional). Mas todas as coisas relativas ao serviço de Deus e da natureza, que um homem não pode fazer sem pecar, também não o obrigam a fazer qualquer coisa que seja contrária ao seu entendimento e à sua consciência [...] porque nenhum homem pode confiar os assuntos de religião à regulação de quaisquer outros. E o que não pode ser dado não pode ser recebido: e assim como um homem particular não pode ser roubado de algo que nunca teve, assim também o Parlamento ou qualquer outra autoridade justa não pode ser violada ou privada de um poder que não lhe pode ser confiado.[14]

Esse argumento pré-liberal a favor da tolerância é, no entanto, bastante ambivalente. Por um lado, a afirmação de que há um direito natural à liberdade religiosa e política conecta a exigência pela tolerância com uma pretensão radical de justiça política – na qualidade de uma exigência fundamental pela justificação universal do exercício da dominação política. A partir dessa perspectiva, a tolerância não é meramente uma "exceção concedida" aos súditos "não normais", mas sim uma regra universal acerca da forma e do modo dos cidadãos de lidar uns com os outros no interior dos limites estabelecidos pelo direito natural. Aqui temos uma primeira ideia de uma concepção nova e diferente de tolerância – a *concepção do respeito* [*Respekt-Konzeption*] –, de acordo com a qual os cidadãos democráticos

---

14 Walwyn, *A Helpe to the Right Understanding of a Discourse Concerning Independency (1644/45)*, p.136ss.

se reconhecem reciprocamente em uma igualdade jurídica e política, mesmo quando, em grande medida, se diferenciam uns dos outros em virtude de suas visões éticas e religiosas sobre a forma de vida boa e verdadeira. Nesse sentido, a tolerância segue uma *lógica da emancipação em vez de uma lógica da dominação*.

Por outro lado, o argumento a favor da liberdade de consciência, que se apoia na já mencionada teoria da "consciência livre não livre", não somente é compatível com a concepção permissiva da tolerância; ele também exclui potencialmente as pessoas que não possuem uma consciência correta, por exemplo, os ateístas e os católicos, como é sabidamente apresentado em Locke (e também em Milton, que, a esse respeito, se diferencia dos tolerantes *levellers* e dos batistas como Roger Williams). Conforme a primeira *Carta sobre a tolerância* de Locke, não pode haver nenhuma reivindicação justificada à liberdade *sem* acreditar em Deus. De fato, poderíamos chamar de *temor de Locke* esse temor de que, sem um determinado fundamento religioso, não poderia haver uma moral nem um Estado que funcionasse.[15] Esse temor seria depois compartilhado por muitos pensadores do Esclarecimento – por exemplo, Montesquieu, Rousseau e Voltaire – e continua presente em nossas sociedades atuais.

8. Para desenvolver nossa história otimista sobre a tolerância, o reconhecimento e a emancipação, temos de nos voltar para uma outra voz no discurso histórico sobre a tolerância, uma voz que recusa o temor de Locke, embora não como uma

---

15 "A supressão de Deus, ainda que em pensamento, dissolve tudo." Locke, *Ein Brief über Toleranz*, p.95.

reação imediata a Locke. Estou pensando em um dos membros dos huguenotes, Pierre Bayle, que redigiu seus escritos durante seu exílio em Roterdã. Em *Pensées diverses sur la Comète* (1683), ele apresentou o que mais tarde seria definido como o *paradoxo de Bayle*: argumentou que a moral não precisa estar apoiada na religião, visto que se apoia nas motivações (o desejo pelo reconhecimento social) e nos conhecimentos (da razão natural) independentes da fé religiosa. O fanatismo religioso, e não o ateísmo, representa o grande perigo para a moral e o Estado. Bayle ousou defender a corajosa tese de que "uma sociedade de ateístas" seria plenamente possível e inclusive, se assim for, mais pacífica do que uma comunidade fundamentada na religião.

Por essa via, Bayle chegou à ideia decisiva de que a *tolerância recíproca* entre as pessoas com diferentes concepções de fé religiosas somente seria possível quando estivesse disponível um fundamento moral do respeito que fosse *independente* e compartilhado universalmente entre os seres humanos, e que excluísse a coerção religiosa. Em seu *Commentaire philosophique sur ces paroles de Jésus-Christ "Contrain-les d'entrer"* (1686), Bayle forneceu uma fundamentação para a tolerância que evitou as dificuldades com as quais Locke se havia confrontado em sua defesa da liberdade religiosa. Com base em sua controvérsia com a mal-afamada tese de Agostinho sobre a possibilidade e a eficiência do *terror* para libertar os homens do erro religioso e capacitá-los a reconhecer a verdade "a partir de dentro", desde que fosse transmitida corretamente,[16] Bayle já sabia o que

---

16 Sobre a justificação de Agostinho para o dever da intolerância, cf. especificamente sua Carta a Vicente.

Justificação e crítica

Locke só viu ao ser confrontado com a crítica de Jonas Proast: embora uma fé não possa ser sincera e verdadeiramente forçada a partir de fora, pode haver muitos outros caminhos *indiretos* para deter os homens em seu caminho equivocado e movê-los ao caminho contrário:

> aceito de boa vontade que a razão e os argumentos são os únicos meios apropriados para induzir o espírito a consentir com uma verdade que não é autoevidente – e que a coerção (*force*) é completamente inapropriada para ser usada com esse fim quando é colocada no lugar da razão e dos argumentos. [...] Mas, não obstante isso, quando a coerção servir, não *no lugar* da razão e dos argumentos, isto é, não para convencer por sua própria eficácia (o que não é possível), mas somente para fazer com que os homens considerem aquelas razões e argumentos que são apropriados e suficientes para convencê-los, mas que não considerariam sem essa coerção, quem poderia negar que desse modo *indireto* e *à distância*, a coerção não contribui para fazer que os homens recebam a verdade que, de outro modo, seja por negligência ou inércia, jamais alcançariam por si mesmos, ou em virtude de seus preconceitos teriam rejeitado ou condenado inadvertidamente como um erro?[17]

---

17 Cf. Proast, *The Argument of the Letter Concerning Toleration, Briefly Consider'd and Answer'd*, p.4. Para uma crítica convincente a Locke com base nas observações de Proast, cf. Waldron, Locke, Toleration, and the Rationality of Persecution. Contudo, discordo de Waldron em sua afirmação de que Locke teria encontrado um argumento plausível contra Proast. Todavia, para isso, teríamos de alterar a posição de Locke e movê-la em direção a um argumento normativo e epistemológico, como encontramos em Bayle (em uma forma melhor).

Para se esquivar desses contra-argumentos à defesa clássica da liberdade de consciência, Bayle argumenta, de um *ponto de vista normativo*, que cada pessoa está moralmente obrigada a justificar de modo recíproco todo exercício da coerção – um dever que seria reconhecido pela "razão natural".[18] Do *ponto de vista epistemológico*, Bayle defende a concepção de que, no caso de uma

---

Em suas cartas posteriores sobre a tolerância, Locke argumentou que o uso da coerção política e religiosa pressupõe um processo de justificação recíproca, e que seria infundada a suposição dogmática central de Proast de que as pretensões de verdade da Igreja anglicana não seriam rejeitáveis. Sobre isso, cf. Locke, A Second Letter Concerning Toleration, III. Ele desafia Proast a fornecer um argumento justificável reciprocamente "sem simplesmente supor que sua Igreja é a correta, e que sua religião é a única verdadeira. Isso não mais lhe pode ser permitido nesse caso, qualquer que seja a Igreja ou religião, seja uma papista ou uma luterana, uma presbiteriana ou anabatista. Não, isso não mais lhe pode ser permitido, como não pode ser a um judeu ou a um maometano".

18 Cf. Bayle, *Commentaire philosophique sur ces paroles de Jésus-Christ "Contrain-les d'entrer"*. Em 1771, apareceu uma tradução alemã desse texto, feita por Daniel Semerau, que não é suficientemente confiável na terminologia. Por isso, cito a partir da edição francesa das *Oeuvres diverses*, com tradução própria, p.367. "Mas se é possível que existam certas limitações em relação às verdades especulativas, não acredito que seja assim em relação aos princípios práticos e universais da moral. Acho que todas as leis morais, sem exceção, devem estar subordinadas à ideia de justiça natural, que, assim como a luz metafísica, *ilumina todo ser humano que está no mundo* [...]. Todo aquele que se esforça para reconhecer claramente a luz natural em relação à moral deveria se elevar acima de seus interesses privados e dos costumes de seu país, e se perguntar universalmente: *Esta prática é justa em si mesma? Quando se trata de implementá-la em um país em que ainda não existe e onde existe a liberdade de adotá-la ou não, ela seria, após o exame imparcial, considerada suficientemente razoável para ser aceita?*".

Justificação e crítica

indecisão metafísica entre duas doutrinas religiosas, não seria justificado para nenhum dos lados usar o poder. Bayle defendeu esse argumento *não* porque era um cético religioso, como muitos supõem, mas porque constatara que a fé é uma *crença*, e não um saber: enquanto não houver um modo razoável e irrecusável de provar a verdade de uma religião ou confissão, o dever de justificação recíproca exige a tolerância, e não o ceticismo. Certamente, sabemos que a fé própria é, afinal, uma crença, e que a religião é uma "evidência de qualidade relativa".[19] Porém, apesar disso, temos boas razões para considerá-la verdadeira na medida em que ela não contradiga a razão natural.[20] Nesse sentido, a pretensão de pessoas como Bossuet,[21] que acreditava estar de posse da verdade e, por isso, com base na interpretação agostiniana das palavras *compelle intrare* [Força-os a entrar] (Lucas, 14. 23), exigia o direito de poder exercer a violência legítima, acaba se convertendo, da perspectiva de Bayle, em nada mais do que um exercício puro e ilegítimo do poder. Segundo Bayle, em uma disputa sobre as normas e regras que devem regular a vida comum, é "pueril" e "risível"[22] pressupor justamente aquilo que está em disputa, ou seja, a verdade de uma Igreja em oposição à de outras. Se esse tipo de argumentação fosse admissível,

---

19 Ibid., p.396.

20 Em oposição à concepção de Barry, parece que, a partir do ponto de vista de Bayle sobre as questões religiosas, é perfeitamente possível e razoável que "a certeza da perspectiva interna sobre uma concepção possa estar vinculada de modo coerente com a posição de que é razoável para os outros rejeitar essa mesma concepção". Barry, *Justice as Impartiality*, p.179.

21 Cf. Bossuet, *Politique tirée de propre parole de l'Écriture Sainte*.

22 Bayle, *Commentaire philosophique*, p.359.

"então não haveria crime que não pudesse ser explicado, a partir dessa máxima, como um ato de religião".[23] Como enfatizado por Bayle, uma sociedade somente pode existir pacificamente quando tiver à disposição uma definição universalmente aceita do que é correto e do que é falso, independentemente das lutas acerca da Igreja verdadeira.[24]

Em seu famoso *Dicionário histórico e crítico* (1696), Bayle esclarece minuciosamente a diferença entre saber e fé, e a possibilidade de uma razão prática "natural" que leve ao conhecimento do dever de justificação recíproca. Ele considera a fé não no sentido fideísta como *irracional*, mas como algo que está *para além da razão* (*dessus de la Raison*): a fé não é irracional, mas a razão não consegue comprovar uma fé verdadeira.[25] A razão humana precisa aceitar seus próprios limites e a sua finitude, e aceitar a inevitabilidade da "diversidade razoável de opiniões" (como Rawls a nomeou mais tarde)[26] nas questões de fé. Segundo Bayle, aqueles que estão dispostos a renunciar à sua fé porque não conseguem provar de modo convincente a sua verdade e, com isso, se transformam em céticos e ateístas, simplesmente não são bons fiéis:

um verdadeiro cristão, bem versado no caráter das verdades supranaturais e bem firme em virtude dos princípios que são pró-

---

23 Ibid., p.391ss.

24 Ibid.

25 "A diversidade de opiniões [é] uma característica indissociável da humanidade enquanto ela tiver um espírito limitado e seu coração for tão volátil." Ibid., p.418.

26 Cf. Rawls, *Politischer Liberalismus*, p.127-41; Larmore, Pluralism and Reasonable Disagreement.

Justificação e crítica

prios do Evangelho, apenas vai rir das sutilezas dos filósofos e especialmente daquelas dos pirrônicos. A fé o lançará acima de todos os redemoinhos onde predominam as tempestades da arte de disputar. [...] Todo cristão que se deixa abalar pelas objeções dos não crentes, e se incomoda com isso, tem um pé junto com eles na mesma cova.[27]

9. As ideias de Bayle têm uma importância essencial para nossas histórias. Uma fundamentação da tolerância como a sua escapa das armadilhas dos argumentos tradicionais a favor da liberdade de consciência, que são: (1) que a exigência de Agostinho de que a fé somente seria possível a partir da livre e espontânea vontade (*credere non potest homo nisi volens*) não pode fornecer nenhum argumento contra a opressão daqueles "que cometem equívocos" religiosos, visto que é possível que uma violência "suave" produza a fé verdadeira, como acreditavam o velho Agostinho e também Proast; e (2) que tal tolerância somente poderia abranger as crenças religiosas *autênticas* (já que parecia faltar um padrão para tais crenças), e naturalmente apenas as crenças *religiosas* (e não o ateísmo). Se considerarmos a história recente do liberalismo, destaca-se que a justificação alternativa de Bayle contorna os problemas do ponto de vista neolockiano de que a liberdade de religião, como parte de uma concepção abrangente de liberdade política, deveria ser justificada porque a autonomia pessoal seria uma precondição para uma vida boa. Uma vida boa somente poderia ser uma vida "vivida a partir de convicções internas" com base em valores

---

27 Bayle, *Historisches und Kritisches Wörterbuch*, p.642.

escolhidos de modo autônomo.[28] Esta é uma concepção de vida boa plausível, porém não universalizável. Não está claro em que medida uma vida segundo valores tradicionais, não escolhidos, e simplesmente assumidos de modo convencional e "acrítico", seria uma vida "pior", isto é, menos realizadora do ponto de vista subjetivo e, objetivamente, apoiada em valores éticos menores, do que um modo de vida escolhido de modo autônomo. A vida politicamente *livre*, a vida pessoalmente *autônoma* e a vida eticamente *boa* provavelmente são três coisas diferentes. Esse tipo de argumento também acabaria limitando o que é tolerável ao âmbito das formas de vida que poderiam ser vistas como formas de vida "escolhidas", o que seria um ponto de vista muito estreito.

É claro que o meu ponto de vista alternativo exige igualmente um certo tipo de respeito pela autonomia das pessoas. Todavia, esse respeito não se baseia em uma determinada concepção *ética* do bem, mas sim em uma concepção *moral* de pessoa na qualidade de sujeito razoável com um *direito à justificação*.[29] Esse direito moral fundamental à justificação se baseia no princípio universal *recursivo* de que toda norma que deve legitimar a coerção (ou, em termos gerais, que justifica uma intervenção moralmente relevante nas ações do outro), deve reivindicar para si uma validade universal e recíproca e, em virtude disso, deve ser justificada por razões recíprocas e universais que não podem ser rejeitadas. Aqui, a *reciprocidade* significa que nenhum

---

28 Cf. Kymicka, *Multicultural Citizenship*, p.81. Para uma crítica a Kymlicka, cf. Forst, Foundations of a Theory of Multicultural Justice, e a réplica de Kymlicka na mesma edição, em Kymlicka, *Politics in the Vernacular*, cap. 3.

29 Cf. Forst, *Das Recht auf Rechtfertigung*.

Justificação e crítica

dos lados pode reivindicar determinados direitos ou recursos que negaria aos demais (reciprocidade de conteúdo) e que nenhum dos lados deve projetar suas próprias razões (valores, interesses, crenças, necessidades) sobre os outros para defender suas demandas (reciprocidade de razões). Deve-se estar disposto a argumentar a favor de normas fundamentais que valem de modo recíproco e universal e que são vinculantes a partir de razões que não se baseiam em verdades "superiores" ou em concepções do bem controversas, das quais podemos desconfiar e rejeitar de modo razoável, sem violar o respeito igual entre pessoas morais. Por fim, a *universalidade* significa que as razões para aquelas normas devem poder ser compartilhadas não apenas pelos grandes partidos, mas também por todas as pessoas concernidas.[30]

Eu deveria destacar aqui a palavra "compartilháveis", visto que os critérios de reciprocidade e de universalidade também permitem juízos sobre a justificabilidade de reivindicações quando não se consegue alcançar — como seria de se esperar — um consenso sobre elas.[31] Aqui cabem alguns breves exemplos.

---

30 Sobre um ponto de vista semelhante acerca da justificação democrática que se baseia na reciprocidade, cf. Gutmann e Thompson, *Democracy and Disagreement*. Todavia, eles não aplicam sua análise a uma concepção de tolerância baseada no respeito. Para eles, a tolerância é muito mais uma atitude interna sob a exigência do respeito recíproco. Cf. ibid., p.62 e 79, e também Gutmann e Thompson, Democratic Disagreement, p.251.

31 Concordo com Waldron que, em Toleration and Reasonableness, afirma que em uma sociedade pluralista sempre haverá controvérsias sobre a "compatibilidade" de diferentes ideias e práticas do bem. Porém, a partir disso não pretendo ter desenvolvido um "liberalismo kantiano algébrico" que coloca à disposição uma fórmula universal

Aqueles que argumentam a favor de uma igualdade jurídica de casais homossexuais possuem argumentos melhores, do ponto de vista da reciprocidade, do que aqueles que apelam para uma concepção religiosa da "natureza" das relações ou do casamento, contestável do ponto de vista recíproco. Aqueles que querem proibir o uso do véu nas escolas, seja por parte de professoras ou alunas, devem estar em condições de mostrar o quanto a prática de usar tais símbolos de fato viola direitos fundamentais ou princípios democráticos. E aqueles que querem, mediante a lei, que os crucifixos sejam expostos em salas de aula públicas devem mostrar o quanto essa prática é conciliável com os direitos de cidadania igual no interior de uma comunidade política pluralista e religiosa. É questionável se tais argumentos podem ser apresentados nos dois últimos casos.[32] Com base nos critérios da reciprocidade e da universalidade, parece que, em tais contextos, algumas razões "não são rejeitáveis de modo razoável", para usar, em sentido específico, uma formulação de Thomas Scanlon.[33]

O fundamento normativo dessa concepção de tolerância produz a exigência moral de respeitar a autonomia moral de cada pessoa em virtude de ser um sujeito que oferece e exige

---

para a resolução inequívoca de tais conflitos – uma possibilidade da qual Waldron desconfia. No entanto, gostaria de afirmar que, com a ajuda dos critérios da reciprocidade e da universalidade, podem ser identificados, em muitos casos, de modo plausível, argumentos melhores e piores para normas que valem universalmente, quando consideramos mais precisamente as exigências e as razões fornecidas. Para tais juízos é importante uma "assimetria" (p.30) argumentativa entre as exigências ou as razões.

32 Para mais detalhes, cf. Forst, *Toleranz im Konflikt*, §38.

33 Cf. Scanlon, *What we Owe to Each Other*, cap. 5.

razões. Se aqueles que são respeitados dessa maneira também conseguem levar uma vida eticamente melhor pode ser avaliado de diferentes formas. Mas não pode haver qualquer dissenso sobre o próprio dever de justificação e sobre os critérios de reciprocidade e universalidade. Nisso consistem os componentes *normativos* dessa justificação da tolerância, ao passo que os componentes *epistêmicos* se baseiam na ideia de finitude da razão. A nossa razão não está em condições de nos levar a uma e única resposta última sobre as questões acerca da verdade da vida boa (ou abençoada) que pudesse nos mostrar, dessa maneira, que todas as outras concepções éticas são falsas.

No entanto, o que é mais importante nesse contexto é a ideia de que, segundo essa concepção de tolerância, uma atitude tolerante pressupõe a vontade e a capacidade para fazer a distinção entre as convicções *éticas* sobre a vida boa e verdadeira e os princípios e normas *morais* universais, sobre os quais acreditamos (com boas razões) que toda pessoa deve reconhecer (ou melhor, não pode rejeitar recíproca e universalmente), independente de sua concepção do bem.[34] A teoria de Bayle implica essa distinção, e se levarmos em conta a história da tolerância, poder-se-ia dizer que essa diferenciação na teoria e também na prática representa a maior conquista no interior do discurso da tolerância. Contudo, ela tem seu preço, pois transforma a tolerância em uma *virtude política e moral* exigente, segundo a concepção de tolerância como respeito, apresentada por mim.[35] O preço consiste no fato de que, no caso em que

---

34 Sobre essa diferenca, cf. Forst, *Kontexte der Gerechtigkeit*, cap. 5, e também *Das Recht auf Rechtfertigung*, cap. 3.

35 Cf. Forst, Tolerance as a Virtue of Justice, p.193-206.

não se consegue produzir argumentos não rejeitáveis de modo recíproco e universal para um juízo ético, temos de aceitar que não existe uma justificação para transformar esse juízo ético em um fundamento para normas universalmente vinculantes.[36]

10. Retomando os três componentes da tolerância, a diferença principal entre a concepção permissiva e a concepção baseada no respeito reside no fato de que, no caso da primeira, todos os três componentes são definidos a partir das convicções éticas da maioria dominante ou de uma autoridade, ao passo que, para a concepção baseada no respeito, a situação se apresenta de outra maneira: a *objeção* pode estar baseada nas respectivas visões éticas (ou religiosas) particulares. A *aceitação*, por sua vez, deveria estar baseada em uma deliberação moral para saber se as razões para a objeção são boas o suficiente para valerem como razões para *rejeitar*, isto é, se podem ser justificadas de modo recíproco e universal. Se acabar se mostrando que as razões são suficientes para um juízo *ético* negativo, mas não para um juízo *moral* negativo, então a tolerância é necessária. Então deve ser reconhecido que o juízo ético particular não justifica uma condenação e rejeição morais. Este é o entendimento central da tolerância. A diferença decisiva está no tipo e no modo de estabelecer os *limites da tolerância*: com base em valores éticos particulares ou com base em princípios

---

36 É preciso acrescentar que o próprio Bayle considerava a tolerância unicamente como uma virtude moral e cidadã. Em termos políticos, ele estava do lado da tradição dos *politiques*, que defendiam um soberano forte, como Henrique IV. Segundo Bayle, somente ele poderia assegurar a paz em vista dos conflitos religiosos na sociedade.

e considerações justificáveis de modo recíproco – princípios que estão abertos à crítica no que diz respeito aos seus conteúdos e às "relações de justificação" sociais e institucionais existentes, que formam as condições estruturais sob as quais esses princípios devem ser gerados.[37]

11. Como já indiquei, nossa história seria extremamente otimista se partíssemos do fato de que a história da concepção de tolerância baseada no respeito foi a narrativa dominante. Isso não está correto nem em vista das práticas de tolerância, nem em consideração aos escritos mais importantes sobre a tolerância. O pensamento do Esclarecimento anterior a Kant mal consegue chegar ao nível da concepção de Bayle, e também Kant se prende à ideia de que o fim das disputas religiosas seria possível por uma "religião racional" unitária – uma ideia que Bayle já colocara em dúvida, e com boas razões.[38] Por isso está errada a suposição, amplamente aceita, de que o Esclarecimento foi o ponto alto do pensamento sobre a tolerância, e que, então, com a institucionalização do direito à liberdade religiosa depois das revoluções Americana e Francesa, ter-se-ia dado um passo *para além da tolerância*. Sem dúvida, a ideia de um direito fundamental à liberdade religiosa vai decididamente para além de uma concepção permissiva da tolerância, mas é falso assumir que nos leva "para além da tolerância", visto que (1) a tolerân-

---

37 Esse aspecto recursivo e procedimental dos *terms of toleration* é igualmente ressaltado por O'Neill, Practices of Toleration, e Bohman, Reflexive Toleration in a Deliberative Democracy.

38 Sobre isso, cf. Forst, Toleranz, Glaube und Vernunft: Bayle und Kant im Vergleich.

cia ainda é exigida, como já mencionei, só que agora no plano horizontal entre os cidadãos como autores e destinatários do direito, e, (2) de uma perspectiva crítica, a concepção permissiva continua muito atual nos debates sobre o que significa exatamente o direito à liberdade religiosa. Esse direito simplesmente implica não ser forçado, como minoria, a renunciar às suas próprias convicções religiosas ou exige um igual *status* político e público? Nos Estados democráticos, desapareceu a velha concepção permissiva do absolutismo, mas permanece uma disputa renhida entre as formas democráticas da concepção permissiva e da concepção baseada no respeito. Se quisermos desenvolver uma genealogia de nossas ideias e práticas da tolerância, temos de juntar minhas duas histórias em *uma* única.

12. Que lição pode ser tirada das minhas histórias, ou melhor, da minha história geral sobre a tolerância no contexto de uma teoria do reconhecimento e da emancipação? Podemos resumi-la em cinco pontos de vista.

A. A tolerância implica sempre os componentes da objeção e da rejeição. Ou seja, implica sempre uma valoração negativa e também um limite da tolerância. Portanto, a tolerância nunca é uma forma "plena" de reconhecimento positivo de uma outra prática ou crença e identidade. Comparada com o ideal exigente da valorização, a tolerância implica de fato uma ofensa.

B. Segundo a concepção permissiva, a tolerância é uma forma de reconhecimento de minorias por parte de uma maioria ou uma autoridade, que protege a segurança e a liberdade elementar da minoria. Mas, ao mesmo tempo, representa uma forma complexa de poder, sob um modo repressivo e produtivo, pois considero (diferentemente de Foucault) que ambos

Justificação e crítica

os aspectos podem ser conciliados. Ser reconhecida como uma minoria diferente, "não normal", e adquirir uma espécie de *status* de minoria, significa precisamente isto: o reconhecimento como cidadão de segunda classe, como um não igual. Ser tolerado e reconhecido nesse sentido significa ser dominado e, por isso, corresponde obviamente a uma "ofensa".

C. A alternativa a isso, a concepção de tolerância baseada no respeito, tem uma série de raízes históricas e normativas. Sua justificação mais convincente é aquela que se sustenta no direito fundamental à justificação, combinado com uma teoria da diferença entre o saber universal, por um lado, e as convicções éticas ou crenças religiosas, por outro. Estas últimas permanecem como objeto de um desacordo razoável. Essa forma de tolerância pressupõe uma forma complexa de reconhecimento e também de autopercepção: pelo fato de considerar os outros iguais moralmente e concidadãos em igualdade de direitos, sabe-se que se deve a eles uma forma de respeito elementar e uma respectiva fundamentação em relação às normas e às instituições às quais estão subordinados. Consequentemente, a complexidade consiste no fato de que se deve ser capaz de manter as próprias convicções éticas e também saber, em parte, relativizá-las quando se trata de uma diversidade de opiniões éticas sobre o bem – e, então, saber ser tolerante. Permanece controverso saber o que isto significa na prática. Contudo, para responder ao costumeiro "argumento da esquizofrenia", que afirma que essa concepção de tolerância pressupõe um *self* dividido, ou melhor, uma mente dividida, ninguém precisa renunciar à sua identidade para ser tolerante dessa maneira. Mas por que alguém não poderia, por um lado, acreditar firmemente que a cruz é um símbolo da fé verdadeira, e, por outro, estar igualmente convencido de que seria errado deixar que, pela lei, ele fique pendurado nas salas de aula das escolas públicas?

D. Visto dessa maneira, a ideia fundamental que nos leva de uma forma hierárquica e repressiva a uma forma democrática e horizontal de tolerância é o respeito ao direito moral fundamental à justificação: deve-se ter aprendido a *considerar* a si mesmo e aos outros como pessoas morais com esse direito.

O que essa forma fundamental de respeito significa na prática somente pode ser definido através dos procedimentos de fundamentação intersubjetiva com a ajuda dos dois critérios de reciprocidade e de universalidade – consequentemente, sem esses dois critérios, a ideia do direito à justificação permanece vazia. Do ponto de vista normativo, a ideia moral *substantiva* do direito à justificação e os critérios *procedimentais* de reciprocidade e de universalidade têm uma primazia absoluta diante das concepções do bem. No contexto político da *justiça* não existe um critério substantivo mais fundamental para descobrir quem deve o reconhecimento a quem e qual a sua forma. Nesse sentido, a razão prática justificadora é autônoma.[39]

E. Não obstante, a linguagem do reconhecimento não poderia produzir os recursos necessários para explicar os *motivos* e os *objetivos* dos atores sociais em suas lutas políticas? Não chegamos aqui nos limites de uma abordagem kantiana abstrata que não consegue fornecer um fundamento suficiente para uma teoria crítica dos conflitos sociais?[40]

---

39 Sobre isso, cf. minha discussão da relação entre justificação e reconhecimento em Forst, *Kontexte der Gerechtigkeit*, cap. 5, e "O que é mais importante vem primeiro", neste volume.

40 Cf. especialmente a crítica de Honneth a esse tipo de abordagem, em Umverteilung als Anerkennung.

Justificação e crítica

Para responder essa questão, precisamos fazer a distinção entre o pressuposto e o objetivo das lutas por reconhecimento – por exemplo, daquelas contra a intolerância ou as formas falsas ou condescendentes de tolerância. Esse *pressuposto* parece ser duplo: em primeiro lugar, aqueles engajados nessas lutas já devem ter uma autocompreensão que os torna moralmente iguais à maioria que os trata de modo injusto – e já devem ter desenvolvido essa autocompreensão antes de participar da luta, pois, sem isso, permaneceriam em sua posição subordinada. Em segundo lugar, como já indicado, eles devem ter desenvolvido um sentido positivo para sua identidade religiosa e cultural, pela qual vale a pena lutar – e, mais uma vez, antes de se lançarem no conflito social. Eles devem ter adquirido uma identidade antes e durante os conflitos, de modo a gerar os recursos para sua luta pela justiça. Consequentemente, sua autocompreensão e o sentimento próprio positivos não parecem depender do reconhecimento da maioria, seja no âmbito moral fundamental, seja no âmbito ético-religioso concreto. A avaliação de que são tratados injustamente pressupõe uma identidade ética e moral desenvolvida (embora não uma identidade que se tenha formado de modo completamente independente). Em muitos dos casos mencionados, essa identidade se formou mediante certas formas de reconhecimento *imaginário*, especialmente o reconhecimento por parte de Deus – mediado pelo reconhecimento social no interior da respectiva comunidade religiosa.

Mas qual é o *objetivo* dessas lutas por justiça – isto é, das lutas que não pretendem simplesmente inverter a estrutura de poder? Acho que o objetivo não consiste em ser estimado por aqueles que consideramos viverem de forma profundamente equivocada em termos éticos e religiosos.[41] Pelo contrário, o objetivo é ser respeitado como um igual em termos políticos e morais, apesar da permanência de diferenças éticas profundas: ser respeitado como pessoa com um efetivo direito à justificação. E com isso se alcança o objetivo principal, que consiste em ter a oportunidade de conduzir uma vida que se considera que vale a pena ser vivida aos olhos de Deus (quando se tratar da perspectiva de uma pessoa religiosa) e também da própria comunidade. Formulado em termos negativos, o objetivo consiste no desejo pela liberdade e, no sentido positivo, no desejo de ser reconhecido como igual e ter a possibilidade de viver uma vida que vale a pena ser vivida segundo padrões próprios. Por conseguinte, o motivo principal para as lutas por uma tolerância justa é ser tratado *corretamente* em sua dignidade como sujeito moral. A linguagem prioritária da crítica foi e é a linguagem do poder e da questão sobre as razões que justificam as normas

---

41 Diferencio-me aqui dos muitos autores que argumentam, embora de diferentes modos, a favor de formas "mais fortes" de estima recíproca como alternativa à "mera tolerância". Por exemplo, Taylor, Die Politik der Anerkennung, p.59; Raz, Toleranz, Autonomie und das Schadensprinzip; Sandel, Moral Argument and Liberal Toleration: Abortion and Homosexuality; Mendus, *Toleration and the Limits of Liberalism*. A mim parece que o passo (justificado) de passar de uma "concepção permissiva" a uma "concepção de tolerância baseada no respeito" não deveria ser confundido com um movimento em direção a uma "concepção baseada na estima", segundo a qual os grupos que se toleram reciprocamente o fazem com base em um acordo ético geral sobre o bem, e somente toleram as diferentes variações dessas formas "boas" de vida. Sobre a distinção entre essas concepções de tolerância (e também sobre uma outra, a "concepção da tolerância como coexistência"), cf. Forst, *Toleranz im Konflikt*, §2.

Justificação e crítica

e as instituições às quais estamos todos submetidos,[42] e não a linguagem do reconhecimento em sentido mais substantivo.[43] No que diz respeito aos pressupostos motivacionais e aos objetivos das lutas por reconhecimento e por tolerância, parece que não desempenha nenhum papel o reconhecimento social universal de uma identidade como uma identidade valiosa, que somente poderíamos aceitar ou compreender plenamente através dessa valorização, pois os atores dessa luta sabem que essa forma de reconhecimento *ético* – para usar uma expressão hegeliana – não é alcançável. Contudo, ainda acreditam na necessidade e também na possibilidade da justiça.

---

42 Isto está próximo da concepção de crítica de Foucault (nesse sentido kantiano). Cf. Foucault, *Was ist Kritik?*, p.14: "por fim, não querer ser governado significa também não aceitar como verdade o que uma autoridade anuncia como verdade, ou, em todo caso, não aceitar como verdadeiro o que uma autoridade prescreve como verdadeiro. Significa: somente aceitar algo quando se considera que existem boas razões para aceitar".

43 Aqui me diferencio de Honneth, *Kampf um Anerkennung: zur moralischen Grammatik sozialer Konflikte.*

III
Para além da justiça

7
A injustiça da justiça:
dialética normativa segundo Ibsen,
Cavell e Adorno

> *O mundo, tudo é a injustiça, pensei comigo. Os homens são a*
> *injustiça e a injustiça é tudo, esta é a verdade, pensei comigo. Nós*
> *só dispomos sobre o que é injusto, pensei comigo. Essas pessoas*
> *sempre fingiram tudo, mas na realidade nunca foram nada...*
> *E sobretudo fingiram serem naturais e nunca foram naturais.*
> *Tudo sobre elas foi sempre apenas a própria artificialidade.*
>
> Thomas Bernhard, *Holzfällen*

I. Que a justiça tem algo de desumano, ou talvez, nem sequer seja da própria essência humana, é uma queixa antiga e
sempre retomada. A justiça é dura e irreconciliável, impessoal
e abstrata, subordina o individual ao universal, cultiva o não
idêntico no mesmo solo da identidade. Assim, nada mais é do
que o rancor – conforme o gosto – dos espíritos ressentidos,
fracos e invejosos, *ou* dos fortes impiedosos *ou* dos fanáticos
convictos (ou o que estiver disponível no inventário dos espíritos estupidamente obstinados).

Parece haver uma afinidade eletiva entre as queixas desse
tipo e uma outra, sobre o próprio pensamento filosófico, se

comparado, por exemplo, com a literatura. Enquanto a força imaginativa da literatura tem uma empatia com os destinos individuais, a força conceitual da filosofia corta essa dimensão do humano e acaba surda às vozes dos indivíduos. A literatura não quer tornar o mundo conceitualmente transparente. Mais precisamente: a literatura articula as palavras do particular, inclusive as palavras daqueles que de outra maneira não teriam voz, isto é, falando de modo paradoxal, as palavras dos sem linguagem.

Ao juntarmos as duas queixas, poderíamos concluir – normalmente com uma referência negativa à crítica aos poetas feita por Platão, que posicionou a ideia da justiça no lugar mais elevado do universo normativo – que o papel da imaginação literária consistiria em nos instruir sobre os limites de uma filosofia da justiça. Mas aqui se coloca um problema, pois com isso invadimos a região própria do discurso filosófico. Com isso, precisamos aqui lidar antes com a questão de como seria possível uma filosofia da justiça reformulada, consciente da problemática dos limites da justiça. Porém, talvez seja o caso aqui de que nós não só somos inevitavelmente remetidos outra vez ao reino do pensamento filosófico, mas, além disso, também pode ser o caso de que as queixas mencionadas não conseguem escapar do domínio da própria justiça: queiram ou não, estão engajadas em uma crítica *imanente* da justiça. Então, o meu título "A injustiça da justiça" não implica que o conceito de justiça seja desesperadamente aporético e que tenha de ser substituído por alguma outra coisa, mas sim que é a própria justiça que torna visível, em termos autocríticos, suas formas imperfeitas.

Justificação e crítica

Isso pode acontecer de duas maneiras. Por um lado, podemos ter como objetivo uma forma de justiça abrangente e perfeita, que está ciente da problemática dos destinos individuais e procura assimilá-los.[1] Por outro lado, podemos defender a tese dramática de que o conceito de justiça é de fato aporético, embora insubstituível: ele não consegue de fato realizar aquilo que visa, a saber, ser "justo" com o indivíduo, com todo e qualquer indivíduo, mas essa imperfeição é ela mesma medida[2] pela ideia de uma "justiça infinita", que, é claro, não poucas vezes é entendida de forma messiânica.[3] De acordo com essa interpretação da aporia, a justiça é tanto inalcançável quanto inevitável para o projeto de organizar o mundo de modo humano à luz de uma ideia "sobre-humana".

No que se segue, pretendo debater dois críticos da justiça e perguntar em que medida eles podem ser entendidos como críticos imanentes da injustiça da justiça, no segundo sentido mencionado. Theodor W. Adorno e Stanley Cavelll procuram, cada um à sua maneira, mostrar os limites da justiça e sua transformação dialética em desumanidade ou – e esta a questão – em injustiça. O que é interessante é que ambos recorrem a exemplos literários centrais de um mesmo dramaturgo, Henrik Ibsen –

---

1 Por exemplo, Nussbaum, *Poetic Justice: the Literary Imagination and Public Life*.

2 Derrida, *Gesetzeskraft: der "mystische Grund der Autorität"*, p.51. Sobre isso, cf. a crítica de Christoph Menke à igualdade, em *Spiegelungen der Gerechtigkeit*. Pode ser que a "justiça" seja o conceito que mais uma vez abrange, de modo tenso, a relação dialética e negativa entre a igualdade e a individualidade problematizada por Menke.

3 Por exemplo, em Benjamin, Zur Kritik der Gewalt.

Cavell tendo como referência a peça *Casa de bonecas*, e Adorno, *O pato selvagem*.

Permitam-me começar com uma noção geral sobre a "justiça". Em geral, o conceito é usado nas relações humanas que estão "em ordem", ou seja, não somente ordenadas, mas ordenadas de modo legítimo. Em termos negativos, são as relações nas quais ninguém é dominado ou prejudicado de modo arbitrário ou injusto; em termos positivos, são as relações nas quais as ações dos indivíduos podem ser justificadas reciprocamente de modo tal que caibam em uma ordem que pode ser aceita pelos seres humanos, isto é, uma *ordem de justificação*. E vice-versa: aquelas ações dos seres humanos que podem ser bem fundamentadas devem poder encontrar seu lugar em uma ordem justa. Dito de forma geral, na sua interpretação de Ibsen, Cavell trata da questão da inserção das ações humanas, demasiado humanas, em uma ordem "justa", enquanto Adorno pergunta, em sua interpretação de Ibsen, como na verdade é possível agir de forma "justa" em um mundo radicalmente "falso".

2. Começo com a crítica de Cavell à justiça, que ele apresenta como uma crítica "perfeccionista" da teoria rawlsiana. É claro que o perfeccionismo ao qual Cavell chega não é o perfeccionismo aristotélico no sentido clássico, que compreende os seres humanos como seres que se desenvolvem em direção a um bem objetivo e formam suas virtudes nesse vínculo com o bem. O perfeccionismo "emersoniano" de Cavell é definitivamente não teleológico;[4] trata-se de se aperfeiçoar a si próprio,

---

4 Cavell, *Conditions Handsome and Unhandsome: the Constitution of Emersonian Perfectionism* (daqui por diante citado por "C"). Todas as traduções para o alemão são de R. F.

compreender-se, ser independente, e sobretudo encontrar a sua própria voz – e também permanecer aberto para futuras auto-transformações. Cavell não confia na ideia de Rawls de que o objetivo de um plano de vida racional é uma vida "irrepreensível" (*above reproach*),[5] ou seja, não ter de ser censurado por ter vivido sua vida de forma descuidada e errada. A objeção de Cavell é que, ao acomodar o plano de vida racional no consenso moral que sustenta a "sociedade bem ordenada", Rawls acaba desconsiderando a dimensão *existencial*, que não encontra um lugar na "conversação rawlsiana da justiça":

> uma das realizações mais notáveis de Rawls é ter provado que a qualquer momento, no âmbito das circunstâncias da justiça [...] existe uma solução ótima para essa conversação [...]. Porém, até onde consigo ver, quando se trata da constituição do conjunto real de instituições, não há nenhuma razão para esperar essa prova de que a conversação sobre a justiça tenha uma solução ótima, ou qualquer outra. Parece-me que Rawls, com base na prova acerca da posição original, é levado a considerar que a vida "irrepreensível" é uma resposta racional à questão da afirmação de um plano de vida em nossa sociedade real. Porém, esse comportamento fundamental não é uma resposta, mas uma recusa a novas conversações. Algumas vezes, o convite para essa conversação precisa ser recusado. Por exemplo, quando, no final de *Casa de bonecas* [...] o marido de Nora, Torvald, reivindica que ele está acima da censura moral, e que Nora não tem nenhum direito contra ele ou contra as instituições da sociedade, ele está fechando a porta para a qual

---

5 Rawls, *Eine Theorie der Gerechtigkeit*, p.461 (tradução para o alemão modificada por R. F.).

Nora está se dirigindo, mais explicitamente, fechar uma porta é a resposta especular. (C, xxv)

A personagem Nora, de Ibsen, é apresentada por Cavell como uma figura que tem sua própria voz roubada pela justiça social dominante, incorporada principalmente em seu marido – uma voz que ela somente reencontra quando recusa a ordem oficial da justiça. Deixemos de lado por um momento a interpretação específica de Rawls, e olhemos mais precisamente a peça de Ibsen para entender essa crítica de Cavell.

Nora é a esposa jovem e cheia de vida, e ao mesmo tempo virtuosa, do advogado Torvald Helmer, que recentemente conseguiu uma posição profissional muito influente como diretor de um banco de investimentos. Torvald trata Nora como uma criança imatura e está rigorosamente decidido a levar uma vida ética e honrada. E como é típico em Ibsen, o passado reprimido retorna nessa "casa de bonecas": quando, anos antes, Torvald estivera doente e incapaz de trabalhar, e somente uma estadia prolongada na Itália podia ajudá-lo a se recuperar, Nora conseguiu o dinheiro necessário por meio de documentos falsos. Visto que Torvald era muito orgulhoso para tomar algum dinheiro emprestado, e as mulheres, pelo direito vigente à época, não podiam fazer nada sem a anuência do marido, Nora lhe contou uma mentira, dizendo que o dinheiro tinha vindo de seu pai muito doente, quando secretamente ela o havia tomado emprestado de um homem de reputação duvidosa (por estelionato), chamado Krogstad, ao falsificar um documento público em nome de seu pai, falecido por doença (falsificação que Krogstad descobriu mais tarde). Desde então, assumiu trabalhos extras para pagar o dinheiro.

Justificação e crítica

O destino toma seu curso quando Krogstad chantageia Nora para que ela providencie que ele mantenha seu emprego no banco de investimentos, do qual Helmer quer despedi-lo. A estrutura de mentiras sobre o qual estava construído o belo lar hipócrita começa a balançar, e diversas forças estão operando para demoli-lo, algumas por interesse próprio, mas também algumas por amor à verdade, como Cristina Linde, uma amiga de Nora, que acredita que a verdade deve vir à luz, inclusive para esclarecer toda a relação desigual entre Nora e Torvald. Com isso, no final, por um oceano de delitos e farsas, defrontam-se *duas ordens normativas*: por um lado, a ordem de Nora, que considera seu ato plenamente justificado, pois tem sua origem no amor, e ninguém foi realmente prejudicado por ele.[6] É por isso que também acredita poder recorrer ao direito. Mas o mais importante é que ela espera que, ao revelar tudo a Helmer, será seu gesto de amor que o moverá a apoiá-la e a assumir a responsabilidade; ela espera por aquilo que Ibsen chama de "milagre" (N, p.91). Mas essa esperança morre quando Torvald toma ciência dos fatos e expõe, com toda força, a outra ordem normativa, a do direito, da justiça oficial, dos costumes, da honra, da decência, enfim, da hipocrisia moral, para julgar Nora e acusá-la de ter perturbado essa ordem. Aos seus olhos, ela não tem religião, moral e senso de dever (N, p.82), e só quer ainda conviver com ela para manter as aparências, sem que ela possa continuar a educar as crianças. Mas isso se altera tão logo Krogstad, que nesse ínterim se apaixonou por Cristina, lhe envia a promissória, única prova do ato; logo Helmer per-

---

6 Ibsen, *Nora (Ein Puppenheim)*, p.35 (citada de agora em diante como N).

doa Nora, chamando-a de "criaturinha assustada e desampara-da", a cuja educação gostaria de se dedicar inteiramente. Porém, em meio a esse júbilo de paternalismo, Nora abruptamente se afasta dele e, com poucas palavras, abandona o marido, o lar e as crianças. Ela só afirma que não quer mais ser sua esposa-boneca e, diante da resposta de Torvald, de que ela deveria pensar em seus deveres como esposa e mãe, ela responde que seu dever mais sagrado é consigo mesma, especialmente o dever "de encontrar a mim mesma e a relação correta com o meu mundo" (N, p.89). Mas o mais importante é que, a partir da confrontação entre a ordem normativa, na qual Nora até então acreditava, e aquela de Helmer, ela conclui que não pode mais confiar na ordem produzida, e tem de descobrir por si mesma quem está certo. Quando Torvald diz: "você não entende nada da sociedade em que vive", Nora responde: "não, não a enten-do. Mas agora quero conhecê-la. Preciso me certificar quem tem razão: a sociedade ou eu" (N, p.91).

Retornando a Cavell. Aos seus olhos, a ruptura que Nora provoca na comunicação é a saída da conversação da justiça, se bem que, diga-se de passagem, não a justiça rawlsiana, mas aquela de uma sociedade real, que dá a impressão de ser "bem ordenada", e na qual predominam certos padrões de vida – convencionais – "irrepreensíveis". Nora descobre que sua voz destoa do consenso dessa sociedade, que nela não consegue mais ser ela própria: "privar alguém de sua voz em uma conver-sação sobre a justiça não é aqui o ato de algum vilão [...]; essa privação é antes obra do próprio consenso moral que se mani-festa no mundo (e em nós) através do respeitável Torvald" (C, xxxvii). O perfeccionismo emersoniano consiste em procurar descobrir a si mesmo (C, 26), longe dos disfarces e das desfigurações incorporados na linguagem geral do direito e dos costumes: "A questão do consenso transforma-se na questão de saber se a voz pela qual reconheço uma sociedade como sendo a minha, como a que me corresponde, é a minha voz, a minha própria voz" (C, p.27). Segundo Cavell, Nora vê que suas razões se esgotam, que a ordem normativa dominante as silencia e as encobre com razões, por assim dizer (C, p.109), e, assim, a única possibilidade de Nora permanecer ou se tornar um *self* é abandonar essa ordem. Se é assim, segundo Cavell, se a ordem de justificação existente está acabada e não resta mais nenhum espaço para o próprio eu, então o perfeccionismo entra em vigor, pois então "algo deve ser mostrado" (C, p.112) e não apenas "dito". Ainda segundo Cavell, provavelmente o indivíduo não está livre para simplesmente entrar em um outro mundo, como se fosse abandonar um palco. Mas, desse modo, a nossa vida na sociedade é uma vida cindida, pois sabemos que essa sociedade não permite nenhuma vida decente e que a autotransformação é o primeiro passo para uma modificação da sociedade. Este é o componente democrático dessa negação da comunicação. Porém, o ponto nevrálgico reside no componente perfeccionista: ter de reconhecer que a vida própria deve ser a única, e que ela "não encontra justificação" (C, p.124) se for mensurada pela ordem vigente.

Essa ideia de recusa do consenso certamente está de acordo com um aspecto central da peça de Ibsen, que mostra o quanto a ordem de justificação dominante levou Nora à perda de si mesma. Porém, o que se perde é que Nora só adquire a força para romper, para se autolibertar e abandonar sua família, porque ela, desde o início, move-se em uma ordem de justificação própria, que não apenas é diferente da dominante, mas também se entende como ordem *superior*, e ela acreditava que também Torvald deveria reconhecer a sua superioridade. Evidentemente, ela não precisa se convencer sobre quem tem razão, a sociedade ou ela, porque isso ela já sabe muito bem: "Agora fiquei sabendo que as leis não são o que eu julgava que fossem. Porém, ninguém vai me convencer que essas leis são justas. Então uma mulher não deveria ter o direito de evitar um desgosto a seu velho pai moribundo ou de salvar a vida de seu marido?" (N, p.90). Nora não é apresentada como alguém "sem justificação", como alguém inteiramente sem linguagem, como diz Cavell; pelo contrário, ela é representada como alguém que dispõe de uma *justificação mais elevada*. Além disso, o que está em jogo, em primeiro lugar, não é sua vida própria, mas a possibilidade de poder viver *sinceramente* na sociedade, sem precisar fingir quando se tem boas razões para suas ações a favor dos outros. Para a sociedade de Helmer, Nora aparece como uma mentirosa, mas na verdade é o contrário: a sociedade mentirosa coage os seres humanos decentes a negarem a si mesmos, visto que não falam a linguagem dominante.

A questão importante é se a crítica da justiça expressa na *Casa de bonecas* fala em nome da própria justiça ou em nome de alguma outra coisa, não menos humana, mas humana em um outro sentido. O interessante é que o próprio Cavell, em seus "momentos mais democráticos", parece confirmar a primeira hipótese: a advertência que Nora faz a Helmer de que "milhares de mulheres" (N, p.92) sacrificaram sua honra pelo amor (que Helmer recusou como uma exigência descabida), Cavell entende, com razão, que com isso Ibsen transformou Nora em

Justificação e crítica

uma *pessoa representativa* de um desejo pela justiça que – e aqui Cavell cita o jovem Marx[7] – se volta contra "a injustiça em si mesma" (C, p.110). E quando menciona a forma de existência de uma vida cindida, Cavell observa que Nora está consciente da "distância coletiva em relação à justiça perfeita" (C, p.112). Significa isso que uma justiça perfeita fornece a Nora uma justificação mais elevada?

Por um lado, sim, mas, por outro, não. É evidente que a peça de Ibsen não descarta a "justiça" como algo inumano. Pelo contrário, reivindica uma justiça melhor, mais receptiva, que vai ao encontro dos indivíduos, que combina suas reivindicações *universais* por liberdade e igualdade com suas necessidades *particulares*. A justiça que se isola em relação a isso é falsa e ruim, e leva a uma *dialética normativa* da conversão da justiça em hipocrisia moral e em injustiça. Mas, para além disso, a peça também coloca a questão de saber se pode existir uma forma de direito justificado universalmente que seria receptiva a todas as motivações de Nora: por exemplo, quais formas de trapaça deveriam ser permitidas para ajudar seu velho pai ou o marido enfermo? Mesmo quando pudéssemos recorrer a conceitos como "circunstâncias atenuantes", "situação de necessidade" etc., fica evidente que a característica universalizante da justiça, nos momentos em que ela é moldada em princípios universais e é codificada juridicamente, estabelece efetivamente uma ordem de justificação que não *pode* ser idêntica a outras ordens de justificação, por exemplo, a do amor, a da compaixão etc. Portanto, a crítica à justiça permanece diversificada: ela pode levar a novas formas de justiça, mas também pode mostrar e

---

7 Marx, Zur Kritik der Hegelschen Rechtsphilosophie, p.182.

reconhecer os limites da justiça quando comparada a outras ordens normativas.

Porém, em ambos os casos, parece que o que está operando é menos uma aspiração "perfeccionista" do que a tentativa de se orientar no interior dessas ordens de justificação sobrepostas. Poder-se-ia dizer que a aspiração por um mundo social justo é uma aspiração pela veracidade, por um mundo em se pode ser um *self* próprio, em que não se precisa fingir nem desmentir seus motivos e ações corretos. A justiça parece ser, portanto, um poder corretivo que rompe o contexto de intrigas e mentiras, e com isso também permite a honestidade: poder expor as razões próprias, como Nora o desejava, visto que estava convencida de que eram razões corretas e defensáveis. Com isso, abordamos a questão central que a obra de Ibsen coloca: o cerne de nosso amor à justiça, e eventualmente nosso amor à verdade, é o impulso correto para "endireitar" as coisas, isto é, poder dizer o que foi e o que é, e poder se justificar sinceramente? O mundo justo seria, então, aquele que não coage ninguém a adotar uma segunda linguagem artificial e enganadora que encobre o que é autêntico e acaba premiando o que é falso.

3. Um olhar sobre *O pato selvagem*, que surgiu cinco anos mais tarde, parece comprovar isso. Mais uma vez é descrita uma vida doméstica tecida em uma teia de mentiras oriundas do passado, e mais uma vez é o impulso à autenticidade e à justiça que provoca sua ruína. Mas, dessa vez, a situação é mais complicada: não é unicamente a insípida ordem de justificação da hipocrisia burguesa, paternalista e capitalista que é rompida pela verdade e pelo impulso pela justiça, mas é este *próprio* impulso que é apresentado em sua ambivalência: por um lado, como impulso

justificado em um mundo cheio de mentiras e embustes e, por outro, como impulso estúpido e cego em relação às necessidades reais das pessoas; enfim, como impulso destrutivo.[8] Agora se mostra uma dialética normativa da justiça completamente diferente: *Casa de bonecas* apresenta essa dialética em torno de uma ordem de dominação reacionária, em *O pato selvagem*, ela se mostra na fúria da virtude daquele que agora realmente está "no direito", mas que, não obstante, tem a presunção arrogante: uma mistura de Helmer e Nora, por assim dizer.

Vamos lembrar brevemente a história de *O pato selvagem*. O próspero industrial Werle tinha um sócio, de nome Ekdal. Junto com seu filho Gregers, Werle arranjou as coisas de modo a fazer que somente Ekdal tivesse de pagar na prisão pelas maquinações ilegais de ambos. Werle não somente trai Ekdal, como também a sua própria esposa doente: a antiga governanta Gina espera um filho de Werle. Gina casa com o filho de Ekdal, Hjalmar, cuja formação como fotógrafo é financiada por Werle, sem que Hjalmar o saiba. Hjalmar também não sabe que a menina Hedwig, agora com 14 anos, não é sua filha legítima. A família vive com o velho e alquebrado Ekdal, que igualmente é financiado por Werle, em uma pequena casa com uma espécie de sótão, onde Ekdal construiu um pequeno mundo natural ilusório, no qual pode ir caçar. Ali vive também um pato selvagem, igualmente graças a Werle, que o acertou com um tiro e queria matá-lo, mas seu serviçal o ofereceu a Ekdal. Tal como todos os Ekdal, o pato selvagem tem uma existência modesta, dependente, mas não a vida correta e autêntica. Enquanto Gina

---

8 Essa ambivalência é mostrada por Thomas Bernhard, *Holzfällen. O pato selvagem*, de Ibsen, desempenha ali um papel essencial.

de fato dirige o atelier de fotografia, Hjalmar fica, na maior parte do tempo, sonhando acordado e se refugia na mentira vital de uma eminente grande descoberta que será feita por ele. Todo esse pequeno mundo está construído sobre mentiras e relações de poder unilaterais. Gregers, o filho de Werle, que está vindo para uma visita, decide que é sua tarefa trazer alguma luz sobre essas relações. Cheio de desprezo por seu pai (e com uma má consciência), ele recusa a oferta de ser seu sócio. Em vez disso, Gregers se vê sob os "direitos do ideal", como Ibsen os denominou, e decide abrir os olhos de Hjalmar acerca de sua falsa existência, drenar esse "pântano envenenado".[9] Não só está convencido de que com isso produzirá uma boa ação, mas também busca um "remédio para minha consciência doente" (W, p.74). Aos olhos do médico Relling, pelo contrário, Gregers sofre de "uma aguda febre de moralismo" (W, p.76).

A tragédia começa quando Gregers Werle expõe toda a verdade para Hjalmar. Enquanto para Hjalmar todo seu mundo desmorona, Gregers espera uma purificação interior mútua dos participantes e um recomeço da vida (W, p.86). Cheio de desespero, amparado pela hipocrisia arrogante, Hjalmar afasta Gina e Hedvig de si. Hedvig quer fazer o que Gregers Werle lhe aconselhou, provar seu amor a Hjalmar sacrificando a vida de seu querido pato selvagem. Mas, com o tiro que o indeciso Hjalmar ouve e que imediatamente o faz mudar de opinião para ficar com a família, depois que Gregers lhe contou sobre a intenção de Hedvig, esta acabou matando a si mesma. Mas, mesmo nessa morte, Gregers quer ver algo de positivo. Ele está cego por sua ânsia de justiça. Em contrapartida, ao final, o médico Relling

---

9 Ibsen, *Die Wildente*, p.67 (doravante citado por W).

mostra que o que deixa os homens felizes é a mentira vital, e não a justiça (W, p.107).

Em sua conferência *Probleme der Moralphilosophie*, de 1963, que foi dedicada principalmente à exposição da filosofia moral kantiana, Adorno comenta o drama de Ibsen quando procura mostrar como "uma exigência moral pura [...] pode passar da pureza para o mal".[10] Mas Adorno ressalta a ambivalência com que Ibsen caracteriza seus personagens, não apenas Gregers Werle, mas também o velho Werle e Hjalmar. Isso vale especialmente para Gregers Werle: ele não somente direciona aos outros a "exigência do ideal", mas também a si mesmo: ele está de fato convencido de que deve eliminar a mentira para libertar os seres humanos para eles se tornarem o que realmente são. E, mesmo assim, essa atitude de "uma ética da intenção", segundo Adorno, converte-se "ela mesma em injustiça"(A, p.239). O importante é que Adorno destaca o quanto a exigência – que em *Casa de bonecas* ainda é mencionada de forma claramente positiva (o que também aparece na interpretação de Cavell) – de "que os seres humanos devem ser idênticos a si mesmos" e devem eliminar as mentiras vitais não mais parece representar uma exigência superior de justiça em *O pato selvagem* – pelo menos não como ela é entendida por Gregers Werle em seu "narcisismo moral" (A, p.241). Mas então, em vez disso, deveríamos seguir o cinismo moral do médico Relling?

É nesse ponto que Adorno desenvolve a sua compreensão dialética da peça. A dialética normativa a que Adorno quer chegar não consiste simplesmente em dizer que a vontade pura da justiça se converte no mal, como Hegel criticou Kant. Não,

---

10 Adorno, *Probleme der Moralphilosophie*, p.234 (doravante citado como A).

Kant tem razão contra Hegel, uma vez que Gregers, "ao mesmo tempo, também tem razão" (A, p.241). O fracasso de Gregers mostra muito mais que, em um mundo distorcido e falso, a justiça surge distorcida, por assim dizer; ela não encontra mais nenhum apoio se não refletir esse próprio mundo em sua inversão: ou seja, não se trata de uma forma de crítica que se adapte nem uma crítica que se imponha de modo abstrato, mas sim de uma forma de crítica diferente, que está consciente de que, citando *Minima moralia*, "não pode haver uma vida justa na vida falsa" (A, p.241). Segundo Adorno, a "justiça dramatúrgica" (A, p.240) da peça diz que nem a justiça pura e absoluta nem a eticidade que se adapta às condições podem realmente fazer jus à situação. Unicamente permanece a prioridade kantiana da "razão crítica" (A, p.246) – e de uma concepção superior de justiça. Para o crítico que está comprometido com essa concepção, isso implica uma "situação antinômica": "é preciso persistir no que é normativo, na autocrítica e na questão sobre o que é correto ou falso e, ao mesmo tempo, na crítica da falibilidade da instância em que esse tipo de autocrítica confia" (A, p.250).

Essa dialética normativa da inversão da justiça em injustiça é mais complexa do que aquela da *Casa de bonecas* mostrada por Cavell. Se para Cavell se trata do desejo "perfeccionista" de autoafirmação de um indivíduo que sofre sob uma ordem de justificação rígida, Adorno pretende mostrar que também uma rígida vontade de resistência em nome da justiça pode reverter-se em desumanidade e em injustiça: não pode ser justificado nem justo que a vítima de uma fraude caia completamente em desgraça. Ter razão e agir corretamente são duas coisas diferentes. Segundo Adorno, o que está em jogo na justiça é sempre a "totalidade", um mundo em que o justo não seria julgado pelo equilíbrio entre o rigorismo e o quietismo, ou cinismo. Assim, resulta o imperativo superior de ter de levar em conta a própria falibilidade: "nós podemos não saber o que é o bem absoluto, qual é a norma absoluta, ou também o que é o ser humano ou o que é o humano e a humanidade, mas o que é desumano, isso sabemos muito bem. E eu diria que o lugar da filosofia moral hoje deve ser procurado muito mais na denúncia concreta do que é desumano do que na situação desvinculada e abstrata de algo como o ser do homem" (A, p.261). Mas, ainda assim, a ideia de justiça, de uma forma de justiça superior, melhor e ainda mais "humana", o que Adorno chama de "a liberdade social como um todo" (A, p.262), continua a ser o fio condutor. E, assim, também se mostra aqui que a crítica da desumanidade da justiça é prioritariamente uma crítica da ausência da justiça em nome da justiça. A justiça parece ser tanto inevitável como inalcançável.

4. Algumas observações finais. Em primeiro lugar, sobre a literatura. Acho que os textos filosóficos discutidos recorrem aos dramas de Ibsen porque estes mostram a inversão dialética da justiça de modo ao mesmo tempo claro e complexo. A reversão que Cavell e Adorno querem mostrar decorre da petrificação de uma estrutura de justificação que priva os indivíduos de suas vozes, ou revela a cegueira de uma busca individual pela justiça. A obra literária amarra essa problemática de um modo incomparavelmente mais plástico do que o discurso filosófico seria capaz, e mostra o quão "humana" ela é – e o quão "desumano" é o reverso da justiça. Todavia, ao mesmo tempo, fica claro que a interpretação filosófica dessas peças é uma "apropriação" verdadeira: o destino individual é

transformado em um destino universal; Nora e Gregers Werle são vistos como pessoas representativas. A interpretação filosófica parece atribuir ao material apresentado literariamente apenas o papel de um exemplo – porém, segundo Adorno (e também Cavell), um exemplo *específico*, isto é, um exemplo de que os indivíduos nunca são apenas "representantes" de algo universal: "o conhecimento do não idêntico também é dialético no sentido de que identifica de modo diferente e mais do que o pensamento da identidade. Ele quer dizer o que alguma coisa é, ao passo que o pensamento da identidade diz que aspecto uma coisa assume quando ela é um exemplo ou representante de algo, ou seja, diz o que ela não é em si mesma".[11] Que a literatura possa chamar a atenção para esse não idêntico permanece, sem dúvida, igualmente um conhecimento filosófico, assim como o indecifrável momento da "não identidade" no conceito de justiça.

Em segundo lugar, sobre a "injustiça da justiça". Confirma-se que a crítica à inversão da justiça em algo desumano deve ser entendida como um apelo a uma forma superior e mais completa de justiça. Assim, diferentemente do que acredita Cavell, a recusa de Nora não é um sinal de que ela não está "sem justificação", nem as aporias de *O pato Selvagem* permitem duvidar que ali está operando uma "justiça dramatúrgica", como diz Adorno, que ao mesmo tempo clama pela superação de toda falsidade e critica as falsas tentativas de sua superação. Pois também o apelo a uma justiça mais elevada deve se prevenir para não acabar levando àquilo que está denunciando: a uma *hipocrisia moral* narcisista, que aparece como o supremo vício (imanente) da justiça em ambas as peças.

---

11 Adorno, *Negatives Dialektik*, p.152.

Justificação e crítica

Em terceiro lugar, os dramas de Ibsen mostram também que, ao lado da ordem da justiça, existem outras ordens, em particular a ordem do amor. Apenas quando consideradas em conjunto elas formam uma ordem social. E mostram, por um lado, como a justiça deve ficar aberta para essas ordens alternativas, mas que há limites para essa abertura. Portanto, na verdade seria exagerada e contraditória a ideia de que a justiça teria de permanecer ilimitadamente flexível para os desejos e as necessidades individuais para ser *plenamente* justa com o que é individual. A justiça necessariamente encontra um limite em seu percurso em direção à universalização. Em última instância, ela não pode se recusar a dar aos indivíduos uma resposta à questão sobre como devem agir quando se abre uma clivagem entre as ordens normativas. Nora tinha a esperança de que seu marido tomaria aqui a decisão correta, mas ela estava esperando um "milagre".

Por fim, essas problematizações da justiça levantam a questão sobre o que na verdade impulsiona os indivíduos a superar falsas ordens para obter mais justiça – ou, em outros termos, a questão sobre a "metafísica da justiça". É o impulso a uma autenticidade subjetiva, o impulso de não mais ter de viver em uma sociedade invertida pela mentira e a fraude, enfim, poder respirar livremente e poder afirmar suas razões e ações?[12] Enfim, será esta talvez a base da exigência de que a ordem de justificação universal tem de se apoiar em razões *abertas* (ou "públicas") compartilháveis de modo recíproco? Todavia, é possível que outra coisa esteja por trás da busca pela auten-

---

12 Cf. o significado do ar livre e da clara luz em outras peças de Ibsen, por exemplo, *O inimigo do povo*.

ticidade e justificação, que é importante aqui, mais especificamente em vista do perigo de que essa busca pela verdade e franqueza "puras" possa se inverter em hipocrisia moral. Pode ser algo bem menos autocentrado, talvez alguma forma de modéstia: a ideia de que, entre os seres humanos, ninguém deve se permitir utilizar os outros, dominá-los, tratá-los de modo arbitrário, enganá-los e traí-los – humilhá-los. O desejo pela justiça e a crença nela são expressão dessa modéstia que, sem dúvida, como Adorno diz, "sabe muito bem" o que significa a desumanidade. A mesma modéstia que fundamenta a justiça também a questiona. Contudo, ao lado daqueles que pedem justiça para eles e para os outros, essa modéstia é a razão para a imodéstia legítima.

8
O republicanismo do temor e da salvação: sobre a atualidade da teoria política de Hannah Arendt

I. "Novo republicanismo"

Quando Margaret Canovan criou o conceito de "novo republicanismo", ela enfatizou a estrutura ao mesmo tempo clássica e original da complexa construção teórica que nos foi legada por Hannah Arendt. Pois, por mais que Arendt siga o republicanismo tradicional, que considera a liberdade política uma conquista preciosa, precária e sempre ameaçada da práxis política comum dos cidadãos,[1] ela também abandona determinadas suposições da teoria clássica, por exemplo, a concepção de uma soberania política ilimitada.[2] O que é central no "novo republicanismo" é o fato de que a percepção que Arendt tinha sobre as ameaças à liberdade em face das experiências do

---

1 Diferentemente do republicanismo clássico, aqui (e em Arendt), ao usar cidadãos, está sempre implícito cidadãs.

2 Sobre isso, Cohen, Rights, Citizenship and the Modern Form of the Social: Dilemmas of Arendtian Republicanism; Michelman, Parsing "A Right to Have Rights"; Benhabib, *The Rights of the Others*, cap. 2.

totalitarismo e da extinção em massa organizada pelo Estado era incomparavelmente mais aguçada, na verdade tão central que toda sua teoria pode ser compreendida com esse pano de fundo obscuro: "sua visão sobre a política está amplamente impregnada pelo totalitarismo, e ela estava convencida de que a semente do totalitarismo estava profundamente imersa na própria modernidade".[3] Arendt estava convencida de que sua geração foi testemunha de uma catástrofe histórica que tornou necessário um novo começo no pensamento, "sem corrimões".[4] Mas não se deve interpretar essa ideia como se Arendt não se tivesse servido de uma série inteira de corrimões filosóficos para entender o que havia acontecido, e para reconstruir os elementos fundamentais da política.

Eu gostaria de colocar a minha interpretação do pensamento de Arendt sob o título "republicanismo do temor e da salvação" no seguinte sentido: em primeiro lugar, ele é um republicanismo, por assim dizer, *negativo*, visto que nos escritos de Arendt está constantemente presente o *summum malum* que incondicionalmente deve ser evitado e que continua sendo ameaçador. Pode-se falar de um *republicanismo do temor*[5] – e, com isso, aproximar Arendt de dois filósofos antípodas, Theodor W. Adorno, por um lado, e Isaiah Berlin,[6] por outro, mas sem que eu possa expor isso com mais detalhes. Em segundo lugar, seu republica-

---

3 Canovan, *Hannah Arendt: a Reinterpretation of Her Political Thought*, p.202.

4 Arendt, Understandig and Politics.

5 Com isso, aproveitei-me da conhecida formulação de Shklar sobre o "liberalismo do temor". Cf. Shklar, The Liberalism of Fear.

6 Sobre isso, cf. Auer, *Arendt und Adorno*. Berlin se manifesta sobre Arendt em Auer e Jahanbegloo, *Conversations with Isaiah Berlin*, p.81-5.

Justificação e crítica

nismo também tem um aspecto *positivo*, que manifesta uma proximidade forte com Walter Benjamin, o amigo cuja tese sobre o conceito de história ela levou em sua viagem para a América.[7] Certa vez, Jürgen Habermas denominou a forma de pensamento crítico de Benjamin de "crítica salvadora".[8] E é nesse sentido que proponho interpretar Arendt, embora sem quaisquer traços messiânicos: a história parece ser mais um acúmulo de ruínas e catástrofes do que um progresso real; contudo, como escreveu Benjamin – e como Arendt o cita –, "só nos é dada a esperança [...] para o bem dos desesperançados".[9] Também para Arendt, a história moderna não deu muito motivo para otimismos políticos. E mesmo assim ela se mantém perseverante em desenterrar o que considerava os "tesouros perdidos" do pensamento político e da práxis possível – inclusive, talvez, como "fenômenos originários" da política.[10] No que se segue, interessa-me em primeiro lugar saber quais os tesouros que ainda podemos desenterrar na obra de Hannah Arendt.

2. Um mundo novo

Vamos começar primeiro com o livro que, aos meus olhos, contém a chave para entender toda a obra de Arendt, *As origens*

---

7 Sobre isso, cf. Schöttker, *Arendt und Benjamin*.

8 Habermas, Bewußtmachende oder rettende Kritik.

9 Benjamin, Goethes Wahlverwandtschaften, p.135; Arendt, Walter Benjamin, p.25.

10 Cf. o título do cap. 6 de *Über die Revolution*, no original "The Revolutionary Tradition and its Lost Treasure", assim como a introdução em Arendt, *Swischen Vergangenheit und Zukunft*.

do totalitarismo.[11] Embora as partes sobre o antissemitismo e o imperialismo contenham muita coisa valiosa, especialmente as discussões sobre o Estado nacional e sobre os direitos humanos, é somente a terceira parte, sobre a "dominação total", que culmina com a apresentação dramática dos campos de concentração, que contém os aspectos mais importantes da teoria política de Arendt. Segundo a sua opinião, a dominação total somente foi possível onde os movimentos totalitários conseguiram erguer um *novo mundo* – com isso já mencionamos o conceito central de sua fenomenologia política, o conceito de "mundo". Na concepção de Arendt, influenciada por Heidegger, o mundo se compõe a partir das relações sociais dos seres humanos que constituem uma rede de sentido compartilhado de modo igual. O totalitarismo conseguiu demolir o mundo existente do "senso comum" de modo a construir um novo mundo completamente invertido. O mundo das "massas" foi primeiro desfeito em seus componentes individuais atomizados para estabelecer uma forma de dominação nunca antes existente. Na interpretação de Arendt (influenciada por Nietzsche e Heidegger), a massa dos "supérfluos", movidos pelo ressentimento e composta por indivíduos "isolados", não tinha mais nenhum mundo em comum e formava uma matéria inteiramente maleável:

> Somente onde esse mundo comum foi completamente destruído e surgiu uma massa social completamente sem coesão, cuja uniformidade heterogênea consistia não somente de indivíduos

---

11 Em alemão *Elemente und Ursprünge totaler Herrschaft*, doravante citado por T.

Justificação e crítica

isolados, mas também reduzidos a si mesmos e a nada mais, esta dominação social pôde exercer seu poder pleno e se impor sem entraves. (T, p.695)

O "Führer" dá uma nova forma a essa massa, um *novo ser*. Seu poder real consiste em criar o mundo, quase da maneira como Heidegger o esboçou – evidentemente, em sentido enfático – depois de sua virada política, a saber, como "violento" pôr-em--funcionamento da verdade de um povo mediante a ação[12] de um líder "que funda o Estado" – como o "erguer de um mundo" no qual um povo histórico estabelece a si mesmo como um acontecimento histórico "ligado à terra", como "o arrebatamento de um povo em sua desolação como arrebatamento em seu doar-se junto" [*Mitgegebenes*],[13] isto é, sua vocação. Arendt analisou o evento totalitário negativo desse "desvelamento do mundo" [*Weltentbergung*] político, com e contra Heidegger, como a perda completa do mundo, e pretendia contrapô-lo ao modelo alternativo de uma nova fundação, desenvolvido especialmente em *Sobre a revolução*. Após o colapso do velho mundo, o novo mundo totalitário está em condições de inverter verdade e falsidade, e mais do que isso: tranformar o que é falso em verdadeiro. Desse modo, grupos inteiros de pessoas são caracterizados como "grupos a serem extintos" e seu assassinato é permitido. Assim, a "conspiração mundial" dos judeus se torna um "fato" que pode ser comprovado a todo momento. Surge um "mundo inteiramente fictício" (T, p.763).

---

12 Heidegger, Der Ursprung des Kunstwerkes, p.48.
13 Ibid., p.63.

Isso prepara o terreno para a última tentativa espantosa nos experimentos "totalitários" (T, p.907): afirmar que não haveria algo como uma "natureza" humana que pudesse suspender a maleabilidade da realidade "desumana". Com isso não se trata apenas de uma extinção da "infinita pluralidade e diversidade" da humanidade, mas a eliminação de toda espontaneidade, individualidade e resistência. Assim, deveria ser demonstrado que "tudo é possível" e, consequentemente, "tudo é permitido" (T, p.911ss.), visto que os padrões tradicionais do dever não tinham sentido nesse novo mundo. O "mal radical" (T, p.916, p.941) venceu, os seres humanos se tornaram um material "puro" – com as medidas de aniquilação da pessoa jurídica, moral e individual. O poder era total, quase um poder de recriação. "O objetivo verdadeiro da ideologia totalitária não é remodelar as condições exteriores da existência humana nem reordenar revolucionariamente a ordem social, mas transformar a própria natureza humana, que, tal como ela é, se contrapõe continuamente ao processo totalitário" (T, p.940).

A questão central para Arendt era a procura por alguma força redentora contra esse tipo de destruição e reconstrução totalitárias do mundo. Um mundo comum teria de ser construído e mantido, um mundo da pluralidade, no qual uma coisa acima de tudo teria de ser evitada: "a experiência fundamental de coexistência humana realizada politicamente na dominação totalitária é a experiência da *solidão*" (T, p.975). Com uma mistura da análise heideggeriana da dominação massiva e anônima do *Man* e os temores de Tocqueville diante das tendências individualizantes, niveladoras e materialistas que ameaçam a liberdade das sociedades modernas, Arendt estava convencida de que só o isolamento atomizante completo possibilitaria formas destrutivas de amalgamento.

Justificação e crítica

3. Ambivalências

A leitura segundo a qual a *Vita activa* (ou *A condição humana*)[14] teria uma antropologia fenomenológica que seria basicamente devedora das categorias aristotélicas não é inteiramente compatível com a tese da falta de confiança nas concepções tradicionais de natureza humana em uma época pós-totalitária. Mas isto é dito aqui apenas de passagem. Em *A condição humana*, que é também um livro pessimista, mas só que de uma outra maneira, Arendt narra uma história de decadência do gênero humano na modernidade, na qual a esfera da ação, do mundo político comum e plural, fica cada vez mais reduzida sob a pressão dos imperativos econômicos, sociais e científicos.

Não pretendo entrar nos detalhes dessa narrativa, mas apenas discutir algumas dimensões centrais do político, que se tornam visíveis diante desse pano de fundo negativo que descrevi, e que eu gostaria de definir como ambivalentes: por um lado, elas produzem irritações e provocam uma crítica severa, muitas vezes justificada, ao pensamento de Arendt; e, por outro, há nelas elementos verdadeiros que vale a pena manter. Ou seja, proponho uma interpretação dialética.

(a) O político e o social

A *Vita activa* retoma os temas do livro sobre o totalitarismo e os introduz em uma grande narrativa filosófica. Com a ascensão da esfera da "sociedade" no centro, que ainda não existia no antigo esquema entre o "público" (*polis*) e o "privado"

---

14 Arendt, *A condição humana* (doravante citado como CH).

(*oikos*), a regularidade quase sociobiológica do metabolismo social tornou-se onipresente e determinante. Na sociedade de massas e nivelada pelo trabalho não existe mais um espaço político no qual os "melhores" (*aristoi*) possam se destacar na competição pelo *bonum commune* [bem comum] (CH, p.30, 52). Pelo contrário, predomina o "ninguém" dos interesses sociais administrados de modo burocrático. O resultado é, mais uma vez, uma perda do mundo político, na forma de um não mundo administrado.

Com esses deslocamentos já estão lançadas as muitas questões que, desde então, são formuladas a partir da obra de Arendt: como ela pode entender o processo de trabalho (distinto do processo de "produção") desse modo unilateral, como desempenho de funções mundanas para satisfazer necessidades biológicas? Além disso, como pode subsumir todos os complexos processos econômicos, culturais e políticos de formação de uma esfera da sociedade — afinal, são esses processos que possibilitam algo como uma "esfera pública política" no sentido moderno — na tese unidimensional da ascensão do *homo laborans* sem cultura e, no fim das contas, consumista?[15]

Em especial, com muita frequência se apresenta a questão de se, na verdade, ainda restou algum conteúdo da política autêntica quando os assuntos "sociais" são deixados de lado, ou seja, tudo aquilo que se refere à reprodução econômica da sociedade. Aqui, todavia, é necessário examinar com mais precisão as expressões de Arendt. Em *A condição humana*, a política parece

---

15 Em contrapartida, cf. a interpretação de Habermas, *Strukturwandel der Öffentlichkeit*, que, contudo, também é cética em relação aos potenciais "salvadores" das sociedades modernas.

de fato ser uma arte que se ocupa de si própria e que trata de afirmar seu próprio espaço quase de modo autopoiético (por exemplo, CH, p.262, em que se trata da finalidade própria da ação política). Isso foi criticado, e com razão; porém não quer dizer que essa autorreferencialidade não seja uma dimensão política importante. Não somente as questões sobre a guerra e a paz são importantes para as condições de manutenção da política como espaço do acordo sobre o bem comum, mas também as questões constitucionais e — poder-se-ia dizer — todas as questões "sociais" que afetam a existência da política livre, ou seja, que podem ser tratadas no sentido político (que incluem mais aspectos do que os vistos por Arendt).

Além disso, afirmações e obras posteriores (particularmente o livro *Sobre a revolução*) mostram que Arendt não tinha a opinião de que as questões sociais não são importantes. Surpreendentemente, ela tinha a concepção de que elas eram essencialmente questões técnicas, que poderiam ser resolvidas de modo tecnocrático. Por conseguinte, é à "técnica moderna"[16] que devemos agradecer por nos livrar da necessidade, e, diferentemente de questões realmente políticas, essas questões do "bem-estar popular [...] podem ser respondidas de modo objetivo e mais ou menos sério" (R, p.346). Em uma conversa com R. Bernstein, A. Wellmer e C. B. Macpherson, Arendt insistiu que as questões sociais — ela mencionou, como exemplo, "as possibilidades de uma moradia adequada" — podem ser respondidas objetivamente e, portanto, consideradas, com razão, como assuntos de administração.[17] Visto desse modo, a distin-

---

16 Arendt, *Über die Revolution*, p.145 (doravante R).
17 A conversa está em Hill, *Hannah Arendt: the Recovery of the Public World*.

ção entre o social e o político é primariamente uma distinção feita em termos de teoria do conhecimento, isto é, as questões políticas são aquelas que, segundo sua natureza, estão inseridas na disputa plural de opiniões; o resto é assunto de especialistas e não precisa de nenhuma discussão (cf. também R, p.350).

Ou seja, podemos afirmar que Arendt foi uma das grandes críticas da colonização tecnocrática da política e que sua teoria implica, ao mesmo tempo, uma grande dose de política tecnocrática legítima. Esta última resulta em uma *despolitização do social* – de modo que a crítica que Arendt faz às teorias e aos movimentos "sociais" se volta contra ela mesma.

(b) Ação política

A interpretação que Arendt faz do mundo político e de seu tipo de ação específico permanece, sem dúvida, como uma rica fonte de ideias. É significativo diferenciar as seguintes dimensões:

(1) a dimensão *dramatúrgica*. Visto que Arendt considerava a política o verdadeiro espaço intersubjetivo (o que não é sustentável do ponto de vista sociológico), aquele lugar do público no qual se desvela o que se é; as pessoas aparecem no "teatro do mundo" (CH, p.219) e se revelam na palavra e na ação. Isso leva à:

(2) dimensão *heroica*, pois o que conta no âmbito político é medido de acordo com critérios políticos intrínsecos, particularmente aqueles da grandeza (p.260), e menos aqueles da moral. Honra e glória é o que buscam os indivíduos, e, nesse sentido, as virtudes são finalidades em si mesmas, pois o que vale é a realização da própria ação, e não o resultado: ela deve

Justificação e crítica

ser feita de modo grandioso, que valha a pena ser lembrada. Isso leva à:

(3) dimensão *temporal*. Somente nesse espaço as pessoas se mostram como pessoas dignas de serem lembradas à luz de suas ações. Somente aqui as narrativas são amarradas e vinculadas; somente aqui uma vida pode escapar do fluxo da transitoriedade. Da criatividade da natalidade surge a possibilidade de ser tornar "imortal" (p.247). Esta é, portanto, a verdadeira

(4) dimensão *histórica* do político. Somente a partir dessas narrativas se produz uma história, uma ligação com o todo, o qual, na verdade, não apresenta propriamente uma regularidade. Os fenômenos particulares permanecem decisivos, e por isso é necessária uma faculdade de julgar "reflexionante" para entender o que é histórico como algo com um caráter único.[18]

Ao lado das quatro categorias introduzidas, que, em conjunto, formam a dimensão *existencial* do autodesvelamento e da autoafirmação no espaço comunicativo e narrativo, deve-se considerar:

(5) a dimensão do *conteúdo*, pois é inicialmente nesse espaço que são produzidos os objetos comuns, um interesse (p.224) das pessoas, ou seja, desejos que elas podem identificar como comuns e debater no pluralismo de suas opiniões. Portanto, o âmbito do político tem uma decisiva

(6) dimensão *epistêmica*. O espaço comum possibilita um senso comum, opiniões e juízos comuns, uma realidade compartilhada (p.250), que, em termos fenomenológicos, somente

---

18 Ver, especificamente, a interpretação que Arendt faz da "faculdade de julgar reflexionante" em *Das Urteilen*.

surge pela troca de *doxai*. Aqui talvez resida a dimensão mais importante, que garantiria a existência de um mundo que não seria vítima do totalitarismo; um mundo real só "existe" como mundo plural. Dessa dimensão se mostra, ao mesmo tempo,

(7) uma dimensão *ética* do político. Só aqui, no espaço da "amizade política" (p.310) existe a possibilidade de humanizar os processos de ação em seu caráter irrevogável ou imprevisível, ou seja, pelas instituições do perdão e da promessa. Isso aponta, por sua vez, para o difícil problema da

(8) dimensão *institucional* do político em Arendt. Por um lado, ela enfatiza o efêmero, a dispersão dos fenômenos da ação comum, e também o momento revolucionário, o nascimento histórico real do recomeço e da refundação. Por outro lado, ela insiste na importância da continuidade e da segurança do caráter constitutivo do espaço público, em particular na discussão da "fundação da liberdade" no contexto da Revolução Americana. A confiança no "poder originário da afirmação do pacto e da promulgação da constituição" (R, p.217) mostrada pelos "pais fundadores"; sua promessa era fundamentar algo duradouro que garantisse a liberdade. Enfim, este é o ponto que leva Arendt a discutir os "tesouros perdidos" da revolução, à aporia de que é o poder do inteiramente novo que sustenta a revolução, mas que também precisamente corre sempre o risco de ser perdido quando o empreendimento da fundação for bem-sucedido – "uma instituição adequada ao espírito do novo começo por isso mesmo colocaria novamente em xeque as conquistas revolucionárias" (R, p.299). E, com essa referência, chego às minhas conclusões sobre o que deve ser mantido na teoria de Arendt.

Justificação e crítica

4. O que permanece

A teoria política vai precisar continuar trabalhando em basicamente três ideias de Arendt.

Aquele dilema que Arendt levanta na análise da revolução, especificamente na sua discussão sobre Jefferson, descreve um problema central do político enquanto práxis da deliberação e da autodeterminação coletiva – a saber, o problema da reificação e da imobilização. Um espaço público político precisa estar fundamentado de modo duradouro e, ao mesmo tempo, pelo fato de ter sido constituído, ser tomado como objeto da ação. Hannah Arendt não foi a primeira nem a única que reconheceu esse dilema, mas ela não apenas o tornou existencialmente mais agudo, como também formulou uma proposta institucional (vaga) sobre como se poderia reagir a ele. A ideia que lhe veio à mente é a do sistema de conselhos, em sua visão, uma espécie de "fenômeno originário" da política, que quase surge espontaneamente em situações revolucionárias, nas quais o ser político (em termos quase heideggerianos) se torna fluido, para depois novamente se perder na engrenagem automática. Se em algum momento pudéssemos preservar a força criativa dessa ordem espontânea em uma ordem política, então teríamos, segundo Arendt, alcançado a quadratura do círculo político, "que permitiria que cada membro da sociedade de massas pudesse participar dos assuntos públicos da época" (R, p.341). Na verdade, esse dilema das democracias republicanas parece ser insuperável. Por exemplo, isso foi discutido paradigmaticamente na controvérsia entre Habermas e Rawls: como o "núcleo ardente" da democracia radical pode ser preservado em uma ordem constitucional, quando não se quer continuamente, pelo menos em cada geração, promulgar uma nova Constituição, como propôs Jefferson.[19]

A proposta de Arendt é especialmente problemática. Seu ideal político sempre foi que os "melhores", por merecimento, também deveriam dominar. E assim ela apresenta o sistema de conselhos como uma alternativa à democracia de massas, que coloca todos no mesmo nível. O objetivo não é a "soberania popular", mas o "romper os muitos" (R, p.235) em grupos classificados geograficamente, segundo profissões ou de outro modo, que enviam representantes íntegros e competentes às assembleias mais amplas – segundo a imagem da pirâmide – onde exercem não uma política dos interesses, mas se esmeram na busca do bem comum. Arendt considerava esses poucos uma "elite" (R, p.354ss.), preocupada apenas com os assuntos públicos, e não é dominada por partidos e interesses sociais. E conclui:

> naturalmente, tal forma "aristocrática" de Estado significaria o fim do sufrágio universal como o entendemos hoje, pois somente aqueles que são membros voluntários de uma "república elementar" [as *wards* de Jefferson, R. F.] teriam demonstrado que eles se preocupam com algo mais do que sua mera felicidade privada. Somente quem está preocupado com o estado do mundo deve ter o direito de ser ouvido na condução dos negócios da república. (R, p.360)

Do republicanismo de Arendt deriva, portanto, uma consequência elitista de sua crítica da sociedade de massa, que é de-

---

19 Habermas, Versöhnung durch öffentlichen Vernunftgebrauch, p.191; Rawls, Erwiderung auf Habermas, p.218-26.

Justificação e crítica

ficiente em muitos aspectos. Por exemplo, ela não se pergunta sobre as condições sociais sob as quais a não participação em tais processos seria vista como "autoexclusão", e não é possível ver como essa ordem poderia se opor à pressão dos interesses e à influência do poder ilegítimo. Por fim, Arendt, que é vista por alguns como a defensora de uma concepção agonística de democracia",[20] acaba excluindo os antagonismos sociais – e, portanto, também os antagonismos políticos – do âmbito do político. Apesar disso, a sua questão sobre o exercício da liberdade política em um sistema político "bem ordenado" ainda permanece atual: quais são os lugares de que dispomos em nossa ordem política para a práxis de uma liberdade pública?

Uma *segunda* ideia de Arendt, com a qual a teoria política sempre esteve obcecada, é a sua concepção de poder. Para Arendt, o poder é um fenômeno intersubjetivo que está para além das relações assimétricas de violência e das relações de dominação unilaterais e rígidas.[21] O poder está fundado em um acordo entre aqueles que agem – em razões compartilhadas, como se poderia dizer, mesmo que isso soe muito cognitivista para Arendt. Assim, o poder é um fenômeno no mundo inteligível, ele nasce do entendimento entre agentes diferentes, os quais, pelo seu acordo, produzem uma ação que também pode se opor a um "superpoder" fático. Mesmo assim, independentemente das situações revolucionárias espontâneas, muito raras, mas que sempre podem ressurgir, a concepção de que as relações de poder devem ser analisadas como relações fundamentadas no acordo e no reconhecimento é bem produtiva. O poder é um

---

20 Por exemplo, em Villa, *Arendt and Heidegger: the Fate of the Political*, cap. 3.
21 Arendt, *Macht und Gewalt*.

fenômeno da práxis criado discursivamente, mas não pode ser realmente "produzido". Ele se origina no espaço intermediário entre seres humanos e tem sua base na força justificadora de ideias e ideais que abrem um mundo e que se tornam motivos para a ação. Com isso, a teoria de Arendt pode ajudar a entender melhor a estrutura discursiva do espaço político do poder, isto é, a conceber a ordem política como uma *ordem de justificação*. Contudo, essa ordem não deveria ser entendida como se o fenômeno do poder só pudesse ser encontrado quando é sustentado por justificações compartilhadas reciprocamente. Pois também as relações assimétricas, na medida em que são relações de poder e não de dominação e violência, estão fundamentadas em justificações reconhecidas – e o espaço político pode, por isso, mais em Gramsci do que em Arendt, ser interpretado como o espaço de disputas pela "hegemonia da justificação".[22] Indo além de Arendt, as formas negativas, e em certos casos ideológicas, de poder das justificações precisam ser analisadas, e para isso é necessário um instrumental conceitual que não se encontra de modo explícito em Arendt, embora ela tenha descrito esses processos em sua análise dos movimentos totalitários.

Isso leva ao *terceiro* e último ponto que eu gostaria de destacar. De todas as dimensões do conceito do político de Arendt que destaquei anteriormente, parece-me que a dimensão que está no centro é menos a dramatúrgica ou existencial, e mais a dimensão epistemológica, especialmente à luz de sua teoria "salvadora", antitotalitária. Preservar um espaço público discursivo é a única possibilidade de manter um mundo em co-

---

22 Cf. Forst, Noumenal Power.

mum, em que o senso de comunidade e o senso de realidade são desenvolvidos. Somente desse modo – e aqui estou desconsiderando a oposição improdutiva entre a verdade filosófica e a *doxa* política nos trabalhos de Arendt[23] – a própria verdade e o combate à mentira podem ser objetivos políticos; somente assim pode ser mantido o "entendimento humano saudável" que Arendt sempre enfatizou.[24] O que Arendt realmente temia, mais do que o mal radical, era a irreflexão, a incapacidade de pensar e julgar de modo autônomo, como ela – no caso extremo – expôs em seu livro sobre o processo Eichmann.[25] Independente de quão defensável é a ideia de que a capacidade de pensar e a capacidade para julgar o certo e o errado estejam vinculadas em sentido moral,[26] continua sendo correto que a manutenção de uma cultura política discursiva, e de instituições que a promovam, é essencial para a qualidade de uma ordem republicana livre. A distinção entre as melhores e as piores respostas justificadas às questões políticas só pode ser feita no *medium* da crítica pública, e não a partir da confiança nos especialistas (a quem Arendt, em muitos assuntos, como vimos, atribui mais confiança do que é conveniente).

Para finalizar: é um lugar-comum que toda teoria política está marcada pelas experiências de sua época, e para Arendt foi, em primeiro lugar, a experiência da dominação do terror nacional-socialista como um fenômeno da modernidade e o

---

23 Arendt, Philosophy and Politics.

24 Sobre isso, cf. o texto de Arendt, Wahrheit und Politik.

25 Arendt, *Eichmann in Jerusalem*. Não vou analisar a controversa questão de saber se, nesse livro, Arendt caracterizou Eichman de modo correto.

26 Arendt, Thinking and Moral Consideration.

fracasso da ordem anterior existente. Mas, do ponto de vista sistemático, a influência efetiva de uma teoria consiste em sua força conceitual para explicar fenômenos políticos que transcendem sua época. E se minha tese do *republicanismo do temor e da salvação* estiver correta, então todas as facetas do pensamento de Arendt estão orientadas para evitar o *summum malum* e, em termos positivos, para manter a liberdade efêmera no âmbito do político. Querer afirmar a atualidade desse pensamento significa também ter a opinião de que o mal que Arendt viu ainda hoje nos ameaça, de uma forma ou de outra. Por isso, toda apropriação de sua teoria deve começar com um diagnóstico social da crise.

9
Utopia e ironia:
sobre a normatividade da filosofia
política do "lugar nenhum"

1. Uma tradição radical

As utopias políticas não têm um lugar muito claro – talvez até mesmo um não lugar – na história da filosofia política. Isso é algo que precisa ser explicado, pois, se considerarmos o início dessa história, *A República*, de Platão, mostra que os grandes projetos utópicos da modernidade são, na verdade, uma continuação mais prudente do modo de pensar ali apresentado – diferentemente, por exemplo, das teorias do contrato social, baseadas no direito natural, que se concentram apenas em uma parte do que foi tratado por Platão, a saber, na justiça política ou, em outras palavras, na legitimidade da dominação política. Porém, as utopias elaboram uma imagem mais abrangente da sociedade, que, é claro, inclui a justiça, mas que também vai muito além, no seguinte sentido: as utopias apresentam o quadro literariamente variado de uma comunidade política na qual os conflitos sociais não somente são primeiramente *canalizados* e resolvidos de modo justo, mas onde todas as causas dos conflitos foram *"erradicadas"*, como é dito no final da *Utopia*, de

Thomas Morus, a obra que deu nome e forma ao gênero.[1] A utopia apresenta um pensamento "radical", no sentido original da palavra, em que o mal político é cortado pela raiz. Contudo, essas teorias do bom Estado ficaram à margem de nossa tradição política, um pouco como as flores no canteiro – belas para serem vistas, mas são sempre ornamentais.[2]

Ernst Bloch procurou explicar a relação da utopia com as teorias do direito natural ao analisar suas diferenças normativas, que ele expressou na fórmula "felicidade" *versus* "dignidade":

> a utopia social trata predominantemente da *felicidade humana* e reflete, em uma *forma* mais ou menos *romanceada*, sobre sua forma socioeconômica. O direito natural [...] trata predominantemente da *dignidade humana*, e, partindo do conceito de um sujeito contratante *a priori* livre, deriva, em uma *dedução pensada* da melhor maneira possível, as condições jurídicas sob as quais a dignidade humana é garantida e mantida socialmente.[3]

Segundo Bloch, o direito natural inclui mais do "*pathos* do orgulho masculino", tem uma "dimensão ferrenha" de luta, que falta às utopias sociais. "Quanto mais as utopias sociais incluem o futuro, este mais se parece com a felicidade da flora humana do que com demandas conquistadas na luta."[4] Para

---

1 Morus, *Utopia*, p.108. Em latim: *quanta scelerum seges radicitus evulsa est.*

2 Saage, *Utopische Profile*; Manuel e Manuel, *Utopian Thought in the Western World*; Kumar, *Utopia and Anti-Utopia in Modern Times*, são ricas coletâneas de utopias políticas.

3 Bloch, *Das Prinzip Hoffnung*, p.632.

4 Ibid., p.631.

Justificação e crítica

um dialético como Bloch, esta é uma explicação suficiente do ponto de vista histórico para a ponderação entre as duas abordagens teóricas diferentes, pelo menos na medida em que os conteúdos utópicos não foram enraizados em termos materialistas e históricos.

Richard Saage, que, como nenhum outro na discussão contemporânea, se dedicou à interpretação dessa tradição política, segue Bloch ao considerar as teorias do contrato social como aquelas que priorizam a autopreservação e a dignidade dos indivíduos, enquanto as utopias concebem a sociedade em termos holísticos, e não só do ponto de vista metodológico, mas também normativo. Nas utopias, o Estado é entendido como uma coletividade cujo bem comum tem primazia sobre os indivíduos; e, mais do que isso, a diferença entre o bem do indivíduo e o bem comum da comunidade estaria abolida.[5] No entanto, diferentemente de Bloch, que distinguia as utopias da liberdade (especialmente a de Morus) e as utopias da ordem social perfeita (por exemplo, a de Campanella), Saage defende uma interpretação inteiramente coletivista das utopias modernas e faz o diagnóstico da "extinção do individual".[6]

Essa interpretação crítica é frequentemente combinada com uma outra, segundo a qual o pensamento utópico da modernidade não é só o de uma ordem social abrangente, mas também um pensametno que procura transformar a questão da produção dessa ordem social em uma questão de técnica social. Nesse sentido, Habermas apontou para a contemporaneidade de *O príncipe* (1513), de Maquiavel, e a *Utopia* (1516), de Morus:

---

5 Saage, *Utopische Profile*, v.I, p.10.
6 Ibid., p.112.

"Tal como a técnica da manutenção do poder em Maquiavel, também a organização da ordem social em Morus é moralmente neutra. Ambos não se ocupam com questões práticas, mas com questões técnicas".[7] Por conseguinte, ambas as obras expressam a concepção, surgida no Renascimento, da plasticidade da política e da exequibilidade da ordem boa e eficiente.

Essas rápidas olhadas na multiplicidade de interpretações sobre as utopias políticas modernas – e a elas quero me referir a seguir – mostram que se coloca uma série de questões para aqueles que se perguntam pela normatividade específica das utopias políticas: qual é a "felicidade da flora humana" que encontramos nas utopias? São imagens da ordem coletiva desprovidas da liberdade e dignidade individual? E em que medida a sociedade nelas desenhada pode ser produzida "artificialmente"?

2. Perfeccionismo político

Vamos mais uma vez retornar um pouco, e nos ater à minha tese, mencionada no início, acerca da definição de Bloch sobre a diferença principal entre a ideia da justiça no direito natural e a concepção de sociedade utópica. A primeira tem em vista a legitimação de uma ordem política na qual os conflitos sociais são tratados de forma justa e resolvidos; a segunda pretende eliminar as causas desses conflitos.[8] A primeira tem como objetivo a liberdade do arbítrio humano; a última visa nos libertar da necessidade social, da carência, do sofrimento

---

7 Habermas, *Theorie und Praxis*, p.60.

8 O *Contrato social*, de Rousseau, parece assumir uma posição intermediária.

Justificação e crítica

e, por fim, inclusive das contingências da vida social e humana como um todo. A utopia merece verdadeiramente o nome de "perfeccionismo político": a ideia de uma sociedade perfeita de indivíduos perfeitos produzidos pelas instituições sociais. Ou seja, como em uma obra de arte autopoiética que se autoaperfeiçoa pelo arranjo das próprias instituições aperfeiçoantes – um paradoxo que nas utopias geralmente é resolvido pela introdução da figura quase divina do fundador do Estado, por exemplo, Utopus, "que elevou um povo rude e selvagem a um nível de educação e cultura que agora praticamente ultrapassa todo o resto da humanidade".[9] Ou seja, encontramos aqui as concepções de criatividade política "administrada".

Aqui já se pode perceber que não vivemos de modo algum em uma época pós-utópica. Hoje, a ideia de autoaperfeiçoamento dos seres humanos floresce preferencialmente a partir do solo das utopias científicas, seja nos sonhos de otimização genética do "parque humano"[10] ou da radiografia neurofisiológica dos seres humanos que finalmente permitiria controlá-los.[11] Parece que no interior das utopias existe de fato um vínculo interno entre o tema da libertação radical dos grilhões humanos e o crescente envolvimento em sistemas de ordenação e controle biopolíticos, "desumanos" e sombrios.[12] Quando se

---

9 Morus, _Utopia_, p.48 (daqui por diante, U).

10 Sloterdijk, _Regeln für den Menschenpark_.

11 Isso faz lembrar a utopia behaviorista de Skinner, por exemplo, em _Walden Two_. Cf. também Skinner, Freedom and Control of Men.

12 Essa problemática foi trabalhada em várias obras literárias. Por exemplo, cf. recentemente os romances de Houellebecq, _Die Möglichkeit einer Insel_, e Ruffin, _Globalia_. Agradeço a Heinz Steinert a referência a Ruffin.

trata da concepção de uma sociedade sem máculas, a utopia e a distopia estão lado a lado.

3. Reflexão, hipérbole, ironia

A ideia de uma sociedade emancipada das causas dos conflitos representa uma característica estrutural principal das utopias políticas. A outra característica principal é a dialética dessa liberdade e de sua inversão em não liberdade em uma sociedade controlada. A esta última se referem predominantemente os famosos críticos das utopias, de Popper, Talmon até Dahrendorf.[13] Contudo, essas características apenas representam a *meia verdade* sobre as utopias. Ou seja, acaba-se subestimando as utopias quando as vemos aprisionadas nessa dialética, pois, a meu ver, elas *mesmas* são formas reflexivas dessa problemática, ainda que com diferenças claras entre os autores individuais. Além do mais, é preciso perceber que no âmbito das próprias utopias há dois meios estilísticos específicos para expressar esse tipo de reflexão: a *hipérbole* e a *ironia*, esta sendo a forma mais apropriada e elegante de ceticismo moderado acerca da desejabilidade e da plausibilidade de uma sociedade melhor. Por isso, a utopia não está descolada no espaço ou no tempo por ser "puro sonho"; ela está distante, mas também entranhada no mundo dos humanos, porque a imagem da sociedade perfeita não somente quer mostrar a absurdidade do mundo existente, mas também os riscos dos outros mundos. A utopia é um quadro enigmático que mostra o quanto é necessário e, ao mes-

---

13 Popper, *Die offene Gesellschaft und ihre Feinde*, v.I; Talmon, Utopianism and Politics; Dahrendorf, Pfade aus Utopia.

mo tempo, difícil evadir-se do mundo como ele é: difícil não somente em virtude do longo e penoso caminho até a utopia, mas também pela dúvida sobre se o caminho realmente vale a pena. Mas isso não leva a uma reconciliação com o existente; pelo contrário, obriga a consciência utópica à dupla crítica, à ambivalência. A ironia é a atitude daquele que *não está em casa nem aqui nem acolá*, mas que, todavia, não se resigna a abandonar o palco da política.

4. A *Utopia* de Morus

É a obra de Thomas Morus, a mais importante e de longe a mais influente obra dessa tradição, que melhor mostra essa ambivalência da utopia. O livro se furta a uma interpretação unidimensional: por uns é celebrado como um tratado da liberdade e da democracia modernas; por outros é criticado como prenúncio do imperialismo ou da sociedade de controle totalitário. Para alguns, é o precursor das eras comunistas; para outros, a obra cética do mais tarde mártir católico São Morus. Para alguns, é uma obra de crítica social com uma mensagem religiosa severa; para outros, um *jeu d'esprit* humanístico. A mim, parece-me que o livro é tudo isso, em alguma medida. Porém, ele é sobretudo uma contraimagem política e social da sociedade inglesa da época de Morus, que é objeto da crítica cortante no primeiro livro. Mas trata-se de uma contraimagem que, por sua vez, cria e necessita novamente de uma outra contraimagem – um jogo de espelho da reflexão política com o sentido de nunca deixá-la parada.

O livro é ambivalente, assim como se dizia sobre Morus, pois nunca se podia estar seguro se Morus estava brincando ou falando a sério[14] – o Morus a quem Erasmo de Roterdã dedica seu irônico elogio à loucura, que no título *Moriae encomium* faz um joguete com o nome de Morus, pelo qual Erasmo se desculpa na dedicatória: "Supus que este divertimento de meu espírito ganharia a tua aprovação, porque não temes este gênero de pilhéria que se pode tornar douto e agradável".[15] E, com espírito semelhante, Morus respondeu com seu escrito. Já no título não fica claro se se trata de "um lugar nenhum" [*u-topia*] ou de um "lugar bom" [*eu-topia*]. O subtítulo anuncia um livrinho "dourado" (ou "encantador") sobre a melhor constituição do Estado, "não menos salutar do que divertido para ler". As pessoas que aparecem na narrativa, incluindo ele próprio, iniciam um jogo sem fim de referências, e Rafael Hitlodeu, versado sobre a ilha Utopia, é, segundo o nome, tanto um "fanfarrão" quanto alguém "versado no absurdo", ou seja, alguém que sabe distinguir a verdade e a falsidade. Já em seu prólogo ao seu amigo Gilles, Morus já dá o tom e acusa os eruditos que não têm senso de humor (U, p.16).

Na verdade, o próprio Livro I tem pouco senso de humor. As autoridades religiosas e estatais da Inglaterra são criticadas com furor, principalmente os nobres, que, segundo Hitlodeu, são os exploradores e corruptores de todo o país. Aqui se mis-

---

14 É assim que se manifesta o beato Rhenanus sobre Morus, e também em sua autodescrição, citado por Elliott, The Shape of Utopia, p.187ss. Elliott fornece uma rica e instrutiva interpretação da *Utopia* como sátira, sem, contudo, mostrar a sua função crítica sistemática.

15 Erasmo de Roterdam, *Das Lob der Torheit*, p.3. Sobre isso, cf. também as divertidas cartas que os membros do círculo de amigos humanistas de Erasmo e Morus trocavam entre si sobre a *Utopia*, em More, *Utopia*, p.108-33.

Justificação e crítica

turam motivos do cristianismo primitivo e da igualdade social, em que esta – de um modo quase moderno – identifica as causas estruturais de uma criminalidade crescente e que é punida de forma muito dura.[16] E já aqui, tomando como referência o modelo platônico, Morus identifica a *chave geral* para superar todo o mal social: a abolição da propriedade privada. Só assim a sociedade pode ser "curada" (U, p.45). Todavia, o próprio Morus começa a considerar, aqui e também no final do Livro II, que uma sociedade completamente sem propriedade pode não ser produtiva – e com isso não apenas abre espaço para a narrativa detalhada de Hitlodeu, mas também dá início ao jogo reflexivo do livro, que consiste em ver a utopia, primeiro, como a contraimagem perfeita da sociedade existente, depois como contraimagem demasiado perfeita, que, por isso, acaba se mostrando, no final, como não perfeita.

5. Mundos invertidos

A utopia, que em muitas características lembra a ilha inglesa, é um modelo de uniformidade: todas as 54 cidades parecem ser iguais. Os orçamentos domésticos estão todos organizados da mesma maneira, e a troca da população entre a cidade e o campo está claramente regulamentada, bem como a troca entre moradias. Aqui não existe nenhum lar puramente privado. Todos os cidadãos e cidadãs usam as mesmas roupas, e só se diferenciam

---

16 "Estabelecem-se penas duras e terríveis aos ladrões, quando se deveria, pelo contrário, providenciar para que encontrem meios de subsistência suficientes a fim de que ninguém seja forçado pela situação a primeiro roubar e depois morrer" (U, p.24).

as roupas entre os sexos e entre os casados e solteiros. A produção e a reprodução estão regulamentadas da maneira mais ampla possível. Só são necessárias seis horas de trabalho diário, mas o restante não é desperdiçado com "devassidão e preguiça" (U, p.55), mas sim usado para a formação continuada, e apenas uma hora de intervalo. O horário de dormir também está estabelecido, e, na verdade, o todo lembra a organização de um mosteiro. Aqui, é típico do procedimento duplo de Morus que ele, em cada capítulo, começa com uma descrição hiperbólica da sociedade utópica uniforme e monótona através de um olhar retrospectivo sobre as misérias na Inglaterra e da "sociedade ociosa" (U, p.56) dos padres e dos grandes proprietários rurais.

Como em todas as utopias desde *A República*, de Platão, a ordenação da reprodução social ganha atenção especial – muito maior do que, por exemplo, o tema do governo no sentido estrito, composto democraticamente (pelos sifograntes, traníboras e um presidente) a partir dos governos das casas, onde praticamente não existe a necessidade de uma regulação política impositiva, a não ser quando se trata de se proteger das ameaças externas. As famílias são organizadas de forma patriarcal e, quando se tornarem muito grandes, os filhos são distribuídos entre outras famílias (U, p.59). Se a população como um todo crescer muito rapidamente, então serão fundadas colônias nas terras continentais que estiverem próximas. Os nativos dessas terras serão assimilados ou então escorraçados se não quiserem viver segundo as leis utópicas. Assim, aqui e acolá, a violência aparece de modo bem nítido na narrativa da pacífica utopia, assim como só serão admitidos escravos (criminosos condenados ao trabalho forçado) para carnear os animais.

Justificação e crítica

Ao lado disso, Morus narra outras particularidades com uma piscadela irônica. As refeições serão feitas em comum, e é considerado indecente querer comer sozinho. A refeição começa com um breve sermão teórico moral, e, é claro, como Morus acrescenta com sutileza, "bem breve, para ninguém ficar entediado" (U, p.62). Para evitar o risco de que alguém se case com outro(a) que poderia achar repulsivo, os pretendentes são postos nus um em frente ao outro, pois também não se compra um cavalo "sem antes desencilhá-lo e despi-lo de todas as outras mantas" (U, p.82).

E assim ele prossegue com a descrição de dois mundos invertidos: o mundo inglês é invertido porque aqui dominam os preguiçosos, os infames e os idiotas, e os honestos fazem todos os esforços; a utopia é um mundo invertido no bom sentido, porque ela põe um fim a essa inversão, porém ela própria acaba se invertendo em uma distopia do controle e do absurdo. Na *Utopia*, por exemplo, ninguém pode visitar um amigo em outra cidade se não tiver uma permissão oficial para isso. O jogo de inversões também fica evidente na discussão sobre o dinheiro e o ouro. A economia utópica funciona sem dinheiro, e o ouro não tem valor; além do mais, para lhe atribuir um valor negativo, os utópicos fabricam com ouro os seus bacios e grilhões, o que faz que, por exemplo, os orgulhosos "anemolianos" (fanfarrões) fossem vistos com piedade ao visitarem a Utopia cobertos de ouro (U, p.67). Porém, ao mesmo tempo, todo impulso de distinção é submetido a uma rigorosa disciplina coletiva, o que é descrito tão pormenorizadamente que surge um efeito alienante.

Um outro exemplo dessa inversão duplicada é que, em contraste, com as más sociedades, ou seja, nas sociedades familiares, na *Utopia* os doentes são tratados com dedicação pela comunidade; todavia, quando padecem de uma doença incurável, a sociedade lhes recomenda a morte, e para isso lhes é concedida uma ajuda para acabarem com a sua vida (U, p.81) – uma prática bastante incomum (pelo menos no contexto do século XVI), mas, ao mesmo tempo, um elemento da busca utópica pela felicidade.

Os príncipes europeus e os papas são elogiados sarcasticamente pelo seu respeito aos contratos (U, p.86), mas sua má fama por não cumpri-los era bem grande na época. Os utópicos são também apresentados como um povo que detesta a guerra e ao mesmo tempo sabe como conduzi-la de modo estratégico e traiçoeiro. Por exemplo, recrutam os soldados para lutar por eles, e não se importam se são recrutados da "ralé da humanidade" (U, p.92). Eles estabelecem um preço pela cabeça dos comandantes inimigos – e mesmo que isso seja considerado, "pelos outros povos, uma atitude infame e sinal de degeneração" (U, p.90), isso lhes é indiferente, pois vivem em um mundo diferente e invertido.[17]

O final do livro mostra, mais uma vez, o modelo da duplicidade. As sociedades atuais vivem evidentemente de forma invertida: "Se antigamente era considerado injusto remunerar

---

17 Poder-se-iam mencionar muitas outras ambivalências programáticas, por exemplo, se a proximidade da religião pagã deísta e tolerante dos utópicos com o cristianismo significa que este aperfeiçoa a primeira – ou se tudo isso leva a uma renúncia a uma religiosidade originária, ou seja, uma outra inversão. Aqui cabe também o episódio engraçado (na circular enviada a Gilles) do "homem piedoso" (U, p.15) que, enviado pelo papa, queria viajar para Utopia para difundir a religião correta – mas só não sabia em qual direção navegar.

com ingratidão os servidores mais fiéis do Estado [seriam os agricultores, diaristas, artesãos, R. F.], os [ricos e os poderosos, R. F.] acabaram invertendo isto, declarando-o como justo mediante uma lei proclamada publicamente" (U, p.108). Assim, os Estados atuais aparecem como uma "conspiração dos ricos", e a única possibilidade de eliminar "completamente e de uma vez por todas" essa inversão parece ser, para Hitlodeu, a abolição do dinheiro e da propriedade privada. Essa transformação radical acarreta também uma revolução moral, a eliminação da "soberba", do orgulho e da ambição, o desejo excessivo pela distinção, que mais tarde será censurado no discurso de Rousseau.

Mas também essa inversão da inversão não leva a um mundo construído de forma justa. Em sua resposta a Hitlodeu, o personagem narrador Morus apresenta as coisas na Utopia de tal forma que elas parecem "extremamente absurdas" (U, p.109), desde a condução da guerra até a religião, e estende isso a "toda constituição" e à forma de vida, deixando pouco espaço para a "grandeza" e o "verdadeiro ornamento" de um Estado.

Na verdade, essa relativização, que, é claro, é ela mesma novamente relativizada pelo subsequente elogio final à Utopia, não era necessária. Todo o discurso de Morus deixa claro que a ironia distanciada se aplica não apenas ao mundo social existente, mas também ao mundo social representado. Isto é, revela-se a chave para abrir as portas para um mundo melhor, porém o mundo que se abre não é perfeito. Assim, cabe à criatividade e à força imaginativa dos homens continuar a testar novas portas com essa chave ou tentar com outra chave. A suposição de que poderia ser simples entrar em um mundo perfeito – inclusive que poderia até existir um programa para isso – está muito distante de humanistas como Erasmo e Morus. Quem, como eles, expõe as muitas máscaras da humanidade, não confia em um mundo platônico que resolve todos os enigmas. Segundo eles, é até mesmo risível aquele que assume como autênticas as máscaras representadas no palco, assim como aquele que acredita que arrancá-las revelaria toda a verdade. Repetindo, o verdadeiro utópico é aquele que não está em casa *em lugar nenhum*. Este é o sentido verdadeiro do nome.

6. Ampliações (e reduções)

Ora, poder-se-ia objetar que essa análise faz sentido quando se trata da utopia de Morus, o mestre da ironia, mas não às utopias formuladas de modo completamente diferente, como as de Campanella ou Bacon, e também não às utopias do Esclarecimento e dos primórdios do socialismo, que se entendiam cada vez mais de forma programática. Sobre isso, cabem algumas poucas observações.

Em sua *Cidade do Sol* (1602), o dominicano Campanella desenha a imagem fantástica de uma sociedade monástica fundada na ciência natural que, por um lado, descobriu a chave para a felicidade social – a eliminação do egoísmo através de formas extremas de coletivização e dissolução da estrutura familiar –, mas que, por outro lado, também apresenta características claramente distópicas em seus esforços de controle biopolítico e reprodução seletiva. Assim, as autoridades não só definem os detalhes sobre como fazer a higiene do corpo, mas também o momento da atividade sexual, assim como a escolha da parceira ou parceiro para fins de controle eugênico.[18] Essas práticas

---

18 Campanella, *Der Sonnenstaat*, p.130ss.

são criticadas em várias passagens do diálogo como sendo contrárias à lei natural e, entre outras coisas, como interpretações equivocadas da doutrina cristã. E esperava-se que os cidadãos da Cidade do Sol pudessem "abandonar esse hábito",[19] que, até o momento, era considerado *indispensável* à boa ordem. Isso mostra a ambivalência da construção de Campanella. Essa ambivalência também se mostra quando ele, que elaborou seu escrito na masmorra, perseguido e muitas vezes torturado por motivos políticos e religiosos, descreve o sistema jurídico de justiça na Cidade do Sol, desde os julgamentos apressados sem uma peça formal de acusação até a prática de persuadir o acusado "a ele mesmo reconhecer a sentença de morte e desejar suas execução".[20] Novamente, uma inversão utópica de nosso mundo invertido contém sua própria inversão.

Em *Nova Atlântida* (1624), de Francis Bacon, o aspecto coletivista desaparece e o aspecto da cientificidade, em uma forma "super-humana" construída ao extremo, adquire maior importância. Por exemplo, para explicar o surgimento do cristianismo na ilha, Bacon recorre sem rodeios à história de uma revelação especial,[21] apenas um dos muitos componentes fabulosos que produzem uma distância para a narrativa. A "ampliação do domínio humano até os confins do que é possível"[22] é mencionada como o verdadeiro objetivo da fundação do Estado, e a contagem das conquistas se estende até a experiência com animais para prolongar a vida, a reanimação,

---

19 Ibid., p.137.
20 Ibid., p.151.
21 Bacon, *Neu-Atlantis*, p.184.
22 Ibid., p.205.

a alteração na forma e no caráter e a produção de novas espécies. O objetivo de tudo isso é "adquirir um conhecimento do corpo humano", com os evidentes riscos dessas experiências e o perigo de resultados contrários.[23] Isso também explica o culto secreto praticado na casa de Salomão, onde os experimentos eram realizados.

A lista de técnicas utópicas de alienação é longa. Em *As aventuras de Telêmaco* (1699), Fenelon trabalha com a oposição entre Bética, feliz e arcádica, e Salento, que precisa ser reformada, onde a excessiva luxúria (urbana) precisa ser eliminada e ser introduzida uma educação rigorosa dos costumes – mas não sem prejuízos, como afirma Telêmaco, que partiu antes das reformas e agora retorna e encontra um "deserto" social, que, no entanto, é defendido por Mentor como o melhor mundo.[24] Isto mostra novamente que a utopia é um lugar nenhum.

Louis-Sébastian Mercier, em sua utopia temporalizada *O ano 2440* (1771), oscila entre a França decadente de sua época e a sociedade imaginária do futuro, setecentos anos mais tarde, e, apesar da preferência evidente pela última, ela é apresentada de modo exagerado e irônico. Por exemplo, maus escritores precisam usar uma máscara até terem se transformado "por convicção";[25] a religião abrangente e razoável é descrita como "algo inventado" e projetada para o povo;[26] os censores circulam com a "tocha da razão";[27] os impostos são pagos "volun-

---

23 Ibid., p.208.
24 Fenelon, *Die Abenteuer des Telemach*, p.398.
25 Mercier, *Das Jahr 2440*, p.56.
26 Ibid., p.105, 115.
27 Ibid., p.130.

Justificação e crítica

tariamente", mas o pagamento é rigorosamente controlado e os inadimplentes são punidos.[28]

Outros exemplos de métodos de distanciamento mútuo que poderiam ser mencionados assumem formas muito diferentes. Por exemplo, pensemos na teoria de Fourier dos quatro movimentos, formulada em termos de história natural e mundial, tão especulativa quanto sua pretensão de ser "científica", ou nos cenários reformadores de Robert Owen, que oscilam entre um "mundo completamente novo" e uma modificação paulatina. O pensamento utópico é, ao mesmo tempo, arrojado e prudente, inclusive na época dos programas de emancipação social.

7. A dupla normatividade

Mas o que isso significa para a normatividade da utopia? Temos de entender essa normatividade como uma normatividade duplicada, no sentido de um fundamento duplo. Em primeiro lugar, as utopias abrigam um primeiro nível da normatividade que contém a chave geral para a entrada em uma sociedade melhor e perfeita – em Morus, a propriedade coletiva; em Campanella, um coletivismo ainda mais amplo e também uma verdade metafísica sobre a organização justa da sociedade; em Bacon, uma forma específica de sociedade experimental, centrada na ciência, e assim por diante. O que define esse tipo específico de normatividade política é (a) sua radicalidade (libertar o mundo político de todo mal original) e (b) que ela transcende a justiça, uma vez que esse tipo de sociedade "boa" se encontra de certo modo "para além" da justiça, que ainda estaria ligada

---

28 Ibid., p.251ss.

aos conflitos, e a sociedade utópica já os teria superado.[29] Em que consiste precisamente esse superar a justiça varia de utopia para utopia, e praticamente não pode ser reduzido a um denominador comum. Mas, tomando como base Bloch e retomando uma das minhas primeiras questões formuladas na introdução, pode-se dizer que se trata de visões sobre a felicidade humana, em contraposição às visões sobre a justiça.

O segundo nível da normatividade da utopia consiste em reflexionar novamente o primeiro nível: onde o que é imperfeito surge na sociedade perfeita, onde a utopia ameaça se inverter em distopia, e o quadro multicolorido se transforma em algo cinza e negro. A hipérbole e a ironia são as formas expressivas dessa reflexão – mas em que consiste precisamente a sua normatividade? Claro, aqui não cabe a suposição de uma consciência moderna da contingência (por exemplo, no sentido de Rorty),[30] mas sim a consciência de um ceticismo moderado, que coloca em xeque as ideias de perfeição. Em Morus, esse ceticismo pode se manifestar, no final das contas, em uma dúvida religiosa acerca da húbris humana: os seres humanos não são deuses. Nos demais, pode ser a intuição de que um ser finito possui uma força muito limitada para o autoesclarecimento. O fato de levar a uma atitude irônica se deve à ideia de que a imperfeição é tão insuportável quanto a suposta perfeição – e, nesse sentido, dessa vez não segundo Platão. Aqui também é introduzido um momento de individualidade e de não planejamento, ao contrário de uma interpretação das utopias fortemente coletivista e em termos de tecnologia social, como as

---

29 Nesse sentido, Marx é um herdeiro dessa tradição.

30 Rorty, *Contingency, Irony and Solidarity*.

Justificação e crítica

de Saage e Habermas (que estão corretas acerca do primeiro nível da normatividade).

Talvez esse último nível da normatividade da utopia tenha como base uma reflexão sobre a criatividade humana. Pois a impossibilidade de imaginar e de produzir a sociedade perfeita deixa precisamente um espaço para o momento da espontaneidade, que deve ser permitida em todo tipo de sociedade. A concepção de dignidade de Pico della Mirandola, herdeiro de Morus, permanece fiel a essa ideia: a dignidade do ser humano reside na sua indeterminação e nas possibilidades sempre novas de poder se autodeterminar.[31] Isso implicaria dizer que, no final das contas, as utopias estariam orientadas pela ideia de dignidade humana. E na ideia de felicidade, mas que não pode ser produzida nem controlada. A felicidade aparece como um conceito politicamente aporético.

No início do texto, formulei a questão acerca da razão pela qual as utopias têm uma existência à margem da história das ideias políticas. Depois do que foi dito, ficou em aberto se isso está vinculado ao primeiro nível normativo, ou seja, à radicalidade "utópica" desses projetos que nos levam a uma sociedade que está "para além" da justiça e, de certo modo, para além da própria política,[32] ou se isso se deve ao fato de que as diversas concepções de felicidade — ao contrário das concepções de direitos e de justiça — saíram de moda e, além disso, são profundamente controversas. Mas pode ser que tenha algo a ver com o segundo nível de normatividade da utopia, o plano

---

31 Pico della Mirandola, *Über die Würde des Menschen*, p.7.

32 A tese de que as utopias "suspendem" a política encontra-se em Jameson, The Politics of Utopia.

hiperbólico e irônico, a arte de questionar-se — uma arte elevada e rara. Pois a ironia crítica que é expressa nas utopias é a atitude daquele que consegue renunciar àquilo que os seres humanos se prendem, isto é, ao que é dado e também aos sonhos, mas sem traí-los.

Fontes dos capítulos

1. Duas imagens da justiça. In: FORST, Rainer; HART-MANN, Martin; JAEGGI, Rahel; SAAR, Martin (Orgs.). *Sozialphilosophie und Kritik*. Frankfurt am Main: Suhrkamp, 2009. p.205-28.

2. A justificação dos direitos humanos e o direito fundamental à justificação: uma argumentação reflexiva. In: ERNST, Gerhard; SELLMAIER, Stephan (Orgs.). *Universelle Menschenrechte und partikulare Moral*. Stuttgart: Kohlhammer, 2010. p.63-96. Publicado primeiro em inglês: The Justification of Human Rights and the Basic Right to Justification: a Reflexive Approach. *Ethics*, n.120, p.711-40, jul. 2010.

3. A ordem normativa da justiça e da paz. Inédito.

4. O fundamento da crítica: sobre o conceito de dignidade humana nas ordens sociais de justificação. In: JAEGGI, Rahel; WESCHE, Tilo (Orgs.). *Was ist Kritik?* Frankfurt am Main: Suhrkamp, 2009, p.150-64.

5. O que é mais importante vem primeiro: distribuição, reconhecimento e justificação. Versão alemã inédita de First Things

First: Redistribution, Recognition and Justification. *European Journal of Political Theory*, v.6, n.3, p.291-304, 2007.

6. "Tolerar significa ofender": tolerância, reconhecimento e emancipação. Versão alemã inédita de To Tolerate Means to Insultate: Toleration, Recognition and Emancipation. In: VAN DEN BRINK, Bert; OWEN, David (Orgs.). *Recognition and Power*: Axel Honneth and the Tradition of Critical Social Theory. Cambridge: Cambridge Universtiy Press, p.215-37, 2007.

7. A injustiça da justiça: dialética normativa segundo Ibsen, Cavelll e Adorno. In: KAUL, Susanne; BITTNER, Rüidger (Orgs.). *Fiktionen der Gerechtigkeit*: Literatur – Film – Philosophie – Recht. Baden-Baden: Nomos, 2005. p.31-42.

8. O republicanismo do temor e da salvação: sobre a atualidade da teoria política de Hannah Arendt. In: STIFTUNG, Heinrich Böll (Org.). *Verborgene Tradition – Unzeitgemäße Aktualität. Hannah Arendt 1906-2006*. Berlin: Akademie Verlag, 2008. p.229-40.

9. Utopia e ironia: sobre a normatividade da filosofia política do "lugar nenhum". In: ABEL, Günter (Org.). *Kreativität*. 20. Deutscher Kongress Für Philosophie. Hamburg: Meiner, 2006. p.92-103.

Todos os textos foram levemente modificados e adaptados para a presente publicação.

Referências bibliográficas

ADORNO, Theodor W. *Negative Dialektik*. Frankfurt am Main: Suhrkamp, 1975. [Ed. bras.: Dialética negativa. Rio de Janeiro: Jorge Zahar, [ca.2009].]

_____. *Probleme der Moralphilosophie*. Nachgelassene Schriften IV. Ed. T. Schröder. Frankfurt am Main: Suhrkamp, 1996.

ALIGHIERI, Dante. *Monarchia*. Stuttgart: Reclam, 1989.

ANDERSON, Elisabeth. What Is the Point of Equality? *Ethics*, n.109, p.287-337, 1999.

ANDERSON, Joel; HONNETH, Axel. Autonomy, Vunerability, Recognition, and Justice. In: CHRISTMAN, J.; ANDERSON, J. *Autonomy and the Challenges to Liberalism*. Cambridge: Cambridge University Press, 2005. p.127-49.

ARENDT, Hannah. *Das Urtleilen*: Texte zu Kants Politischer Philosophie. Ed. R. Beiner. München: Piper, 1998.

_____. *Eichmann in Jerusalem*. München: Piper, 1986. [Ed. bras.: Eichmann em Jerusalém. São Paulo: Companhia das Letras, 1999.]

_____. *Elemente und Ursprünge Totaler Herrschaft*. München: Piper, 1986. [Ed. bras.: As origens do totalitarismo. São Paulo: Companhia das Letras, 2013.]

_____. *Macht und Gewalt*. München: Piper, 1987. [Ed. bras.: Sobre a violência. Rio de Janeiro: Civilização Brasileira, 2009.]

ARENDT, Hannah. Philosophy and Politics. *Social Research*, n.71, p.427-54, 2004.

_____. Thinking and Moral Considerations. *Social Research*, n.38, p.417-46, 1971.

_____. *Über die Revolution*. München: Piper, 2000. [Ed. bras.: *Sobre a revolução*. São Paulo: Companhia das Letras, 2011.]

_____. Understanding and Politics. *Partisan Review*, p.377-92, 1953.

_____. *Vita Activa Oder vom tätigen Leben*. München: Piper, 2002. [Ed. bras.: *A condição humana*. 13.ed. Rio de Janeiro: Forense Universitária, 2016.]

_____. Wahrheit und Politik. In: _____; NANZ, P. (Orgs.). *Wahrheit und Politik*. Berlin: Wagenbach, 2006.

_____. Walter Benjamin. In: *Brecht, 2 Essays*. München, 1986. [Ed. bras.: *Homens em tempos sombrios*. São Paulo: Companhia das Letras, 1987. p.133-76.]

_____. *Zwischen Vergangenheit und Zukunft*. München: Piper, 1994. [Ed. bras.: *Entre o passado e o futuro*. 7.ed. São Paulo: Perspectiva, 2014.]

ARNESON, Richard. Luck and Equality. *Proceedings of the Aristotelian Society*, v. compl., p.73-90, 2001.

_____. Luck Egalitarianism: An Interpretation and Defense. *Philosophical Topics*, n.32 p.1-20, 2004.

AUER, Dick; WESSEL, Julica Schulze; RENSMANN, Lars (Orgs.). *Arendt und Adorno*. Frankfurt am Main: Suhrkamp, 2003.

AUGUSTINUS; Aurelius. Brief an Vincentius. In: *Des Heiligen Krichenvaters Aurelius Augustinus Ausgewählte Briefe*. München: J. Kösel, 1917. p.333-84.

_____. *Vom Gottesstaat*. München, 1977. [Ed. bras.: *A cidade de Deus*. Petrópolis: Vozes, 2013.]

BACON, Francis. Neu-Atlantis. In: HEINISCH, K. (Org.). *Der Utopische Staat*. Reinbeck: Rowohlt, 1960.

BARRY, Brian. *Justice as Impartiality*. Oxford: Clarendon Press, 1995.

BAUER, Joanne R.; BELL, Daniel A. (Orgs.). *The East Asian Challenge for Human Rights*. Cambridge: Cambridge University Press, 1999.

BAYLE, Pierre. Commentaire philosophique sur ces paroles de Jésus--Christ "Contrain-les d'entrer". In: *Œuvres diverses II*. La Haye, 1727, ND; Hildesheim: Olms, 1965.

_____. *Historisches und Cristisches Wörterbuch*. Terceira Explicação, IV. Hildesheim: Olms, 1974.

BEITZ, Charles. Human Rights and the Law of People. In: CHATTERJEE, D. (Org.). *The Ethics of Assistance*: Morality and the Distant Needy. Cambridge: Cambridge University Press, 2004. p.193-214.

_____. *The Idea of Human Rights*. Oxford: Oxford University Press, 2009.

_____. What Human Rights Mean. *Dedalus*, p.36-46, inverno 2003.

BELL, Daniel A. *East Meets West*: Human Rights and Democracy in East Asia. Princeton: Princeton University Press, 2000.

BENHABIB, Seyla. Is There a Human Right to Democracy? Beyond Interventionism and Indifference. *The Lindley Lecture*, University of Kansas, 2007.

_____. *The Rights of Others*. Cambridge: Cambridge University Press, 2004.

BENJAMIN, Walter. Goethes Wahlverwandtschaften. In: *Illuminationen*: Ausgewählte Schriften. Frankfurt am Main: Suhrkamp, 1977. p.63-135.

_____. Zur Kritik der Gewalt. In: *Angelus Novus*. Ausgewählte Schriften 2. Frankfurt am Main: Suhrkamp, 1988. p.42-66.

BERLIN, Isaiah. Das Streben Nach dem Ideal. In: *Das Krumme Holz der Humanität*. Frankfurt am Main: Fischer-Taschenbuch-Verlage, 1995. p.13-36.

_____. Equality. In: *Concepts and Categories*. Harmondsworth: Penguin Books, 1981. p.81-102.

_____; JAHANBEGLOO, Ramin. *Conversations with Isaiah Berlin*. Nova York: Scribner, 1992.

BERNHARD, Thomas. *Holzfällen*. Frankfurt am Main: Suhrkamp, 1984.

BLOCH, Ernst. *Das Prinzip Hoffnung*. 2.v. Frankfurt am Main: Suhrkamp, 1973. [Ed. bras.: *O princípio esperança*. Rio de Janeiro: Contraponto, 2005.]

BLOCH, Ernst. *Naturrecht und Menschliche Wur de*. Frankfurt am Main: Suhrkamp, 1977.

BOHMANN, James. Reflexive Toleration in a Deliberative Democracy. In: MCKINNON, C.; CASTIGLIONE, D. (Orgs.). *The Culture of Toleration in Diverse Societies*. Manchester: Manchester University Press, 2003. p.111-31.

BOLTANSKI, Luc; THEVENOT, Laurent. *Über die Rechtfertigung*: Eine Soziologie der Kritischen Urteilskraft. Hamburg: Hamburger Edition, 2007.

BOSSUET, Jacques-Bénigne. *Politique tirée de propres paroles de l'Écriture Sainte*. Genève: Droz, 1967. [Ed. orig.:1709.]

BROCK, Lothar. Von der Liberalen Universalpoesie zur Reflexiven Friedenspolitik. In: BAUMGART-OCHSE, C.; SCHÖRNIG, N.; WISOTZKI, S.; WOLFF, J. (Orgs.). *Auf dem Weg zu "Just Peace Governance"*. *Auf dem Weg zu "Just Peace Governance"*. Baden-Baden: Nomos, pp. 47–70, 2011.

BROWN, Wendy. Reflexionen über Toleranz im Zeitalter der Identität. In: FORST, R. (Org.). *Toleranz*. Frankfurt am Main: Campus, 2000. p.257-81.

BUCHANAN, Allen. *Justice, Legitimacy, and Self-Determination*: Moral Foundations for International Law. Nova York: Oxford University Press, 2004.

_____. The Egalitarianism of Human Rights. *Ethics*, n.120, p.679-710, 2010.

CAMPANELLA, Tommaso. Der Sonnenstaat: In: HEINISCH, K. (Org.). *Der Utopische Staat*. Reinbek: Rowohlt, 1960.

CANOVAN, Margaret. *Hannah Arendt*: a Reinterpretation of Her Political Thought. Cambridge: Cambridge University Press, 1992.

CAVELLL, Stanley. *Conditions Handsomeand Unhandsome*: the Constitution of Emersonian Perfectionism. Chicago: University of Chicago Press, 1990.

CICERO, Marcus Tullius. *De officiis*: Vom pflichtgemäßen Handeln. Ed. H. Gunermann. Stuttgart: Reclam, 2003. [Ed. port.: *Dos deveres*. Lisboa: Edições 70, 2017.]

Justificação e crítica

CICERO, Marcus Tullius. *De Re publica*: Vom Gemeinwesen. Ed. K. Büchner. Stuttgart: Reclam, 1979. [Ed. bras.: *Da república*. Bauru: Edipro, 2011.]

COHEN, Gerald. Equality of What? On Welfare, Goods, and Capabilities. In: NUSSBAUM, M.; SEN, A. (Orgs.). *The Quality of Life*. Oxford: Clarendon Press, 1993. p.9-29.

COHEN, Jean. Rethinking Human Rights, Democracy, and Sovereignty in the Age of Globalization. *Political Theory*, n.36, p.578-606, 2008.

_____. Rights, Citizenship and the Modern Form of the Social: Dilemmas of Arendtian Republicanism. *Constellations*, n.3, p.164-89, 1996.

_____. Whose Sovereignty? Empire *versus* International Law. *Ethics & International Affairs*, n.18, p.1-24, 2004.

COHEN, Joshua. Is There a Human Right to Democracy? In: SYPNOWICH, C. (Org.). *The Egalitarian Conscience*: Essays in Honour of G. A. Cohen. Oxford: Oxford University Press, 2006. p.226-48.

_____. Minimalism about Human Rights. *Journal of Political Philosophy*, v.12, p.190-213, 2004.

CURTIS, Dennis E.; RESNIK, Judith. Images of Justice. *Yale Law Journal*, n.96, p.1727-772, 1987.

CZEMPIEL, Ernst-Otto. Kants Theorem und Die Zeitgenössische Theorie der Internationalen Beziehungen. In: LUTZ-BACHMANN, M.; BOHMAN, J. (Orgs.). *Frieden durch Recht*. Frankfurt am Main: Suhrkamp, 1996. p.300-23.

DAHRENDORF, Ralf. *Pfade aus Utopia*. München: Piper, 1986.

DERRIDA, Jacques. *Gesetzeskraft*: Der "Mystische Grund der Autorität". Frankfurt am Main: Suhrkamp, 1991. [Ed. bras.: *Força de lei*. São Paulo: WMF Martins Fontes, 2010.]

DOYLE, Michael. Ethics, Law and the Responsibility to Protect. In: EXZELLENZCLUSTERS "DIE HERAUSBILDUNG NORMATIVER ORDNUNGEN", nov. 2010, Frankfurt am Main. Comunicação proferida na conferência anual...

_____. Kant, Liberal Legacies, and Foreign Affairs. *Philosophy and Public Affairs*, n.12, p.205-235 e 323-53, 1983.

DU BOIS, William Edward Burghardt. *The Souls of Black Folk*. Nova York: Penguin Putnam, 1995.

DWORKIN, Ronald. Foundations of Liberal Equality. In: PETERSON, G. B. (Org.). *The Tanner Lectures on Human Values XI*. Salt Lake City: University of Utah Press, 1990. p.1-119.

ELLIOTT, Robert C. The Shape of Utopia. In: ADAMS, R. M. (Org.). *Sir Thomas More*: Utopia. Nova York: Norton, 1992. p.181-95.

ELLISON, Ralph. *Invisible Man*. Nova York: Vintage Books, 1994. [Ed. bras.: Homem invisível. Rio de Janeiro: José Olympio, 2013.]

EZE, Emmanuel Chulcwudi (Org.). *Race and the Enlightenment*: a Reader. Cambridge, MA: Blackwell, 1997.

FÉNELON, François. *Die Abenteuer des Telemach*. Stuttgart: Reclam, 1984.

FORST, Rainer. A Kantian Republican Conception of Justice as Nondomination. In: NIEDERBERGER, A.; SCHINK, P. (Orgs.). *Republican Democracy*. Edinburgh: Edinburgh University Press, no prelo.

_____. *Das Recht auf Rechtfertigung*: Elemente Einer Konstruktivistischen Theorie der Gerechtigkeit. Frankfurt am Main: Suhrkamp, 2007.

_____. Die Herausbildung Normativer Ordnungen. In: _____; GÜNTHER, K. (Orgs.). *Die Herausbildung Normativer Ordnungen*: Interdisziplinäre Perspektiven. Frankfurt am Main: Campus-Verl., 2011.

_____. Die Wurde des Menschen und das Recht auf Rechtfertigung. *Deutsche Zeitschrift für Philosophie*, n.4, p.589-96, 2005.

_____. Foundations of a Theory of Multicultural Justice. *Constellations*, n.4, p.63-71, 1997.

_____. Grenzen der Toleranz. In: BRUGGER, W.; HAVERKATE, G. (Orgs.). *Grenzen als Thema der Rechts- und Sozialphilosophie*. ARSP-Beiheft 84. Stuttgart: Steiner, 2002. p.9-21.

_____. Justice after Marx. [Manuscrito não publicado.]

_____. *Kontexte der Gerechtigkeit*: Politische Philosophie jenseits von Liberalismus und Kommunitarismus. Frankfurt am Main: Suhrkamp, 1994. [Ed. bras.: Contextos da justiça: filosofia política para além de liberalismo e comunitarismo. São Paulo: Boitempo, 2010.]

FORST, Rainer. Max Horkheimer und Theodor W. Adorno. In: HOFFE, O. (Org.). *Klassiker der Philosophie*. 2v. München: C.H. Beck, 2008. p.274-88.

_____. Noumenal Power. [Manuscrito não publicado.]

_____. Radical Justice: on Iris Marion Young's Critique of the "Distributive Paradigm". *Constellations*, n.14, p.260-5, 2007.

_____. Tolerance as a Virtue of Justice. In: SCHMIDT, T. M.; PARKER, M. G. (Orgs.). *Religion in der Pluralistischen Öffentlichkeit*. Wurzburg: Echter, 2008. p.147-60.

_____. Toleranz, Gerechtigkeit und Vernunft. In: _____. (Org.). *Toleranz*: Philosophische Grundlagen und gesellschaftliche Praxis einer umstrittenen Tugend. Frankfurt am Main: Campus, 2000. p.119-43.

_____. Toleranz, Glaube und Vernunft. Bayle und Kant im Vergleich. In: KLEMME, H. (Org.). *Kant und die Zukunft der Europäischen Aufklärung*. Berlin: Walter De Gruyter, 2009. p.183-209.

_____. *Toleranz im Konflikt*: Geschichte, Gehalt und Gegenwart eines umstrittenen Begriffs. Frankfurt am Main: Suhrkamp, 2003.

_____. Transnational Justice and Democracy. *Normative Orders Working Paper*, n.4, 2011.

_____; GÜNTHER, Klaus (Orgs.). *Die Herausbildung Normativer Ordnungen*: Interdisziplinäre Perspektiven. Frankfurt am Main: Campus-Verl., 2011.

FOUCAULT, Michel. *Analytik der Macht*. Frankfurt am Main: Suhrkamp, 2008.

_____. *Was ist Kritik?* Berlin: Merve, 1992.

FRANKFURT, Harry. Equality and Respect. In: *Necessity, Volition, and Love*. Cambridge: Cambridge University Press, 1999. p.146-54.

_____. Equality as a Moral Ideal. In: *The Importance of What We Care About*. Cambridge: Cambridge University Press, 1988. p.143-58.

FRASER, Nancy. Abnormal Justice. *Critical Inquiry*, n.34, p.393-422, 2008.

_____. *Adding Insult to Injury*: Nancy Fraser Debates Her Critics. Ed. K. Olson. London: Verso, 2008.

FRASER, Nancy. Identity, Exclusion, and Critique: a Response to Four Critics. *European Journal of Political Theory*, n.6, p.305-37, 2007.

_____. *Reframing Justice: Spinoza Lectures*. Amsterdam: Koninklijke Van Gorcum, 2005.

_____. *Scales of Justice*. Nova York: Columbia University Press, 2008.

_____; HONNETH, Axel. *Umverteilung oder Anerkennung?* Eine Politisch-Philosophische Kontroverse. Frankfurt am Main: Suhrkamp, 2003.

GALEOTTI, Anna E. *Toleration as Recognition*. Cambridge: Cambridge University Press, 2002.

GALSTON, William. Diversity, Toleration, and Deliberative Democracy: Religious Minorities and Public Schooling. In: MACEDO, S. (Org.). *Deliberative Politics*. Oxford: Oxford University Press, 1999. p.39-48.

GAUCHET, Marcel. *Die Erklärung der Menschenrechte*. Hamburg: Rowohlt, 1991.

GEIS, Anna; MÜLLER, Harald; WAGNER, Wolfgang (Orgs.). *Schattenseiten des Demokratischen Friedens*: zur Kritik einer Theorie liberaler Außen- und. Frankfurt am Main: Campus, 2007.

GEUSS, Raymond. *Philosophy and Real Politics*. Princeton: Princeton University Press, 2008.

GOETHE, Johann Wolfgang von. Maximen und Reflexionen. In: *Werke*. v.6. Frankfurt am Main: Insel, 1981. p.497-518.

GOSEPATH, Stefan. Der Sinn der Menschenrechte nach 1945. In: ERNST, G.; SELLMAIER, S. (Orgs.). *Universelle Menschenrechte und Partikulare Moral*. Stuttgart: Kohlhammer, 2010. p.17-32.

_____. *Gleiche Gerechtigkeit*. Frankfurt am Main: Suhrkamp, 2004.

_____. Verteidigung Egalitärer Gerechtigkeit. *Deutsche Zeitschrift für Philosophie*, n.51, p.275-97, 2003.

GRELL, Ole; ISRAEL, Jonathan; TYACKE, Nicholas (Orgs.). *From Persecution to Toleration*. Oxford: Clarendon, 1991.

GRIFFIN, James. Human Rights and the Autonomy of International Law. In: BESSON, S.; TASIOULAS, J. (Orgs.). *The Philosophy of International Law*. Oxford: Oxford University Press, 2010. p.339-55.

GRIFFIN, James. *On Human Rights*. Oxford: Oxford University Press, 2008.

GUTMANN, Amy; THOMPSON, Dennis. *Democracy and Disagreement*. Cambridge: Harvard University Press, 1996.

_____; _____. Democratic Disagreement. In: MACEDO, S. (Org.). *Deliberative Politics*. Oxford: Oxford University Press, 1999. p.143-279.

HABERMAS, Jürgen. Bewußtmachende oder Rettende Kritik. In: *Philosophisch-Politische Profile*. Frankfurt am Main: Surkamp, 1987. p.336-76.

_____. *Der Gespaltene Westen*. Frankfurt am Main: Suhrkamp, 2004. [Ed. bras.: *O Ocidente dividido*. São Paulo: Editora Unesp, 2016.]

_____. *Die Postnationale Konstellation*. Frankfurt am Main: Suhrkamp, 1998.

_____. Diskursethik: Notizen zu einem Begründungsprogramm. In: *Moralbewußtsein und Kommunikatives Handeln*. Frankfurt am Main: Suhrkamp, 1983. p.53-126.

_____. *Faktizität und Geltung*: Beiträge zur Diskustheorie des Rechts und Demokratischen Rechtsstaats. Frankfurt am Main: Suhrkamp, 1992.

_____. Hannah Arendts Begriff der Macht. In: *Philosophisch-Politische Profile*. Frankfurt am Main: Surkamp, 1987. p.228-48.

_____. Hat die Konstitutionalisicrung des Volkerrechts noch eine Chance? In: *Der Gespaltene Westen*. Frankfurt am Main: Suhrkamp, 2004. p.113-93.

_____. *Philosophisch-Politische Profile*. Frankfurt am Main: Surkamp, 1987.

_____. *Strukturwandel der Öffentlichkeit*. nova ed. Frankfurt am Main: Suhrkamp, 1990. [Ed. bras.: *Mudança estrutural da esfera pública*. São Paulo: Editora Unesp, 2014.]

_____. *Theorie des Kommunikativen Handelns*. 2v. Frankfurt am Main: Suhrkamp, 1981. [Ed. bras.: *Teoria do agir comunicativo*. São Paulo: WMF Martins Fontes, 2012.]

_____. *Theorie und Praxis*. Frankfurt am Main: Suhrkamp, 1982. [Ed. bras.: *Teoria e práxis*. São Paulo: Editora Unesp, 2013.]

HABERMAS, Jürgen. Versöhnung Durch Öffentlichen Vernunftgebrauch. In: PHILOSOPHISCHE GESELLSCHAFT BAD HOMBURG; HINSCH, W. (Orgs.). *Zur Idee des Politischen Liberalismus.* Frankfurt am Main: Suhrkamp, 1997. p.169-95.

_____. Zur Legitimation durch Menschenrechte. In: *Die Postnationale Konstellation.* Frankfurt am Main: Suhrkamp, 1998. p.170-92.

HEIDEGGER, Martin. Der Ursprung des Kunstwerkes. In: *Holzwege.* Frankfurt am Main: Klostermann, 1980. p.1-72.

HILL, Melvyn A. (Org.). *Hannah Arendt*: the Recovery of the Public World. Nova York: St. Martin's Press, 1979.

HINSCH, Wilfried. *Gerechtfertigte Ungleichheiten.* Berlin: De Gruyter, 2002.

HOFFE, Otfried. *Demokratie im Zeitalter der Globalisierung.* München: Beck, 1999.

HONNETH, Axel. *Das Andere der Gerechtigkeit.* Aufsätze zur praktischen Philosophie. Frankfurt am Main: Suhrkamp, 2000.

_____. Das Gewebe der Gerechtigkeit. In: *Das Ich im Wir.* Berlin: Suhrkamp, 2010. p.51-77.

_____. Eine Soziale Pathologie der Vernunft. In: *Pathologien der Vernunft*: Geschichte und Gegenwart der Kritischen Theorie. Frankfurt am Main: Suhrkamp, 2007. p.28-56.

_____. *Kampf um Anerkennung*: Zur Moralischen Grammatik Sozialer Konflikte. Frankfurt am Main: Suhrkamp, 1992. [Ed. bras.: *Luta por reconhecimento*. 2.ed. São Paulo: Editora 34, 2009.]

_____. Pathologien des Sozialen. In: *Das Andere der Gerechtigkeit*: Aufsätze zur Praktischen Philosophie. Frankfurt am Main: Suhrkamp, 2000. p.11-69.

_____. Rejoinder. In: PETHERBRIDGE, D. (Org.). *Axel Honneth*: Critical Essays. Leiden: Brill, 2011.

_____. Umverteilung als Anerkennung: Eine Erwiderung auf Nancy Fräser. In: FRASER, N.; HONNETH, A. (Orgs.). *Umverteilung oder Anerkennung*: Eine Politisch-Philosophische Kontroverse. Frankfurt am Main: Suhrkamp, 2003. p.129-224.

_____. *Unsichtbarkeit. Stationen einer Theorie der Intersubjektivität.* Frankfurt am Main: Suhrkamp, 2003.

HONNETH, Axel. *Verdinglichung*: Eine Anerkennungstheoretische Studie. Frankfurt am Main: Suhrkamp, 2005.

HORKHEIMER, Max. Materialismus und Moral. *Zeitschrift für Sozialforschung*, n.2, p.162-97, 1933.

_____. Traditionelle und Kritische Theorie. *Zeitschrift für Sozialforschung*, n.6, p.245-94, 1937.

HOUELLEBECQ, Michel. *Die Möglichkeit einer Insel*. Köln: DuMont, 2005. [Ed. bras.: *A possibilidade de uma ilha*. Rio de Janeiro: Record, 2006.]

IBSEN, Henrik. *Die Stützen der Gesellschaft*. Bühnenstück, 1877. [Ed. port.: Os pilares da sociedade. In: *Peças escolhidas 3*. Lisboa: Cotovia, 2008.]

_____. *Die Wildente*. Stuttgart, 1994. [Ed. bras.: *O pato selvagem*. Porto Alegre: Globo, 1984.]

_____. *Nora* (Ein Puppenheim). Stuttgart, 1988. [Ed. bras.: *Casa de bonecas*. São Paulo: Veredas, 2010.]

IGNATIEFF, Michael. *Human Rights as Politics and Idolatry*. Princeton: Princeton University Press, 2001.

JAEGGI, Rahel. Kein Einzelner vermag etwas dagegen: Adornos Minima Moralia als Kritik von Lebensformen. In: HONNETH, A. (Org.). *Dialektik der Freiheit*. Frankfurt am Main: Suhrkamp, 2005. p.115-41.

_____; WESCHE, Tilo (Orgs.). *Was ist Kritik?* Frankfurt am Main: Suhrkamp, 2009.

JAMESON, Fredric. The Politics of Utopia. *New Left Review*, n.25, p.35-54, 2004.

KANT, Immanuel. *Grundlegung zur Metaphysik der Sitten*. In: *Kants Werke IV*. Berlin: Preußischen Akademie der Wissenschaften, 1968. [Ed. bras.: *Fundamentação da metafísica dos costumes*. São Paulo: Barcarolla; Discurso, 2010.]

_____. *Was ist Aufklärung?* In: *Kants Werke VIII*. Berlin: Preußischen Akademie der Wissenschaften, 1968. p.33-42.

_____. *Zum ewigen Frieden*. In: *Kants Werke VIII*. Berlin: Preußischen Akademie der Wissenschaften, 1968. p.341-86. [Ed. bras.: À paz perpétua. Porto Alegre: L&PM, 2008.]

KING, Preston. *Toleration*. Nova York: St. Martins Press, 1976.

KISSEL, Otto. *Die Justitia*: Reflexionen über ein Symbol und seine Darstellung in der bildenden Kunst. München: C.H. Beck, 1984.

KREBS, Angelika. *Arbeit und Liebe*. Frankfurt am Main: Suhrkamp, 2002.

_____. Einleitung: die neue Egalitarismuskritik im Oberblick. In: _____. (Org.). *Gleichheit oder Gerechtigkeit*. Frankfurt am Main: Suhrkamp, 2000. p.7-33.

KUMAR, Krishan. *Utopia and Anti-Utopia in Modern Times*. Oxford: Basil Blackwell, 1987.

KYMLICKA, Will. *Multicultural Citizenship*: a Liberal Theory of Minority Rights. Oxford: Clarendon, 1995.

_____. *Politics in the Vernacular*: Nationalism, Multiculturalism, and Citizenship. Oxford: Oxford University Press, 2001.

LARMORE, Charles. Pluralism and Reasonable Disagreement. In: *The Moral of Modernity*. Cambridge: Cambridge University Press, 1996. p.152-74.

_____. *The Autonomy of Morality*. Cambridge: Cambridge University Press, 2008.

LEFORT, Claude. Politics and Human Rights. In: THOMPSON, J. B. (Org.). *The Political Forms of Modern Society*. Cambridge: MIT Press, 1986. p.239-72.

LILBURNE, John. Englands Birth-Right Justified (1645). In: HALLER, W. (Org.). *Tracts on Liberty in the Puritan Revolution*. v.3. Nova York: Octagon Books, 1965. p.257-308.

LOCKE, John. A Second Letter Concerning Toleration. In: *The Works of John Locke VI*. Aalen: Scientia, 1963. [Ed. bras.: *Cartas sobre tolerância*. São Paulo: Ícone, 2017.]

_____. Ein Brief über Toleranz. Trad. e org. para o alemão J. Ebbinghaus. Hamburg: Meiner, 1996.

LUTZ-BACHMANN, Matthias; BOHMAN, James (Orgs.). *Frieden durch Recht*. Frankfurt am Main: Suhrkamp, 1996.

MACEDO, Stephen. Liberal Civic Education and Religious Fundamentalism: the Case of God *v*. John Rawls? *Ethics*, n.105, p.468-96, 1995.

MANUEL, Frank E.; MANUEL, Frirzie P. *Utopian Thought in the Western World*. Cambridge, MA: Harvard University Press, 1979.

MARCUSE, Herbert. Repressive Toleranz. In: *Schriften 8*. Frankfurt am Main: Suhrkamp, 1984. p.136-66.

MARGALIT, Avishai. *Politik der Würde*: über Achtung und Verachtung. Berlin: Fest, 1997.

_____. *Über Kompromisse — und faule Kompromisse*. Berlin: Suhrkamp, 2011.

MARX, Karl. Zur Kritik der Hegeischen Rechtsphilosophie. In: Introdução. *Karl Marx-Friedrich Engels-Gesamtausgabe (MEGA), Erste Abteilung*. v.2. Berlin: Akademie, 1982. [Ed. bras.: *Crítica da filosofia do direito de Hegel*. São Paulo: Boitempo, 2013.]

MCCARTHY, Thomas. *Race, Empire, and the Idea of Human Development*. Cambridge: Cambridge University Press, 2009.

MENDUS, Susan. *Toleration and the Limits of Liberalism*. Atlantic Highlands: Cambridge University Press, 1989.

MENKE, Christoph. *Spiegelungen der Gleichheit*. Berlin: Akademie, 2000.

_____; POLLMANN, Arnd. *Philosophie der Menschenrechte*. Hamburg: Junius, 2007.

MERCIER, Louis-Sebastian. *Das Jahr 2440*. Frankfurt am Main: Insel, 1989.

MICHELMAN, Frank. Parsing "A Right to Have Rights". *Constellations*, n.3, p.200-8, 1996.

MILLER, David. *Grundsätze Sozialer Gerechtigkeit*. Frankfurt am Main: Campus, 2008.

MIRABEAU, Honoré Gabriel. Rede vom 22.8.1789. In: GUGGISBERG, H. (Org.). *Religiöse Toleranz*: Dokumente zur Geschichte einer Forderung. 289f. Stuttgart-Bad Cannstadt: Frommann--Holzboog, 1984.

MIRANDOLA, Pico della. *Über die Würde des Menschen* (1486). Ed. A. Bück. Hamburg: Meiner, 1990. [Ed. port.: *Discurso sobre a dignidade do homem*. Lisboa: Edições 70, 2006.]

MORE, *Sir* Thomas. *Utopia*. Ed. R. Adams. New York: Alfred A. Knopf, 1992. [Ed. bras.: *Utopia*. Petrópolis: Vozes, 2016.]

MORUS, Thomas. *Utopia*. In: HEINISCH, K. J. (Org.). *Der Utopische Staat*. Reinbek: Rowohlt, 1960.

_____. *Utopia*. Texto em latim e tradução para o inglês. Ed. G. M. Logan; R. M. Adams e C. H. Miller. Cambridge: Cambridge University Press, 1995.

MÜLLER, Harald. *Wie kann eine neue Weltordnung aussehen*. Frankfurt am Main: Fischer, 2008.

NARAYAN, Uma. Contesting Cultures: "Westernization", Respect for Cultures, and Third-World Feminists. In: NICHOLSON, L. (Org.). *The Second Wave*: a Reader in Feminist Theory. Nova York: Routledge, 1997. p.396-414.

_____. Essence of Culture and a Sense of History: a Feminist Critique of Cultural Essentialism. In: _____; HARDING, S. (Orgs.). *Decentering the Center*: Philosophy for a Mutlicultural, Postcolonial and Feminist World. Bloomington: Indiana University Press, 2000. p.80-100.

NEWEY, Glen. *Virtue, Reason and Toleration*: the Place of Toleration in Ethical and Political Philosophy. Edinburgh: Edinburgh University Press, 1999.

NICKEL, James. *Making Sense of Human Rights*. 2.ed. Oxford: Blackwell, 2006.

NOZICK, Robert. *Anarchy, State, and Utopia*. Nova York: Basic Books, 1974. [Ed. bras.: *Anarquia, Estado e Utopia*. São Paulo: WMF Martins Fontes, 2011.]

NUSSBAUM, Martha C. *Die Grenzen der Gerechtigkeit*: Behinderung, Nationalität und Spezieszugehörigkeit. Berlin: Suhrkamp, 2010. [Ed. bras.: *Fronteiras da justiça*: deficiência, nacionalidade, pertencimento, espécie. São Paulo: WMF Martins Fontes, 2013.]

_____. *Poetic Justice*: The Literary Imagination and Public Life. Boston: Beacon Press, 1995.

O'NEILL, Onora. Practices of Toleration. In: LICHTENBERG, J. (Org.). *Democracy and the Mass Media*. Cambridge: Cambridge University Press, 1990. p.155-85.

OWEN, David. Criticism and Captivity: On Genealogy and Critical Theory. *European Journal of Philosophy*, n.10, p.216-30, 2002.

PADUA, Marsilius von. *Der Verteidiger des Friedens*. Darmstadt: Wissenschaftliche Buchgesellschaft, 1958. [Ed. bras.: *O defensor da paz*. Petrópolis: Vozes, 1997.]

PAINE, Thomas. *Rights of Man, Common Sense, and Other Political Writings*. Oxford, Oxford University Press 2008.

PETHERBRIDGE, Danielle (Org.). *Axel Honneth*: Critical Essays. Leiden: Brill, 2011.

PETTIT, Philip. *Republicanism*: a Theory of Freedom and Government. Oxford: Clarendon Press, 1997.

PITKIN, Hannah. *Wittgenstein and Justice.* Berkeley: University of California Press, 1972.

POGGE, Thomas. The Incoherence Between Rawls's Theories of Justice. *Fordham Law Review*, n.72, p.1739-59, 2004.

_____. *World Poverty and Human Rights*. Cambridge: Polity, 2002.

POPPER, Karl. *Die offene Gesellschaft und ihre Feinde*. v.1. Bern: Francke, 1957. [Ed. port.: *A sociedade aberta e seus inimigos*. Lisboa: Edições 70, 2012.]

PROAST, Jonas. *The Argument of the Letter Concerning Toleration, Briefly Consider'd and Answer'd*. Nova York: Garland, 1984.

PUFENDORF, Samuel von. *Über die Pflicht des Menschen und des Bürgers nach dem Gesetz der Natur* (1673). Frankfurt am Main: Insel, 1994.

RAWLS, John. *A Theory of Justice*. Cambridge, MA: Belknap, 1971. [Ed. bras.: *Uma teoria da justiça*. 3.ed. São Paulo: Martins Fontes, 2008.]

_____. *Das Recht der Völker*. Berlin: De Gruyter, 2002. [Ed. bras.: *Direito dos povos*. São Paulo: Martins Fontes, 2001.]

_____. *Eine Theorie der Gerechtigkeit*. Frankfurt am Main: Suhrkamp, 1975.

_____. Erwiderung auf Habermas. In: PHILOSOPHISCHE GESELLSCHAFT BAD HOMBURG; HINSCH, W. (Orgs.). *Zur Idee des politischen Liberalismus*. Frankfurt am Main: Suhrkamp, 1997. p.196-262.

_____. *Gerechtigkeit ab Fairneß*: Ein Neuentwurf. Frankfurt am Main: Suhrkamp, 2006. [Ed. bras.: *Justiça como equidade*: uma reformulação. São Paulo: Martins Fontes, 2003.]

RAWLS, John. *Politischer Liberalismus*. Frankfurt am Main: Suhrkamp, 1998. [Ed. bras.: *O liberalismo político*. São Paulo: Martins Fontes, 2011.]

_____. The Domain of the Political and Overlapping Consensus. In: FREEMAN, S. (Org.). *Collected Papers*. Cambridge, MA: Oxford University Press, 1999.

RAZ, Joseph. Autonomie, Toleranz und das Schadensprinzip. In: FORST, R. (Org.). *Toleranz. Philosophische Grundlagen und gesellschaftliche Praxis einer umstrittenen Tugend*. Frankfurt am Main: Campus, 2000. p.77-102.

_____. Human Rights without Foundations. In: BESSON, S.; TASIOULAS, J. (Orgs.). *The Philosophy of International Law*. Oxford: Oxford University Press, 2010. p.321-38.

_____. Strenger und Rhetorischer Egalitarismus. In: KREBS, A. (Org.). *Gleichheit oder Gerechtigkeit*. Texte der neuen Egalitarismuskritik. Frankfurt am Main: Suhrkamp, 2000. p.50-80.

_____. *The Morality of Freedom*. Oxford: Clarendon Press, 1986.

RORTY, Richard. *Contingency, Irony, and Solidarity*. Cambridge: Cambridge University Press, 1989. [Ed. bras.: *Contingência, ironia e solidariedade*. São Paulo: Martins Fontes, 2007.]

ROTTERDAM, Erasmus von. *Das Lob der Torheit*: Ausgewählte Schriften. v.2. Darmstadt: Wissenschaftliche Buchgesellschaft, 1995. [Ed. bras.: *Elogio da loucura*. Petrópolis: Vozes, 2015.]

RUFIN, Jean-Christofe. *Globalia*. Köln: Kiepenheuer & Witsch, 2005.

SAAGE, Richard. *Herrschaft, Toleranz, Widerstand*: Studien zur politischen Theorie der niederländischen und der englischen Revolution. Frankfurt am Main: Suhrkamp, 1981.

_____. *Utopische Profile*. v.I-IV. Münster: Lit, 2001ss.

SANDEL, Michael. Moral Argument and Liberal Toleration: Abortion and Homosexuality. *California Law Review*, n.77, p.521-38, 1989.

SCANLON, Thomas. *What We Owe to Each Other*. Cambridge, MA: Belknap Press of Harvard University Press, 1998.

SCHMITT, Carl. *Der Begriff des Politischen*. Berlin: Duncker & Humblot, 2002.

Justificação e crítica

SCHÖTTKER, Detlev; WIZISLA, Erdmut (Orgs.). *Arendt und Benjamin*. Frankfurt am Main: Suhrkamp, 2006.

SCHRAMME, Thomas. *Gerechtigkeit und soziale Praxis*. Frankfurt am Main: Campus, 2006.

SENECA. Briefe an Lucilius. In: *Philosophische Schriften III*. Ed. O. Apelt. Wiesbaden: Marixverl, 2004. [Ed. port. *Cartas a Lucílio*. Lisboa: Fundação Calouste Gulbenkian, 2014.]

SHAPIRO, Ian. *Democratic Justice*. New Haven: Yale University Press, 1999.

SHKLAR, Judith. The Liberalism of Fear. In: ROSENBLUM, N. (Org.). *Liberalism and the Moral Life*. Cambridge, MA: Harvard University Press, 1989. p.21-38.

SHUE, Henry. Mediating Duties. *Ethics*, n.98, p.687-704, 1988.

SINGER, Peter. Famine, Affluence, and Moralty. *Philosophy and Public Affairs*, n.1, p.229-43, 1972.

_____. *One World*: the Ethics of Globalization. New Haven: Yale University Press, 2002. [Ed. bras.: *Um só mundo*. São Paulo: Martins Fontes, 2004.]

SKINNER, Burrhus F. Freedom and the Control of Men. In: KATEB, G. (Org.). *Utopia*. Nova York: Atherton, 1971. p.57-76.

_____. *Walden Two*. Nova York: Macmillan, 1948. [Ed. bras. *Walden II*. São Paulo: EPU, 1987.]

SKINNER, Quentin. *The Foundations of Modern Political Thought*. v.2. Cambridge: Cambridge University Press, 1978. [Ed. bras.: *As fundações do pensamento político moderno*. São Paulo: Companhia das Letras, 1996.]

SLOTERDIJK, Peter. *Regeln für den Menschenpark*. Frankfurt am Main: Suhrkamp, 1999. [Ed. bras.: *Regras para o parque humano*. São Paulo: Estação Liberdade, 2011.]

SPAEMANN, Robert. Über den Begriff der Menschenwürde. In: _____; BÖCKENFÖRDE, E.-W. (Orgs.). *Menschenrechte und Menschenwürde*. Stuttgart: Klett-Cotta, 1987. p.295-313.

STEIN, Tine. *Himmlische Quellen und irdisches Recht*. Frankfurt am Main: Campus, 2007.

TALMON, Jacob L. Utopianism and Politics. In: KATEB, G. (Org.). *Utopia*. Nova York, 1971. p.91-102.

TASIOULAS, John. Taking Rights Out of Human Rights. *Ethics*, n.120, p.647-78, 2010.

_____. The Moral Reality of Human Rights. In: POGGE, T. (Org.). *Freedom from Poverty as a Human Right*. Nova York: Unesco, 2007. p.75-101.

TAYLOR, Charles. Conditions of an Unforced Consensus on Human Rights. In: BAUER, J. R.; BELL, D. A. (Orgs.). *The East Asian Challenge for Human Rights*. Cambridge: Cambridge University Press, 1999. p.124-44.

_____. Die Politik der Anerkennung. In: GUTMANN, A. (Org.). *Multikulturalismus und die Politik der Anerkennung*. Frankfurt am Main: Fischer, 1993. p.13-78.

TUGENDHAT, Ernst. *Vorlesungen über Ethik*. Frankfurt am Main: Suhrkamp, 1993.

TULLY, James. *Politische Philosophie als Kritische Praxis*. Frankfurt am Main: Campus, 2009.

VILLA, Dana. *Arendt and Heidegger*: the Fate of the Political. Princeton: MIT Press, 1996.

VINCENT, R. J. *Human Rights and International Relations*. Cambridge: Cambridge University Press, 1986.

VOLTAIRE. Tolerance. In: *Dictionnaire Philosophique*. Paris: Voltaire Foundation, 1994.

WALDRON, Jeremy. *God, Locke, and Equality*. Cambridge: Cambridge University Press, 2002.

_____. Locke, Toleration, and the Rationality of Persecution. *Liberal Rights: Collected Papers 1981-1991*. Cambridge: Cambridge University Press, p.88-114, 1993.

_____. Toleration and Reasonableness In: CASTIGLIONE, D.; MCKINNON, C. *The Culture of Toleration in Diverse Societies*. Manchester: Manchester University Press, 2003. p.13-37.

WALWYN, William. A Helpe to the Right Understanding of a Discourse Concerning Independency (1644/45). In: MCMICHEL, J. R.; TAFF, B. (Orgs.). *The Writings of William Walwyn*. Athen: University of Georgia Press, 1989.

WALZER, Michael. Response. In: _____; MILLER, D. (Orgs.). *Pluralism, Justice, and Equality*. Oxford: Oxford University Press, 1995. p.281-307.

_____. *Sphären der Gerechtigkeit*. Frankfurt am Main: Campus, 1992.

_____. The Moral Standing of States. *Philosophy & Public Affairs*, n.9, p.200-29, 1980.

WITTGENSTEIN, Ludwig. *Philosophische Untersuchungen*. Werkausgabe. v.I. Frankfurt am Main: Klostermann, 1988. [Ed. bras.: *Investigações filosóficas*. 9.ed. Petrópolis: Vozes, 2014.]

WOODHOUSE, Arthur S. P. (Org.). *Puritanism and Liberty*. Chicago: University of Chicago Press, 1953.

YOUNG, Iris M. *Justice and the Politics of Difference*. Princeton: Princeton University Press, 1990.

Índice onomástico

A

Adorno, Theodor W., 21, 31, 241, 243-4, 255-8, 260, 262
Agostinho (santo), 129, 163, 220, 225
Alighieri, Dante, 129
Allen, Amy, 10
Anderson, Elisabeth, 43n.15, 54n.31
Anderson, Joel, 10, 66n.59
Arendt, Hannah, 25, 28n.18, 31, 41-2n.12, 120n.93, 261-278
Arneson, Richard, 43n.15
Auer, Dirk, 262n.6
Aung San Suu Kyi, 125

B

Bacon, Francis, 292-3, 295
Banai, Ayelet, 10
Barry, Brian, 223n.20
Bassiouni, Mahmoud, 10
Bauer, Joanne R., 107n.74

Bayle, Pierre, 220-5, 229-231
Baynes, Ken, 10
Beitz, Charles, 73-5, 98-99n.54, 117n.87, 146
Bell, Daniel A., 107n.74
Benhabib, Seyla, 10, 104n.66, 120n.93, 261n.2
Benjamin, Walter, 203, 243n.3, 263
Berlin, Isaiah, 43, 262
Bernhard, Thomas, 241, 253n.8
Bernstein, Richard, 10, 269
Besson, Samantha, 10
Bloch, Ernst, 143, 157, 178, 280-2, 296
Bohman, James, 231n.37
Boltanski, Luc, 20n.8, 159-60n.5, 172n.20, 195n.14
Bossuet, Jacques-Bénigne, 223
Brink, Bert van den, 10
Brock, Lothar, 134
Brown, Wendy, 212n.6

Buchanan, Allen, 10, 78n.20, 97n.50, 113n.81, 113n.84, 148n.46
Buddeberg, Eva, 10-1
Burke, Edmund, 80

C
Campanella, Tommaso, 281, 292-3, 295
Caney, Simon, 10
Canovan, Margaret, 261
Cavell, Stanley, 31, 241, 243-6, 248-9, 250-1, 255-8
Cicero, Marcus Tullius, 162
Cohen, Jean, 10, 75n.10, 97n.50-1, 148n.46, 261n.2
Cohen, Joshua, 76-7, 101-3, 105, 107
Cohen, Leonard, 69, 101
Cronin, Ciaran, 10
Culp, Julian, 10

D
Daase, Christoper, 10
Dahrendorf, Ralf, 284
Derrida, Jacques, 243n.2
Doyle, Michael, 131, 148n.46
Du Bois, W. E. B., 215n.10
Dübgen, Franziska, 10-1
Duplessis-Mornay, Philippe, 216
Dworkin, Ronald, 10, 82

E
Eichmann, Adolf, 277
Elliott, Robert C., 286n.14

Ellison, Ralph, 161n.9
Erasmo de Roterdã, 286, 291
Erman, Eva, 10

F
Fenelon, François, 294
Foucault, Michel, 25, 212, 214, 232, 237n.42
Fourier, Jean-Baptiste Joseph, 295
Frankfurt, Harry, 44-5, 159n.5
Fraser, Nancy, 11, 30, 141n.39, 177, 179-83, 186-9, 194, 198-200, 204

G
Gädeke, Dorothea, 10
Gauchet, Marcel, 81n.24
Geuss, Raymond, 10
Gilles, 286, 290n.17
Gilmer, Eva, 11
Goethe, Johann Wolfgang, 205, 209, 211
Gosepath, Stefan, 10, 43, 46n.21, 150
Gramsci, Antonio, 173, 276
Griffin, James, 72, 84-91, 93-6, 113n.84, 116n.85
Günther, Klaus, 10, 15n.3, 123n.1, 140n.37, 159-60n.5
Gutmann, Amy, 227n.30

H
Habermas, Jürgen, 11, 22, 25, 43n.17, 82, 116-7n.86, 120n.92, 132, 173n.22, 174,

Justificação e crítica

203, 263, 268n.15, 273, 281, 297

Hacker-Cordón, Casiano, 10

Hegel, Georg Wilhelm Friedrich, 20, 31, 193, 255-6

Heidegger, Martin, 264-5, 275n.20

Henrique IV, 208, 230n.36

Hinsch, Wilfried, 43

Höffe, Otfried, 136

Honneth, Axel, 11, 21-2, 30, 61-6, 172n.20, 174n.23, 177-83, 186-7, 190-4, 199-202, 204, 234n.40, 237n.43

Horkheimer, Max, 21, 176, 202n.22

Houellebecq, Michel, 283n.12

I

Ibsen, Henrik, 31, 241, 243-4, 246-7, 249-255, 257, 259

Ignatieff, Michael, 76

Iser, Mattias, 10

J

Jaeggi, Rahel, 10, 175n.25, 204n.25

Jahanbegloo, Ramin, 262n.6

Jameson, Fredric, 297n.32

Jefferson, Thomas, 273-4

José II, 210

K

Kadelbach, Stefan, 10

Kalyvas, Andreas, 10

Kant, Immanuel, 127-8, 130-3, 136, 138-40, 145, 153, 165, 200, 209, 211, 231, 231n.38, 255-6

Karnein, Anja, 10

Klein, Jonathan, 11

Klimt, Gustav, 35

Krebs, Angelika, 44-5, 160

Kreide, Regina, 10

Kukathas, Chandran, 10

Kumar, Krishan, 280n.2

Kumm, Mattias, 10

Kymlicka, Will, 226n.28

L

Laden, Tony, 10

Larmore, Charles, 11, 82n.27

Lefort, Claude, 81n.24

Lilburne, John, 217

List, Heike, 10

Locke, John, 217, 219-221, 221-2n.17

Lorenzetti, Ambrogio, 35

Luhmann, Niklas, 25

Lutero, Martinho, 217

M

Macpherson, C. B., 269

Manuel, Frank E., 280n.2

Manuel, Fritzie P., 280n.2

Maquiavel, Nicolau, 129, 281-2

Marcuse, Herbert, 212-3n.7

Margalit, Avishai, 126-7

Maria Teresa, 210

Marsílio de Pádua, 129

Marx, Karl, 20, 178n.2, 251, 296 n.29

McCarthy, Thomas, 130n.14

McCormick, John, 10

Mendus, Susan, 236n.41

Menke, Christoph, 10, 81n.25, 92n.43, 243n.2

Mercier, Louis-Sebastian, 294

Michelman, Frank, 261n.2

Miller, David, 123n.1, 172n.20

Milton, John, 217, 219

Mirabeau, Honoré Gabriel, 209, 211

Mirandola, Pico della, 165n.14, 297

Moellendorf, Darrel, 10

Montesquieu, 129, 219

Morus, Thomas, 280-3, 285-9, 291-2, 295-7

Müller, Harald, 10, 134, 138, 140, 150

Muthu, Sankar, 10

N

Nagel, Thomas, 10

Narayan, Uma, 109-10

Newey, Glen, 207n.3

Nickel, James, 72

Niesen, Peter, 10

Nietzsche, Friedrich, 264

Nikulin, Dmitri, 10

Nobel, Alfred, 124-5

Nozick, Robert, 56-7, 59

Nussbaum, Martha, 48, 50, 59, 66, 243n.41

O

O'Neill, Onora, 231n.37

Overton, Richard, 79

Owen, David, 10, 36n.2

Owen, Robert, 295

P

Paine, Thomas, 80-1

Pettit, Philip, 10-1, 59n.41, 132n.18, 162n.11

Pitkin, Hannah, 36n.2, 41n.11

Platão, 13, 38, 41, 242, 279, 288, 296

Pogge, Thomas, 11, 57, 117, 119n.89, 136

Pollmann, Arnd, 81n.25

Popper, Karl, 284

Proast, Jonas, 221-2, 225

Pufendorf, Samuel von, 87, 165n.15

R

Rawls, John, 16, 37, 40n.10, 47-8, 54, 56-61, 73-5, 96-7, 99-100, 103, 106n.72, 112, 136-40, 146, 149, 189, 195, 197, 224, 245-6, 273

Raz, Joseph, 44n.19, 65n.58, 73, 75-6, 96, 98, 236n.41

Rhenanus (beato), 286n.14

Richardson, Henry, 11

Rorty, Richard, 296

Rosenfeld, Michel, 11

Rousseau, Jean-Jacques, 20, 80, 178n.3, 219, 282n.8, 291

Rummens, Stefan, 11

S
Saage, Richard, 217n.12, 280n.2, 281, 297
Saar, Martin, 11
Sabl, Andy, 11
Sandel, Michael, 236n.41
Scanlon, Thomas, 113n.82, 228
Schmalz-Bruns, Rainer, 11
Schmidt, Thomas M., 11
Schmidt, Thomas, 11
Schmitt, Carl, 135
Schöttker, Detlev, 263n.7
Seel, Martin, 11
Sêneca, Lucius Annaeus, 162n.10
Shapiro, Ian, 11, 43-44n.17
Shiffrin, Seana, 11
Shklar, Judith, 262n.5
Sickert, Sonja, 11
Siller, Peter, 11
Simitis, Spiros, 10
Singer, Peter, 50
Skinner, B., 283n.11
Spaemann, Robert, 317
Stein, Tine, 158n.4

T
Talmon, Jacob L., 284
Tasioulas, John, 11, 72n.2, 113n.84
Taylor, Charles, 107n.73, 236n.41
Thévenot, Laurent, 11, 20n.8, 159-60n.5, 172n.20, 195n.14
Thompson, Dennis, 277n.30

Tocqueville, Alexis de, 266
Tugendhat, Ernst, 43
Tully, James, 11

V
Villa, Dana, 275n.20
Voltaire, 205, 219

W
Waldron, Jeremy, 11, 158n.4, 221n.17, 227-8n.1
Walwyn, William, 217
Walzer, Michael, 11, 56, 97n.51, 172n.20
Weber, Max, 25
Wellmer, Albrecht, 269
Wesche, Tilo, 204n.25
Williams, Melissa, 11
Williams, Roger, 219
Wittgenstein, Ludwig, 35-6, 40, 41n.11
Woodhouse, Arthur S. P., 78n.21

X
Xiaobo, Liu, 124, 132, 144, 149

Y
Young, Iris M., 38n.7, 57n.36, 144n.39

Z
Zürn, Michael, 11

SOBRE O LIVRO

Formato: 14 x 21 cm
Mancha: 23 x 44 paicas
Tipologia: Venetian 301 12,5/16
Papel: Off-white 80 g/m² (miolo)
Cartão Supremo 250 g/m² (capa)
1ª *edição Editora Unesp*: 2018

EQUIPE DE REALIZAÇÃO

Capa
Negrito Editorial

Edição de texto
Tulio Kawata (Copidesque)
Tomoe Moroizumi (Revisão)

Editoração eletrônica
Eduardo Seiji Seki (Diagramação)

Assistência editorial
Alberto Bononi
Richard Sanches

Impresso por :

Graphium
gráfica e editora

Tel.:11 2769-9056